AF462485

ÉTUDES

THÉORIQUES ET EXPÉRIMENTALES

SUR L'ÉTABLISSEMENT DES

CHARPENTES A GRANDE PORTÉE,

PAR

P. ARDANT,

Capitaine du Génie, Professeur du Cours d'Architecture et de Constructions, à l'école d'Application de l'Artillerie et du Génie, membre de l'Académie royale de Metz;

OUVRAGE IMPRIMÉ

PAR ORDRE DE M. LE MINISTRE DE LA GUERRE.

METZ.

S. LAMORT, IMPRIMEUR DE L'ÉCOLE D'APPLICATION.

1840.

AVERTISSEMENT.

Les questions traitées dans le Mémoire sur les grandes charpentes sont celles-ci :

1° Les fermes de charpente d'une grande largeur, dont les pieds ne sont pas réunis par des tirants en fer ou en bois, exercent-elles une poussée horizontale contre leurs appuis ?

2° Quelle est l'intensité de cette poussée, et quelle doit être l'épaisseur des murs et piliers qui supportent les charpentes pour qu'ils puissent lui résister ?

3° L'emploi des grands arcs en charpente est-il avantageux sous les rapports de la force et de l'économie. Ne doit-on pas leur préférer des fermes composées uniquement de pièces droites ?

4° Quelles sont les dimensions de l'écarrissage à donner aux parties principales des grandes fermes de charpente, d'après la largeur du bâtiment à couvrir et le poids de la couverture ?

L'état actuel de ces questions intéressantes pour l'art de bâtir, les considérations théoriques et les expériences au moyen desquelles on a essayé de les résoudre, sont exposés dans le rapport de Messieurs les commissaires de l'académie des sciences, avec une clarté et une concision qui ne permettent pas de faire ici une autre analyse du Mémoire. On lira ce rapport avec d'autant plus d'intérêt qu'il contient sur l'établissement des grandes charpentes, et notamment sur la possibilité de diminuer leur poussée, en écartant leurs pieds par des moyens de force avant de les mettre en place, des aperçus qui n'avaient pas été saisis par l'auteur du Mémoire. Après la lecture du rapport et celle du premier chapitre, on pourra, si on le veut, passer immédiatement au chapitre IX, où l'on trouvera des tables et des formules qui sont, pour ainsi dire, le résultat utile des expériences décrites dans les chapitres de II à VIII inclus.

Au Mémoire proprement dit, se trouve joint un Appendice, sur lequel il est nécessaire de donner quelques explications. Cet Appendice contient un exposé sommaire de la théorie de la flexion des pièces droites et courbes, théorie due, aux travaux de Galilés, Mariotte, Jacques Bernouilli, Coulomb et Duleau, présentée en corps de doctrines avec la plupart des applications dont elle est susceptible, par M. Navier, dans son excellent ouvrage sur l'Application de la Mécanique à la stabilité des constructions, et enfin perfectionnée dans quelques-unes de ses parties, par M. Persy, professeur de sciences appliquées, à l'école d'Application de l'artillerie et du génie.

C'est l'étude des ouvrages des deux savants cités en dernier lieu, qui a fait concevoir à l'auteur du Mémoire, l'utilité et la possibilité d'approfondir par l'expérience, les questions relatives à l'établissement des grandes charpentes. Il a eu besoin pour cela de faire quelques applications nouvelles de la théorie de la flexion des pièces prismatiques droites, ou courbes, ou de développer des applications déjà indiquées pour les rendre tout-à-fait pratiques.

Dans la première rédaction de son travail, il avait cru suffisant de renvoyer au texte des ouvrages de MM. Navier et Persy, pour les formules qu'il en a extraites; et il n'avait rapporté dans des notes les calculs qu'il a faits lui-même, que pour qu'on pût les vérifier.

Mais lorsque le Mémoire a dû être imprimé par ordre de M. le ministre de la guerre, plusieurs personnes ont pensé que les ingénieurs qui voudraient faire usage des formules qu'il renferme, seraient bien aises d'en connaître l'origine, et qu'au moment du besoin, ils pourraient bien n'avoir pas sous la main les ouvrages de MM. Navier et Persy. Il a paru utile, dès-lors, de réunir dans un ordre régulier, les notions théoriques indispensables à l'intelligence complète du Mémoire, et de les accompagner d'exemples numériques propres à indiquer la marche à suivre dans leurs applications; c'est ce qui a donné lieu à la rédaction de l'Appendice.

L'auteur du Mémoire saisit avec empressement l'occasion de remercier MM. Bergère, colonel du génie, de Mondésir, chef de bataillon de la même arme, Arthur Morin, capitaine d'artillerie, Schuster, garde du génie, et Bodin, artiste mécanicien, de l'aide et des conseils qu'ils ont bien voulu lui donner. C'est aussi un besoin pour lui, de témoigner sa reconnaissance à Messieurs les commissaires de l'Académie, pour les termes encourageants dans lesquels est conçu leur rapport. Rien n'est plus propre à donner de l'attrait aux études sérieuses, et à faire oublier ce que leurs commencements ont d'aride et de pénible, que le bonheur de rencontrer dès l'abord, des camarades bienveillants et des juges remplis d'indulgence.

RAPPORT SUR UN MÉMOIRE INTITULÉ:

ÉTUDES THÉORIQUES ET EXPÉRIMENTALES

SUR L'ÉTABLISSEMENT DES CHARPENTES A GRANDE PORTÉE; PAR M. ARDANT.

(Commissaires, MM. de Prony, Arago, Coriolis, Rogniat, Poncelet rapporteur.)

« L'Académie nous a chargés, MM. de Prony, Arago, Coriolis, Rogniat et moi, de lui rendre compte d'un important travail qui lui a été adressé, en janvier dernier, sur les charpentes à grandes portées, par M. le capitaine du génie Ardant, chargé du cours de construction à l'école d'Application de l'artillerie et du génie. Ce travail contient l'exposé des recherches théoriques et des expériences que l'auteur a entreprises à Metz, aux frais du département de la guerre, sur des fermes composées de pièces droites ou pliées en arc, ayant environ 12 mètres de portée horizontale, et chargées de divers poids au sommet ou sur les reins, dans la vue de constater les lois de leur résistance à la flexion et à la rupture, ainsi que leur poussée ou action horizontale sur les appuis extérieurs. Le texte est accompagné d'un grand nombre de tableaux contenant les données immédiates de l'expérience et leur comparaison avec celles que fournissent les formules établies, par l'auteur, dans des notes annexées au Mémoire, ou qu'il a empruntées à l'ouvrage de notre célèbre confrère, feu M. Navier, sur les *Applications de la mécanique à l'établissement des constructions et des machines.* Un atlas de 28 planches, joint à ce Mémoire, contient la représentation graphique des fermes soumises à l'épreuve ou consacrées par l'usage, ainsi que des appareils dont l'auteur s'est servi pour mesurer les poussées et relever, avec exactitude, les déformations subies par chaque système, sous l'influence des charges auxquelles il se trouvait soumis.

» Avant M. Ardant, il avait été entrepris fort peu d'expériences directes sur les *assemblages* de charpentes, dont les dimensions et l'écarrissage étaient plutôt établis par l'usage que par des règles fixes. La plupart des auteurs n'avaient eu pour objet que la rupture, la flexion et la torsion des pièces simples, droites ou courbes, dont la résistance entre comme élément nécessaire dans tout calcul relatif aux systèmes composés. Les essais tentés par MM. Aubry, Rondelet, Barlow et Duleau sur quelques assemblages en bois ou en fer, fort simples, ne pouvaient donner aucune lumière satisfaisante sur les effets de poussée et de flexion qui se produisent dans des systèmes aussi compliqués que celui des grandes fermes de charpente, et les intéressantes épreuves entreprises en dernier lieu, à Lorient, par M. l'ingénieur Reibell*, sur la résistance à la rupture et à la flexion, de fermes en planches de pin assemblées en forme d'arcs suivant le système de Philibert de Lorme, ces expériences, malgré tout leur mérite, laissaient à désirer des essais plus variés et fondés sur des procédés moins entachés de causes d'incertitude.

» Dans l'ancien système de fermes composées de pièces droites réunies par un tirant et des entraits horizontaux, la poussée sur les murs ne peut résulter que de la flexion de la première de ces pièces; mais il en est tout autrement des fermes en arcs où le tirant se trouve entièrement supprimé, et il devenait d'autant plus nécessaire de soumettre le fait à des expériences décisives, que les théories établies à ce sujet, par M. Navier, et les expériences citées de M. Reibell, ne paraissaient point avoir amené une conviction entière dans l'esprit des constructeurs. D'une part, ces théories, envisagées même pour des cas très-simples, se présentent sous une forme analytique très-compliquée; d'une autre, M. Reibell, en se contentant de faire glisser l'extrémité inférieure et arrondie des arcs sur un plancher graissé de suif, et qui présentait encore une résistance très-grande, n'avait pas obtenu, à beaucoup près, la limite supérieure de la poussée, qui pouvait néanmoins se conclure d'une manière approximative, comme l'a montré M. Ardant, dans son Mémoire, du résultat de ces mêmes essais, rapproché des données fournies par les expériences sur le frottement des bois, dues à Coulomb et à M. Morin.

» Pour mettre les résultats à l'abri de toute objection, M. Ardant arme l'extrémité inférieure des arcs ou jambes de force des fermes, d'espèces très-variées, qu'il a soumises à l'épreuve, de galets en fonte de fer d'un

* *Annales maritimes et coloniales*, vingt-deuxième année, IIme série, tome 11.

grand diamètre, roulant sur des bandes d'acier parfaitement horizontales et scellées sur des massifs inébranlables, de sorte que la force capable de maintenir l'écartement primitif entre les extrémités dont il s'agit, et qui était ici obtenue au moyen de contre-poids suspendus verticalement à l'extrémité de cordes passant sur des poulies de renvoi, devait, en réalité, différer très-peu de celle qui représentait la poussée horizontale des fermes dans chaque cas. Mais, comme la raideur des cordages et le frottement des galets et des poulies, quelque faible qu'en dût être l'influence, étaient encore un obstacle à la précision des expériences, M. Ardant a jugé utile d'en débarrasser les résultats, en prenant pour la valeur des poussées effectives, la moyenne des poids capables d'amener ou de permettre un très-petit déplacement horizontal des fermes, soit vers le dehors, soit vers le dedans.

» Malgré le degré très-satisfaisant d'exactitude dont ce mode de procéder est susceptible entre les mains d'un aussi habile observateur, nous pensons qu'il eût été préférable, dans le cas présent, de substituer aux câbles, poulies de renvoi et contre-poids mis en œuvre par M. Ardant, des ressorts dynamométriques, maintenus et guidés par des vis de rappel, plus en harmonie avec le mode d'action des forces, et qui eussent permis d'amener graduellement le système à l'état d'équilibre et d'écartement réclamé par chaque genre d'expérience.

» Pour constater d'ailleurs la grandeur et la nature des déformations subies par les assemblages des fermes, en raison soit de leur propre poids, soit de poids étrangers suspendus à leur sommet, ou distribués sur divers points de leur contour, à peu près comme le sont les charges dans le système ordinaire, M. Ardant a disposé ces fermes entre deux files de perches verticales, parallèles, dont l'une était recouverte d'un plancher à la hauteur des points à relever, et l'autre servait seulement à empêcher, conjointement avec la première, le déversement de la ferme, sans devenir pour cela un obstacle appréciable à l'affaissement vertical qu'il s'agissait d'observer.

» Les systèmes de charpentes soumis à l'expérience par l'auteur, sont :

» 1° Plusieurs arcs simples ou cintres formés de lames, de planches de sapin courbées, à plat, sur un *gabarri*, suivant la méthode imaginée par M. Emy, et présentant divers degrés de force ou modes de consolidation ;

» 2° Plusieurs cintres en demi-cercle, ou surbaissés, construits en planches jointives, posées de champ et à joints recroisés, dans le genre des charpentes à la Philibert de Lorme ;

» 3° Une ferme simple en pièces droites, sans tirants, destinée à envelopper les arcs qui précèdent, suivant la méthode Lacaze et Emy ;

» 4° Plusieurs fermes composées d'arcs diversement constitués, réunis au système précédent par des moises pendantes, tantôt normales au cintre et tantôt verticales ;

» 5° Enfin, deux systèmes de fermes droites composées, ou renforcées intérieurement par des pièces croisées, et destinées à remplacer les charpentes en arcs ci-dessus.

» En tout, quatorze systèmes de charpente, de 12^{m} environ de portée, et qui ont donné lieu à autant de séries d'expériences.

» Avant de procéder à l'exposé des résultats, M. Ardant rapporte, dans les premiers chapitres de son Mémoire, une analyse comparative du prix de revient de chacun des systèmes de charpente mentionnés, ainsi que les considérations théoriques et les formules qui peuvent servir à apprécier directement l'influence et l'intensité des poussées horizontales dans ces systèmes, privés, comme on l'a dit, de tirants propres à empêcher l'écartement des parties inférieures.

» Il établit à ce sujet quelques principes généraux et importants, fondés sur la constitution élastique des solides et l'état d'équilibre stable qui tend à s'établir constamment entre les molécules sous l'action permanente de charges distinctes et supposées diversement réparties. Ainsi, par exemple, il démontre que pour des cintres d'une forme donnée et sous divers états de stabilité produits par des surcharges distribuées d'une manière semblable pour les différents systèmes, l'intensité de la poussée sur les appuis, est : 1° indépendante de la raideur plus ou moins grande de la charpente et du mode d'assemblage ; 2° directement proportionnelle, du moins entre les limites de l'élasticité parfaite, à la charge totale et à l'ouverture du cintre ; 3° inversement proportionnelle à la *montée* qui mesure véritablement le bras de levier de cette poussée ; de sorte que les systèmes les plus raides ne différeraient des autres qu'en ce que l'amplitude des déplacements horizontaux de leurs points d'appui serait moindre et, par suite, moins dangereuse pour la stabilité des supports en maçonnerie. On conçoit, en effet, que sous des déformations très-petites, l'énergie des réactions moléculaires demeurant proportionnelle aux déplacements relatifs, soit uniquement déterminée par celle des forces extérieures et le mode de leur application.

Les formules rapportées dans le texte du Mémoire de M. Ardant, se trouvent justifiées dans les notes fort étendues qui l'accompagnent. La marche analytique suivie par l'auteur est analogue à celle qui a été exposée par M. Navier, dans l'ouvrage déjà cité; mais elle se trouve appliquée à des cas que ce savant ingénieur n'avait point considérés, et qui concernent les assemblages des fermes droites avec les cintres circulaires continus. Les questions de cette espèce sont très-délicates, et conduisent à des expressions analytiques fort compliquées; elles ne peuvent être abordées d'une manière un peu simple, qu'à l'aide de suppositions plus ou moins arbitraires sur le mode d'action des forces qui sollicitent les différentes parties des assemblages; on ne peut s'attendre à des résultats qui offrent tous les caractères d'une exactitude mathématique. Ceux auxquels M. Ardant est parvenu dans ses notes, sont subordonnés aux hypothèses admises; ils nous paraissent suffisamment appropriés à la nature particulière de la question, quoique le rôle des résistances y ait peut-être été un peu exagéré.

» L'accord très-satisfaisant qui s'observe d'ailleurs entre les résultats des formules et ceux de l'expérience, mis en regard dans une série de tableaux qui forment l'objet des chapitres IV et V du Mémoire, et dont quelques-uns ont été calculés, par M. Ardant, au moyen des données fournies par les expériences de M. Reibell, mais rectifiées comme on l'a déjà dit; cet accord prouve que les formules sont établies sur des bases suffisamment exactes, et qu'on pourra y avoir confiance dans les applications.

» Dans les expériences sur les cintres demi-circulaires de divers systèmes de construction, la poussée horizontale a varié du quart au tiers de la charge totale, selon le mode plus ou moins favorable de distribution de cette charge; ce fait montre de quelle importance peut être la considération de cette poussée; mais il convient de remarquer qu'il ne s'applique qu'à des cintres supposés dans un état naturel, et dont les parties inférieures n'auraient pas subi, lors de la mise en place, et par des moyens de force, un écartement factice tel que la rigidité des pièces donnât, à leur ensemble, une tendance à se redresser ou à se rapprocher, circonstance qui n'a point été envisagée par M. Ardant, et qui, on le sent bien, pourrait, dans les cintres rigides, diminuer beaucoup et anéantir même complètement la poussée inférieure, dans les premiers temps de l'établissement.

» Pour les fermes droites, sans tirant, destinées à servir ultérieurement d'encadrement aux cintres dont il vient d'être parlé, le rapport des poussées aux charges semblablement distribuées, a été à peu près le même;

preuve que les fermes en arcs simples n'offrent aucun avantage particulier sous le rapport de la diminution de la poussée; mais ce qui paraîtra peut-être surprenant, au premier aperçu, c'est que la combinaison, la réunion de ces deux fermes simples au moyen des moises boulonnées, ne procure, sous ce rapport, à l'ensemble, aucun avantage particulier, du moins tant qu'on ne pousse pas les charges au-delà de celles qui permettent au système de conserver son élasticité; il y a plus, la poussée se trouve exactement représentée par la formule relative aux fermes droites simples et sans arcs, dans le cas d'application envisagé; ce qui s'explique en observant que le système formé par la charpente extérieure reçoit, en quelque sorte seul, dans les premiers degrés de la flexion, l'action des charges qui lui sont directement appliquées.

» Un fait tout-à-fait semblable a été observé, par l'auteur, dans une suite d'expériences relatées au chapitre V de son Mémoire, sur les fermes droites composées ou renforcées intérieurement par un système de jambes de force, sous-arbalétriers et sous-entraits, mais lié par des moises au système extérieur : la poussée effective est d'abord celle de ce dernier système, et devient ensuite une moyenne entre les poussées relatives à chacun d'eux pris isolément; ce qui permet de la calculer dans tous les cas, au moyen des formules établies par l'auteur, pour les charpentes simples.

» Jusqu'à présent M. Ardant s'est exclusivement occupé, dans son Mémoire, de l'intensité d'action de la poussée inférieure des fermes; maintenant il passe aux différentes questions qui concernent l'élasticité ou la flexion de ces mêmes fermes, et plus spécialement l'action latérale qui s'exerce vers la hauteur des reins, et dont l'influence pourrait devenir beaucoup plus puissante et plus dangereuse que celle des parties inférieures, si l'on négligeait d'isoler les maçonneries de l'enceinte à couvrir, des pièces situées vers les points dont il s'agit. Mais, pour assurer aux charpentes un pareil isolement, il devient nécessaire de pouvoir calculer à l'avance, au moins d'une manière approximative, l'étendue des déplacements horizontaux que devra subir la charpente, lors de sa mise en place, et ce calcul n'est pas moins indispensable quand on veut être assuré que l'accourcissement et l'allongement subis par les différentes fibres ne dépasseront pas, sous l'influence de la charge, la limite où les altérations pourraient devenir sensibles et faire des progrès durables; limite que les expériences antérieures, sur les pièces homogènes, fixent entre le 1/4 et la 1/2 de la charge de rupture; que les constructeurs réduisent souvent au 1/10 de cette charge, sans doute afin d'avoir égard aux causes de destruction naturelle de substances organiques, mais que l'auteur, confiant dans le résultat de ses expériences et de ses calculs, propose de porter à la fraction 1/5 ou 1/7, dans le dernier chapitre de son Mémoire.

Les nouvelles formules rapportées dans celui qui nous occupe, et dont les démonstrations se trouvent établies dans des notes particulières, ont permis à M. Ardant de calculer, pour chacune des fermes soumises à l'expérience, les valeurs de l'abaissement au sommet, de l'écartement des reins et d'un certain coëfficient qu'il nomme *coëfficient d'élasticité spécifique*, parce qu'en variant simplement avec la forme du cintre, le mode d'assemblage, la nature du bois, et nullement avec l'écarrissage des pièces et les dimensions absolues des fermes, il devient par là très-propre à exprimer la raideur, la résistance de ces fermes aux premiers déplacements.

» Quelques-unes de ces formules, celles surtout qui concernent les fermes droites, ne sont purement qu'approximatives ou pratiques, et l'on ne doit envisager les raisonnements qui les justifient dans le texte que comme propres à donner une idée générale du rôle joué par les principales forces, aux personnes qui veulent se dispenser de recourir aux considérations analytiques, établies dans les notes qui accompagnent l'ouvrage. D'après ces mêmes formules, l'abaissement du sommet, pour le cas des cintres circulaires, demeure directement proportionnel à la charge totale et au cube de la demi-ouverture, et inversement proportionnel au produit de la largeur horizontale des pièces par le cube de leur épaisseur; de plus, le déplacement horizontal des reins se trouve compris entre les 0,45 et 0,63 de l'abaissement du sommet, ce qui en rend le calcul très-facile.

» Avant de procéder aux expériences sur la flexibilité des fermes simples ou composées de diverses espèces, l'auteur a jugé utile de déterminer directement la valeur du coëfficient d'élasticité absolue d'une pièce homogène de sapin, de l'espèce de celles qui entraient dans la composition de ces fermes; cette pièce, disposée horizontalement sur deux appuis mobiles, fut, à cet effet, chargée d'une série croissante de poids en son milieu. Les flexions accidentelles et permanentes qui en résultèrent, et les valeurs correspondantes du coëfficient d'élasticité, déduites des formules généralement admises pour ce cas, sont consignées dans un tableau fort étendu, qui montre qu'entre les limites où l'élasticité reste parfaite et où, par conséquent, la pièce étant déchargée, revient exactement à sa forme primitive, les valeurs tendent légèrement à augmenter d'abord pour diminuer rapidement ensuite, quoiqu'en général elles diffèrent très-peu de leur moyenne (1000 millions de kilog.), relative au mètre carré de section prise transversalement aux fibres. Le cintre formé de lames du même bois, superposées à plat suivant un demi-cercle, a seulement donné pour valeur correspondante de ce coëfficient le 1/5 du chiffre ci-dessus, terme moyen, ce qui doit être considéré comme un résultat de la mobilité relative conservée par ces lames. Les figures diverses prises par ce même cintre et la pièce horizontale homogène à laquelle on le comparait, se trouvent d'ailleurs rapportées avec beaucoup d'exactitude, et à une grande échelle, sur diverses planches de l'atlas qui accompagne le Mémoire. Le soin tout particulier avec lequel ces expériences ont été exécutées et la spécialité de leur but, ajouteront de nouvelles lumières à celles que nous possédions déjà sur ce sujet, et dont quelques-unes, relatives à l'élasticité des fibres, sont dues aux recherches expérimentales de notre confrère M. Dupin.

» D'autres séries d'expériences, sur des arcs composés, prouvent que la valeur du coëfficient d'élasticité spécifique dont il s'agit, est susceptible de varier entre 60 et 500 millions, suivant la constitution plus ou moins solide de ces arcs, de sorte que leur résistance à la flexion ne dépasserait jamais la moitié de celle d'un arc homogène de même écarrissage et même essence.

» Enfin, les expériences de l'auteur sur les arcs en planches de champ, assemblées à la manière de Philibert de Lorme, rapprochées de celles de M. Reibell, conduisent à des résultats analogues et dont les variations doivent être principalement attribuées à la différence du mode de liaison des parties. Quant au déplacement horizontal des reins dans ces différents arcs, M. Ardant le trouve moyennement égal à la moitié de l'abaissement au sommet, conformément aux indications de la théorie; mais il n'a pu l'observer que pour des flexions voisines de celles qui produisent la rupture, et il s'est seulement assuré, par une expérience directe sur une lame homogène en bois d'orme, pliée sous la forme d'un arc, que la même proportion se trouve à très-peu près observée pour les plus faibles charges. Toutefois, on regrettera vivement que la difficulté et la longueur des opérations aient empêché l'auteur de ces ingénieuses et utiles expériences, d'étudier d'une manière plus approfondie non-seulement l'étendue des déplacements latéraux des fermes, mais encore, et surtout, l'énergie d'action qui peut en résulter sur les sommets des murs, action, comme on l'a dit, beaucoup plus dangereuse que celle de la poussée même des parties inférieures.

» On vient de voir que la résistance ou le coëfficient d'élasticité spécifique d'un arc composé, ne dépassait guère la moitié de celui du même arc constitué d'une manière homogène; les recherches auxquelles M. Ardant s'est livré prouvent que la comparaison est plus défavorable encore lorsqu'il s'agit de la résistance à la rupture, puisque cette dernière ne s'est jamais élevée au-dessus du quart de celle qui se rapporte à une pièce homogène; mais les formules qui ont servi à établir cette comparaison, offrent trop de chances d'incertitude pour qu'il soit permis de prononcer affirmativement sur un point aussi important.

» Les détails dans lesquels nous venons d'entrer sur ce qui concerne la flexion des arcs simples, nous dispensent d'insister sur les résultats des expériences, également variées et fort importantes, qui concernent les charpentes droites simples et les charpentes composées, expériences qui font l'objet de la première partie du chapitre VIII du Mémoire. Nous nous contenterons d'énoncer les résultats qui suivent :

» 1° Le coëfficient d'élasticité spécifique des fermes droites simples, sans entrait, surpasse de 1/5 environ celui de l'élasticité naturelle et absolue du bois; fait que M. Ardant explique par le genre particulier d'action auquel les pièces se trouvent ici soumises, et qui se rapporte principalement à celui des pièces chargées debout; mais nous ne devons pas dissimuler que cette explication soulève quelques difficultés;

» 2° Sous une même charge uniformément répartie, avec même ouverture et même montée, les abaissements du sommet ou la flexibilité, qui est à peu près la même pour la ferme droite simple que pour les assemblages moisés de cette ferme avec les cintres en planches repliées à plat, atteignent leur plus petite valeur dans les fermes droites dont les arbalétriers et l'entrait sont soutenus par des aisseliers et un sous-entrait assemblés, bout à bout, et moisés avec les pièces supérieures;

» 3° Ce dernier dispositif, le plus simple, le plus économique de tous, est aussi, à égalité de circonstances, celui qui résiste incomparablement le mieux à la rupture.

» M. Ardant termine ce chapitre par diverses remarques importantes sur le rôle ou le mode d'action des diverses pièces, sur les circonstances de la flexion et de la rupture des charpentes, etc. Ainsi, par exemple, il établit en principe que, dans les fermes composées, la disposition la plus avantageuse a lieu pour des résistances égales des arbalétriers et des cintres, ou pour des épaisseurs qui sont entre elles dans le rapport de 1 à 1,52.

» Le chapitre IX et dernier du Mémoire, contient un résumé des faits d'expériences précédemment établis; des conséquences usuelles qui en découlent, et spécialement des moyens par lesquels on doit assurer la stabilité des murs destinés à soutenir les grandes charpentes, ainsi que la solidité, la résistance des différentes parties. Ce chapitre est tout usuel, tout pratique, et, sous ce point de vue, il se recommande particulièrement à l'attention des constructeurs, jusqu'ici privés de règles certaines, et qui accueilleront celles de l'auteur avec d'autant plus d'empressement et de confiance, qu'elles sont fondées sur les données positives de l'expérience, et accompagnées de tables numériques d'accord avec les proportions qui s'observent dans les édifices de ce genre les mieux établis.

» Les critiques adressées par l'auteur aux fermes en arcs composés, les accidents auxquels l'application de ces fermes a donné lieu dans ces derniers temps, par suite d'une fausse sécurité qui ne saurait être imputée à leur ingénieux inventeur, enfin la préférence absolue que M. Ardant accorde aux fermes composées de pièces droites, même à la ferme antique, dite de *Palladio*, ne sauraient être des motifs suffisants pour faire renoncer aux systèmes de charpentes de MM. Lacaze et Émy; car lorsqu'ils seront bien construits, il leur restera toujours le mérite de l'élégance, de la continuité des formes, et d'une parfaite liaison de toutes les parties, liaison qui ne saurait exister, au même degré, dans les fermes constituées uniquement de pièces droites. C'est aussi dans cette conviction, que M. Ardant, après avoir établi une table des écarrissages à donner aux pièces en fer et en bois qui entrent dans la composition de la ferme à la Palladio, en présente plusieurs autres fort complètes, relatives aux fermes simples, droites ou cintrées, et aux charpentes en arcs, composées, du système de M. Émy, tables qu'il a accompagnées d'indications et de prescriptions très-utiles, d'accord en plusieurs points d'ailleurs avec le système de construction adopté etre commandé par cet ancien officier supérieur du génie, dans un ouvrage bien connu.

» En résumé, le Mémoire de M. Ardant est une œuvre recommandable, non moins par le savoir et le talent dont l'auteur a fait preuve dans le dispositif des expériences et l'établissement des formules concernant la résistance des grandes charpentes, que par les nombreuses et utiles données qu'il renferme, par l'exactitude des descriptions et des détails, et enfin par le mérite de plusieurs combinaisons neuves, économiques et fort simples, qu'il propose pour l'établissement des systèmes de fermes droites ou courbes à grandes portées et sans tirant. Dans des expériences sur la résistance des fils métalliques et des tiges de bois, entreprises à ses frais, et dont les premiers résultats font partie d'un ouvrage qui sera incessamment publié par l'un de nous, M. Ardant avait dignement préludé au vaste ensemble de faits qu'il vient offrir aujourd'hui à l'attention de l'Académie, et l'on doit faire des vœux pour qu'il étende de plus en plus le champ de ces utiles recherches expérimentales, pour lesquelles, nous en avons la certitude, les encouragements du Gouvernement ne lui manqueront pas.

» Dans la conviction que les résultats déjà offerts par M. Ardant, seront utiles au progrès de l'art des constructions en charpente et des théories qui s'y rattachent, nous avons l'honneur de proposer à l'Académie d'accorder ses suffrages au Mémoire qui les résume, et d'en ordonner l'impression dans le *Recueil des Savants étrangers*, à moins que l'auteur, encouragé par la munificence de M. le Ministre de la guerre, ne se décide à en faire l'objet d'une publication spéciale. »

Les conclusions de ce rapport sont adoptées.

ÉTUDES

THÉORIQUES ET EXPÉRIMENTALES

SUR L'ÉTABLISSEMENT DES

CHARPENTES A GRANDE PORTÉE.

CHAPITRE PREMIER.

§ Ier. *Notions générales sur les grandes charpentes.*

L'ÉTABLISSEMENT des fermes de charpente destinées à porter la couverture des édifices d'une grande largeur, est un des problèmes les plus importants et les plus difficiles de l'art de bâtir. En effet, d'une part ces constructions sont toujours assez dispendieuses à cause des dimensions et de la qualité des matériaux qu'elles exigent, et d'autre part, l'ingénieur chargé d'en dresser le projet, ne trouve que rarement des modèles qu'il puisse imiter avec confiance. Pour ces ouvrages qui s'écartent des proportions les plus habituelles, les données de l'expérience deviennent rares, et la théorie encore enveloppée de formes scientifiques, n'accorde son secours qu'au prix d'études longues et pénibles. Il m'a paru, d'après cela, que ce serait un travail utile que celui qui aurait pour but :

1° « De rechercher quel est le système de composition des grandes charpentes, » dans lequel l'économie de la construction, l'élégance des formes et la solidité, » peuvent se trouver réunies à un degré satisfaisant ;

2° » De donner des règles susceptibles de faciliter la composition des projets, » et des formules pour calculer l'écarrissage des pièces en bois et en fer qui com- » posent les fermes. »

Les charpentes à grande portée ne sont pas nouvelles ; les Romains du Bas-Empire ont construit un assez grand nombre d'édifices religieux, dont la largeur s'approchait de 26^{m}, et ils ont employé pour les couvrir un système de charpente dont le type nous a été conservé dans la basilique de Saint-Paul. Construite dans le quatrième siècle, cette charpente qui n'a péri entièrement que dans l'incendie de 1823, était remarquable par sa simplicité et sa solidité tout à la fois.

L'usage y a fait admettre quelques modifications qui ajoutent encore à sa résistance, sans altérer l'idée primitive de son invention. Aujourd'hui, elle se compose de deux arbalétriers, réunis par un tirant, qui les empêche de renverser les murs sur lesquels ils s'appuient. Sur les deux tiers de leur longueur, les arbalétriers sont renforcés par des sous-arbalétriers, buttants contre un entrait. Ce dernier est soutenu par le poinçon, et supporte lui-même le tirant, au moyen de moises qui fortifient ses points de rencontre avec les sous-arbalétriers (Voir Pl. 1, Fig. 1).

Cette ferme est susceptible d'être appliquée à des bâtiments d'une largeur aussi petite et aussi grande qu'on voudra. Palladio, un des plus célèbres architectes de la renaissance, en a fait un emploi si fréquent qu'il lui a donné son nom. L'usage de cette ferme, d'abord particulier à l'Italie, s'est étendu jusqu'au nord de la France. A Metz en particulier, on l'observe dans des bâtiments qui datent de plusieurs siècles, et aujourd'hui elle est encore d'un usage général. Tout récemment le corps de l'artillerie l'a adoptée pour couvrir les bâtiments des forges des arsenaux qui peuvent avoir jusqu'à 20 mètres de large dans œuvre. Enfin M. de Bétancourt, quand il a conçu le projet de la gigantesque charpente qui recouvre, à Moscou, une salle de manœuvres de 48 mètres de largeur, a eu recours à la ferme antique, avec cette seule modification, qu'il a mis trois entraits au lieu d'un au-dessus du tirant, et autant de systèmes de sous-arbalétriers qu'il y a d'entraits.

La charpente inventée par les anciens remplit donc la condition de la solidité; elle satisfait aussi à celle de l'économie tant que l'écartement des murs ne surpasse pas 20 à 24 mètres; au-delà de cette dimension les grands tirants, pour se soutenir contre leur propre poids, demandent des pièces de bois rares et chères, ou des assemblages difficiles à exécuter. Quant à la troisième condition qui est l'élégance, il faut avouer qu'elle n'est pas remplie. Quelque restreinte que soit la portée de la ferme, l'aspect des tirants et des moises est toujours désagréable, et l'esprit s'inquiète à la vue de ces masses de bois suspendues en l'air. Enfin dans certains cas, ces pièces accessoires occupent un espace que les convenances particulières du bâtiment feraient désirer de voir entièrement libre et dégagé.

Ce sont là des défauts qui ont engagé quelques constructeurs à abandonner l'emploi de cette ferme, et qui ont donné naissance à l'invention des arcs en charpente dont nous parlerons tout-à-l'heure. Mais quoique réels, ces défauts ne sont pas irremédiables. Divers essais tentés en Angleterre, font penser qu'une combinaison bien entendue du bois et du fer, doit conduire immanquablement à donner à ce système les avantages qui lui manquent, et le rendre à la fois léger, solide et élégant.

On sait que dans une ferme de charpente, les efforts que supportent les différentes pièces qui la composent ne sont pas, pour toutes, de la même nature; les contre-fiches et les entraits résistent à des compressions; les arbalétriers à des compresions et à des flexions tout à la fois; les tirants et les aiguilles pendantes à efforts de traction uniquement. On peut donc remplacer ces dernières pièces par du fer. Or, comme les tirants sont les pièces qui, à cause de leur propre poids, demandent le plus gros écarrissage, et font l'effet le plus désagréable, et que d'autre part le fer a une résistance à la traction qui est égale à vingt fois celle du bois, il est clair que la substitution d'un mince barreau de fer à une grosse pièce de bois est possible, et qu'elle ôtera à la ferme antique l'aspect lourd et massif qui la dépare. Le tirant et les moises pendantes en bois étant supprimés, il ne restera plus que les arbalétriers et l'entrait, dont l'ensemble présentera une figure polygonale, susceptible d'être arrondie et de devenir aussi gracieuse qu'on voudra (Voir la planche 25).

L'emploi du fer présente un autre avantage non moins important. C'est celui de consolider les assemblages très-sujets à se rompre dans les fermes à grande portée, et de diminuer l'affaissement qui résulte de la pénétration des pièces les unes dans les autres, quand les fibres se rencontrent suivant des directions perpendiculaires entre elles. Ces résultats s'obtiennent en remplaçant les tenons et les mortaises par des armatures en fonte, dans lesquelles les bois viennent s'emboiter, comme on le voit dans le dessin d'une ferme construite en Angleterre, qui m'a été communiqué par M. Debret, architecte du gouvernement, et que je reproduis ici (Pl. 1, Fig 2).

M. de Bétancourt a également fait usage d'armatures en fonte, dans la construction de la charpente de la salle de manœuvres à Moscou.

On comprend d'ailleurs aisément que ce n'est pas à la ferme antique dite de Palladio seulement, que l'emploi du fer peut s'appliquer; il est susceptible de trouver place dans toutes les combinaisons adoptées pour les charpentes des combles, et je crois qu'il doit conduire à la meilleure solution du problème des fermes à grande portée.

Mais aujourd'hui ce moyen d'éviter les inconvénients des grosses pièces de bois qui servent de tirants, est encore tout nouveau et pour ainsi dire en projet. Depuis long-temps les constructeurs en pratiquent un autre qui ne doit pas être abandonné, mais dont on doit restreindre l'usage, c'est celui qui consiste à substituer un *cintre,* ou arc demi-circulaire, à toutes les pièces accessoires qui, dans les fermes composées de pièces droites, s'opposent à la flexion et à la poussée des arbalétriers.

La première introduction en France des charpentes en arc qu'on pourrait désigner sous le nom de *voûtes en bois,* doit être fixée à peu près au milieu du dix-septième siècle. On la doit à Philibert de l'Orme. A cette époque, les toits fort surhaussés étaient portés par des charpentes dont les fermes sans tirants étaient aussi rapprochées les unes des autres que le sont les chevrons dans les combles usités aujourd'hui. De distance en distance, on plaçait des *maîtresses fermes* reliées et contreventées par des liernes ; les fermes intermédiaires, nommées *fermes de remplage*, ne différaient des précédentes que parce que leur écarrissage était un peu plus faible, et qu'il ne s'y trouvait pas de poinçons (Fig. 3, Pl. 1). Ces charpentes auxquelles on donnait une solidité presque toujours plus considérable que ne l'exigeaient les poids qu'elles avaient à porter, étaient lourdes, fatiguaient beaucoup les murs des bâtiments, et exigeaient, à cause de l'angle aigu du faîte, des pièces d'une grande longueur.

Philibert de l'Orme imagina de les remplacer par des arcs en planches de sapin, espacés entre eux comme les fermes de remplage et reliés par un grand nombre de liernes qui les rendait solidaires les uns des autres (Fig. 4, Pl. 1). Il indique déjà qu'on peut les construire avec les bois de démolition de bâteaux, aujourd'hui si recherchés par les charpentiers de Paris, et qu'il paraît qu'on délaissait alors. Relativement à la manière de construire usitée de son temps, on ne peut pas douter que son système, au moment où il le fit connaître, ne fut très-économique, par sa légèreté qui permettait de diminuer l'épaisseur énorme qu'on donnait alors aux murailles, et par l'épargne qu'il permettait de faire sur les forêts de bois des combles gothiques. J'insisterai d'ailleurs sur une remarque essentielle : Philibert de l'Orme ne parle pas de la suppression des tirants destinés à empêcher le pied des fermes de pousser les murs, et cela par une bonne raison, c'est que les fermes gothiques surhaussées n'en avaient point, et que leur poussée était annulée par la grosseur des maçonneries et le fer que l'on prodiguait dans les constructions. L'ouvrage original de cet auteur, est sous ce rapport très-curieux à lire, particulièrement le livre X, chap. III et suivants, page 281 de l'édition de 1626.

Depuis Philibert de l'Orme, les constructions en charpente se sont beaucoup améliorées en France sous le rapport de la légèreté et de l'intelligence qu'on apporte dans leur composition. Les combles n'ont plus la hauteur démesurée qu'ils avaient alors ; en même temps la main-d'œuvre a augmenté de prix dans un rapport beaucoup plus grand que les matériaux ; en sorte que les arcs en planches ont tout-à-fait perdu l'avantage qu'ils avaient d'être économiques. C'est aujourd'hui le système de charpente le plus cher de tous, lorsque les fermes y sont rapprochées à des distances aussi faibles que celles qu'indique son auteur. Il conserve encore néanmoins l'avantage précieux de se prêter parfaitement à la décoration architectonique des grands édifices, et de se plier à toutes les formes, même aux plus compliquées de celles que présentent les voûtes et leurs diverses pénétrations.

Vers la fin du siècle dernier, l'attention des constructeurs s'est particulièrement dirigée vers les perfectionnements que les charpentes en arc étaient susceptibles de recevoir. Les uns ont pensé que la figure curviligne des fermes en planches était la principale cause de dépense par le grand déchet que leur coupe occasionnait dans les bois, et ils se sont proposés d'employer les planches dans toute leur longueur en substituant des polygones aux arcs de cercle. Les exemples de ce genre de construction sont très-multipliés, j'en citerai un seul assez récent, qui m'a paru remarquable parce que l'élégance des formes circulaires y est combiné avec l'invariabilité des triangles. C'est la charpente d'un hangar, de 18 mètres de largeur, construite rue du Bouloy, par M. Lasnier fils, entrepreneur de charpentes, et représentée figure 6, planche 1.

J'arrive maintenant à un autre système d'arcs qui est le principal objet de mes expériences et qui demande un examen approfondi à cause de la faveur dont il jouit et des avantages qu'on lui attribue.

Il a été imaginé par des constructeurs qui ont voulu faire porter principalement l'économie de la construction sur la main-d'œuvre, en espaçant davantage les fermes et en compensant la diminution de leur nombre, par l'augmentation de leur écarrissage. Au lieu de fermes composées de trois planches de sapin, M. Lacaze, entrepreneur de charpentes à Paris, proposa des courbes en chêne, composées de morceaux d'une épaisseur égale à celle des trois planches, et assemblés entre eux à traits de Jupiter. Il conserva la distance entre les fermes à peu près comme Philibert l'avait fixée; mais après lui on augmenta beaucoup leur espacement; à Metz, au manége de Chambière, construit en 1819, il est de 3m,50. A Rochefort, les fermes des combles d'une cale couverte sont à une distance de 5m,80 qui est celle des piliers en maçonnerie qui les soutiennent.

En 1825 M. le colonel Emy proposa pour les grandes charpentes, un nouveau système d'arcs, composé de longues lames en bois, pliées sur un gabarri, puis maintenues dans la figure qu'on leur a fait prendre, par des boulons qui les traversent et des frettes qui les resserrent. Cette invention ingénieuse a été aussitôt adoptée et appliquée à presque tous les bâtiments d'une grande largeur qu'on a construits depuis cette époque, et on a espacé les fermes de 3m,50 dans les premières constructions, puis de 4m et enfin de 6m,50 dans une des plus récentes.

M. le colonel Emy n'a pas eu sans doute l'intention d'imiter la charpente de Philibert de l'Orme, aussi ce n'est pas à lui, mais à ceux qui ont étendu hors des limites tracées par M. Lacaze, l'espacement des fermes en arc, composées de planches de champ, que j'adresserai le reproche d'avoir entièrement dénaturé l'idée primitive de leur inventeur.

Ce reproche est fondé. En effet, les fermes placées à de grandes distances n'ont plus été reliées entre elles de manière à se soutenir mutuellement, et il a fallu, pour leur donner une stabilité suffisante, les encadrer dans un système que j'appellerai *ferme droite*, et qui se compose de deux arbalétriers inclinés et de deux poteaux verticaux reliés par des aisseliers et un entrait. De plus, les pannes et les gros chevrons, inutiles quand les fermes sont très-voisines, deviennent nécessaires quand on les espace de $1^m,50$ à 2^m, en sorte que l'avantage de n'avoir point à employer de grosses et longues pièces de bois est entièrement perdu.

J'ajouterai que les frais de la construction, quels qu'ils soient d'ailleurs, ne tournent pas autant au profit de la solidité, que dans le système primitif. En effet, les pannes, les chevrons, les liens de faîte et les liernes ne servent pas positivement à porter le poids de la couverture, les fermes seules remplissent réellement l'office de soutiens. Or, dans le système de Philibert de l'Orme, tout le bois est employé en fermes, c'est-à-dire en soutiens; dans les autres systèmes ce n'est qu'une partie du bois qui remplit cette destination.

Ce n'est pas tout encore; il est évident que le poids des combles, portant sur les murs en quelques points seulement, doit les fatiguer beaucoup plus que lorsqu'il est réparti sur toute leur longueur, et qu'il faut augmenter notablement l'épaisseur des maçonneries. C'est ce que l'expérince s'est chargée de démontrer. Quelques charpentes en arc de nouvelle invention, construites récemment, ont exercé contre les murs des poussées qui ont exigé l'emploi extraordinaires de tirants en fer et de contreforts. Ces effets, tout naturels, étaient inattendus parce que les charpentes à la Philibert de l'Orme n'avaient pas donné lieu de les observer et que les auteurs de traités de charpente, depuis Mathurin Jousse jusqu'à Rondelet, ont tous gardé un silence à peu près complet sur ces poussées et le moyen de s'en garantir.

Je sais que je me trouve ici en contradiction avec l'opinion d'un grand nombre de constructeurs qui accordent aux charpentes en arc, les avantages d'être solides et économiques, de n'exercer aucune poussée contre les murs et d'offrir dans leur aspect une élégance qu'aucun autre système ne peut obtenir. Ces avantages sont-ils réels? C'est une question qu'il m'a paru utile d'approfondir par le raisonnement et l'expérience, et tel est le but du travail que j'ai entrepris.

§ II. *Exposé sommaire du but et des résultats des expériences faites sur les arcs de charpente et les charpentes en arcs.*

J'avoue que, lorsque j'ai commencé mes expériences, mes vues n'étaient pas aussi arrêtées et aussi systématiques qu'on pourrait le croire, d'après ce qui va suivre. Chargé du cours de constructions à l'école d'Application de l'artillerie et du génie, je m'étais proposé de réunir, dans un cadre peu étendu, les principales formules qui peuvent servir à la composition des projets de charpente. Dans ces formules, il entre des quantités constantes qui représentent *l'élasticité spécifique* des pièces de la charpente, et qu'il fallait, pour les arcs composés de plusieurs morceaux, déterminer par des expériences. Je ne partageais pas d'ailleurs cette idée, que les arcs demi-circulaires ne poussent pas les murs. L'étude de l'excellent ouvrage de M. Navier, sur la stabilité des constructions, avait fortifié en moi l'opinion contraire, que le raisonnement seul fait naître dès qu'on réfléchit sur cette question ; et je voulais vérifier, par des faits, les valeurs que la théorie indique pour ces poussées.

Dès mes premiers essais, je fus frappé de la grande flexibilité des arcs en charpente, et de leur facilité à changer de figure sous les moindres poids. Je conçus alors des doutes sur la bonté de la combinaison d'un arc et d'une ferme droite, pour composer les charpentes en arc, telles qu'elles sont le plus usitées aujourd'hui ; je fus conduit ainsi à étudier plusieurs systèmes de charpente et à les comparer entre eux. Mes expériences interrompues par diverses circonstances indépendantes de ma volonté, n'ont pas été aussi complètes que je l'aurais désiré, mais en soumettant leurs résultats à l'étude et à la réflexion, je me suis cru fondé à me poser une série de questions sur les fermes en arc, et à y répondre de la manière suivante :

Première question. *Les charpentes en arc sont-elles plus économiques que les charpentes droites?*

Réponse. Non.

Ceci est une question de chiffres, le tableau ci-après y répond suffisamment.

DÉSIGNATION des CHARPENTES.	PRIX du mètre cube de charpente pour les fermes seulement.	PRIX du mètre carré d'espace intérieur couvert, mesuré en projection horizontale.	INDICATION des constructions qui ont servi de base aux calculs.	OBSERVATIONS.
Charpente à la Philibert de l'Orme.	»	f. 19,00 (*a*)	Manége de l'école d'Artillerie et du Génie à Metz, construit en 1810.	La deuxième colonne donne les frais de charpente pour couvrir 1 mètre carré d'espace, en y comprenant tout le comble, excepté le lattis de la couverture et les ardoises ou tuiles dont elle se compose. Les fermes sont supposées espacées de 3m,30, à l'exception de celles à la Philibert de l'Orme, qui sont à 0m,70 l'une de l'autre.
Id. modifiée par Lacaze...	f. 80,0	19,00 (*a*)	Manége de Chambière à Metz, construit en 1819.	
Id. modifiée par Lasnier..	»	19,70 (*b*)	Hangar de la rue du Bouloy, construit en 1834.	(*a*) Il est probable que ces prix seraient plus élevés aujourd'hui. On peut les évaluer à 23 ou 24 francs.
Charpente en arc de bois plié.	120,0	19,00	Salle des manœuvres de l'École d'Artillerie et du Génie, construite en 1838.	(*b*) Ce nombre n'est qu'approximatif, attendu que les bases du calcul ne sont pas suffisamment détaillées.
Charpente droite ordinaire.	70,0	12,00 (*c*)	Constructions particulières de Metz.	(*c*) Ce prix est un maximum, il peut descendre jusqu'à 8 francs.

Deuxième question. *Les charpentes en arc jouissent-elles de la propriété de n'exercer aucune poussée horizontale contre leurs appuis?*

R. Non. — Toutes les charpentes sans tirant tendent à renverser en dehors les murs qui les soutiennent.

L'examen de cette question est, sous le rapport théorique, l'objet du deuxième chapitre. Le chapitre IV contient l'exposé des expériences entreprises pour modifier ou confirmer la théorie.

Les faits et le raisonnement s'accordent à prouver que la poussée des arcs en charpente est très-réelle, et qu'avec le mode les plus ordinaire de répartition de la charge, chacun des pieds de l'arc pousse son appui avec une force égale au quart de la charge totale. En comparant les arcs avec d'autres systèmes de charpente, on est conduit à reconnaître que la poussée ne dépend point de la nature des matériaux dont l'arc est construit, qu'elle varie avec la grandeur et le mode de répartition de sa charge et avec le rapport qui existe entre sa corde et sa flèche. La forme circulaire ou polygonale des charpentes n'influe pas beaucoup non plus sur la poussée; une ferme en arc pousse autant qu'une autre de même largeur et de même hauteur, chargée du même poids, quand ce poids est réparti de la même manière.

Troisième question. *Les arcs en charpente ont-ils une résistance à la flexion et à la rupture, supérieure à celle des fermes droites?*

R. Non.

Cette résistance est au contraire, dans les arcs les mieux construits, deux fois moindre que dans les fermes composées de pièces droites.

On se rend raison de ce fait en observant que, dans les arcs en planches de champ, les joints transversaux interrompent la continuité des fibres qui, dès-lors, ne résistent plus par extension, et que la compression ne s'exerce que sur les arêtes de ces joints. Dans les arcs en bois plié, l'adhérence n'existe pas entre les fibres des deux lames consécutives; ces lames, malgré les ferrures, glissent l'une sur l'autre ou plient isolément, de manière qu'entre deux frettes l'arc se gonfle et se comprime. Cela arrive dans les arcs les plus solides, dont les lames ont $0^{m},054$ d'épaisseur (Voir la planche 6). Le chapitre IV donne la théorie de la flexion des arcs, et le chapitre V les expériences qui s'y rapportent.

Quatrième question. *Les arcs que l'on réunit aux fermes droites simples, c'est-à-dire composées de deux arbalétriers et deux poteaux, ajoutent-ils beaucoup à la résistance de ces fermes?*

R. C'est selon.

Oui: quand l'arc a un écarrissage d'un quart plus fort que celui des arbalétriers, et qu'il est construit de manière à être très-rigide.

Non: quand il est flexible soit à cause du mode de sa construction, soit par suite de la petitesse de son écarrissage.

On comprend aisément que, de ce fait que la flexibilité des arcs est au moins double de celle des fermes droites, il résulte que l'ensemble formé d'un cintre et des arbalétriers et poteaux qui l'encadrent, est tout-à-fait privé d'homogénéité, quant à la résistance qu'il offre à l'action du poids du comble.

Si l'on charge cet ensemble, le cintre pliera et se dérobera sous la charge, et le cadre de pièces droites qui l'entoure portera tout le poids, et cassera dès qu'il aura pris une courbure bien éloignée de celle que le cintre peut éprouver sans inconvénient. Il faudra donc, pour rétablir l'égalité de résistance, augmenter beaucoup la raideur de l'arc ou ses dimensions, faute de quoi il sera dans la ferme une pièce tout-à-fait inutile. Les chapitres VII et VIII sont relatifs à ces faits.

CINQUIÈME QUESTION. *Y a-t-il des systèmes de charpente sans tirants, plus économiques que les fermes en arc, et qui présentent des effets perspectifs aussi satisfaisants ?*

R. Oui.

Si on lit le chapitre VIII, on verra que les charpentes composées de pièces droites, ont présenté une résistance à la flexion quatre fois plus grande que les fermes en arc dont le cube des bois est le même. Je ne pense pas d'ailleurs que, pour un charpentier intelligent, ce soit un problème difficile que celui de disposer les pièces des fermes droites composées, de manière qu'à l'intérieur elles présentent un intrados de figure circulaire, et un aspect général à peu près aussi satisfaisant que celui des fermes en arc (Voyez la Pl. 24).

§ III. *Remarques sur les faits résumés dans le paragraphe* II.

Parmi les faits que je viens de rapporter, il en est deux qui me paraissent mériter particulièrement l'attention des ingénieurs chargés de dresser des projets de charpente. Le premier c'est l'existence d'une poussée considérable exercée par les fermes quelle que soit leur figure, et à laquelle il faut s'opposer, soit au moyen de tirants en bois ou en fer, soit par la construction de murs et de contreforts solides, dont la fonction est analogue à celle des culées des ponts.

Le deuxième c'est la supériorité de résistance des arcs ou des pièces droites dans lesquels la continuité et l'adhérence des fibres sont entières, sur ceux qui sont composés de pièces rapportées, et dans lesquels il existe des joints transversaux ou parallèles à la longueur. De ce second fait il résulte que, quand un arc ne peut pas être composé d'un seul morceau, tous les efforts du constructeur doivent tendre à unir les parties de manière que l'ensemble diffère aussi peu que possible d'un solide homogène et continu.

Cette dernière remarque est très-importante, elle tend à détruire une erreur depuis long-temps accréditée, et qui consiste à assimiler la résistance d'un arc de charpente en bois ou en fer à celle d'une voûte. Cette assimilation n'est pas du tout exacte. Les voûtes en pierres ont une stabilité propre sur leur naissance, due au poids des voussoirs ; les arcs conservent leur figure par suite de la continuité de leurs parties. Si le rapport de la hauteur des voussoirs au rayon de l'intrados, était, dans une voûte, aussi faible que celui de l'épaisseur d'un arc en charpente à son rayon, la voûte s'écroulerait, et quand même on ferait les arcs en charpente proportionnellement aussi épais que des voûtes, s'il n'existait pas de liaison entre les morceaux dont ils se composent, ils ne supporteraient pas le moindre poids. Dans la première de ces constructions, on utilise la pesanteur, la rigidité et l'inflexibilité relatives des pierres; dans les secondes, c'est l'élasticité et la cohésion des parties qui sont les qualités essentielles.

C'est en partant de cette fausse manière de voir, que, dans l'établissement des premiers ponts en fer, on a imité la construction des voûtes, et qu'on a fait des voussoirs en fer. On a obtenu par là des systèmes dont la solidité reposait presqu'entièrement sur la résistance du fer à la compression, et dans lesquels sa résistance à l'extension n'était pas mise en jeu, c'est-à-dire que ses qualités principales n'étaient pas employées. Aussi les arcs construits comme ceux du pont du Jardin des plantes, par exemple, ont-ils coûté très-cher et demandent-ils de fréquentes réparations. Aujourd'hui les ingénieurs, revenus à des idées plus justes, s'efforcent de composer leurs arcs de manière à les rapprocher, autant que possible, d'une pièce coulée d'un seul morceau. Le système de la construction du pont du Carrousel a été conçu d'après ce principe, par M. Polonceau, et je suis heureux de pouvoir m'appuyer d'une pareille autorité.

Après cette digression, qui ne m'a pas paru être entièrement étrangère à l'objet de ce mémoire, je reviens aux fermes de charpente des combles, et de tout ce qui précède, je tire, relativement au choix qu'on doit faire entre ces fermes, les conclusions suivantes.

1° Si l'on a à construire un manège, une salle de manœuvres, ou tout autre local, dans lequel des mouvements de matériaux ne demandent pas que l'espace compris entre les deux longs-pans du toit, soit entièrement libre; le meilleur système à adopter, c'est celui d'une charpente ordinaire à la Palladio, avec des tirants et des aiguilles pendantes en fer. On réunira ainsi à la fois la légèreté apparente, la solidité et l'économie (Fig. 1, 2, etc., Pl. 25).

2° Si l'on veut que la partie supérieure du comble soit entièrement dégagée de pièces de charpente, comme on peut le demander pour un magasin à fourrages, par exemple, ou si l'on veut, pour un étage en mansardes, construire une charpente en berceau, on doit préférer à l'emploi des arcs, celui d'une ferme composée de pièces droites, comme celle du hangar de M. Lasnier (Pl. 1, Fig. 6), ou celle que représente la planche 24. On se déterminera, dans le choix à faire entre ces deux systèmes, par le prix relatif des planches ou des bois de grande dimension.

3° Si, dans un but de décoration ou pour tout autre motif quelconque, on veut avoir recours à une ferme en arc, la meilleure sera celle dans laquelle l'arc aura le plus de raideur eu égard à ses dimensions. Une ferme droite en bois, combinée avec un arc en fonte, formerait un très-bon ensemble: je donne un exemple de cette combinaison dans la figure 1 de la planche 2. Pour les arcs en bois plié, il faut employer un bois raide, des lames longues et épaisses, et multiplier les ferrures.

Les arcs en planches de champ devront être composés de deux couches de madriers posés à joints recouverts, et serrés par des boulons. Il sera bon d'y ajouter des frettes destinées à empêcher les madriers de se fendre dans leur longueur.

Les jugements que je viens de porter, me sont dictés par une conviction basée sur des faits, et par le désir que chacun possède de faire prévaloir des idées qu'il croit justes et utiles; mais ils n'ôtent rien au mérite des inventeurs des différents systèmes d'arcs applicables aux grandes charpentes. Ces systèmes, pour ne pas posséder toutes les qualités qu'on croyait pouvoir leur attribuer, n'en sont pas moins des combinaisons très-ingénieuses, qui peuvent être utiles dans un grand nombre de circonstances, et dont l'invention est, sans contredit, plus difficile que la critique que l'on peut en faire.

Je ne m'attends pas d'ailleurs à voir abandonner immédiatement l'emploi des arcs en charpente, et dans le chapitre IX, où j'ai réuni les formules qui peuvent servir au calcul des différents systèmes de ferme dont j'ai parlé dans ce chapitre, celles qui sont relatives à l'établissement des fermes en arc n'ont pas été oubliées.

CHAPITRE DEUXIÈME.

DESCRIPTION DES CHARPENTES MISES EN EXPÉRIENCE ET DE L'APPAREIL QUI A SERVI AUX ÉPREUVES.

Quoique le nombre et la durée des expériences, dont on lira les résultats dans les chapitres suivants, aient été restreints dans des limites très-étroites, par la nécessité d'économiser le temps et les matériaux, cependant le détail successif de chacune d'elles serait long et fastidieux. Il a paru plus convenable de réunir, dans des tableaux particuliers, toutes les observations relatives à la recherche de chacun des objets qu'on se proposait d'étudier, afin de faire apercevoir du même coup-d'œil les faits et les conclusions qu'il est possible d'en tirer. Mais en adoptant ce plan, il devient nécessaire de donner d'avance la description succincte des charpentes mises en expérience et de l'appareil qui a servi aux épreuves.

§ Ier. *Nomenclature et description succincte des cintres et charpentes mis en expérience.*

Planche 3. — *Cintre N° 1.* En bois de sapin plié, construit avec cinq lames de $0^m,15$ de largeur et $0^m,027$ d'épaisseur chacune, reliées par treize frettes en fer espacées de $1^m,59$ en $1^m,59$, et par vingt-quatre boulons de $0^m,015$ de diamètre, placés deux à deux entre les frettes.

Chaque lame était composée de trois morceaux inégaux. A l'extrados, la pièce la plus longue était au milieu, en sorte qu'il se trouvait des joints vers les reins. Les autres lames étaient disposées de manière que leurs joints étaient toujours recouverts par les pleins des lames supérieure et inférieure.

Ce cintre était extrêmement flexible, malgré les dimensions assez fortes de son écarrissage. Il avait été construit avec soin, dans des chevalets disposés pour lui donner une forme demi-circulaire de 12^{m},12 de diamètre à l'extrados. Mais, lors de la mise en place, il s'est déformé par l'action de son propre poids, le sommet s'est élevé de 0^{m},054, le côté droit s'est aplati de quelques centimètres, et le côté gauche s'est renflé de la même quantité.

Planche 7. — *Cintre N° 2.* En bois de sapin plié. Le diamètre et l'épaisseur de ce cintre étaient les mêmes que celui du N° 1, mais la largeur des lames n'était que de 0^{m},075. Il était composé de cinq lames de 0^{m},027 d'épaisseur chacune en trois morceaux. On avait évité, dans la construction de ce cintre, d'avoir des joints sur les reins à l'extrados. Les lames étaient reliées par treize frettes et vingt-quatre boulonnets.

Cintre N° 3. C'est le même que le précédent, dans lequel, après diverses expériences, on a remplacé les lames cassées ou déformées, et dont on a coupé 0^{m},65 de longueur à chacune des extrémités, pour en faire un arc surbaissé de 5^{m},41 de montée, et d'une portée de 12^{m},12.

Planche 8. — *Cintre N° 4.* En planches de champ. Après avoir soumis le cintre N° 1 à divers essais, je voulus essayer si la même quantité de planches, posées de champ au lieu d'être sur leur plat, offrirait une résistance plus ou moins grande à l'action des mêmes charges réparties de la même manière. Je fis donc couper les lames du cintre N° 1, en morceaux de 1^{m},30 de longueur, et j'en fis faire un arc de figure polygonale, presque circulaire, composé de quatre couches de planches seulement. Après l'achèvement de la quatrième couche, il ne resta plus que quatre morceaux, que l'on employa à fortifier les reins, en les fixant par quatre boulons en *aa'* et *bb'*.

La construction de ce cintre était défectueuse, en ce que, bien que les joints de coupe fussent recouverts par des planches pleines, cependant ceux du premier rang se trouvaient en correspondance exacte avec ceux du troisième, et ceux du deuxième rang avec ceux du quatrième. Il devait donc avoir moins de résistance à la rupture, qu'un cintre à la Philibert de l'Orme bien construit.

A l'exception des quatre boulonnets qui fixaient les renforts *aa'* et *bb'*, il n'y avait aucune ferrure, ni chevilles dans cet arc, dont les couches de planches étaient simplement clouées avec des pointes de Paris. Les joints des coupes étaient d'ailleurs faits avec soin, et les morceaux se touchaient aussi bien que possible le long de ces joints.

Planche 9. — *Cintre N° 5.* Ce cintre était un cintre à la Philibert de l'Orme, construit, comme l'indique cet auteur, avec des morceaux de $0^{m},70$ de longueur, et formés de trois couches dont les joints étaient recouverts de telle sorte, que, dans l'épaisseur, il ne s'en trouvait jamais qu'un au même endroit. Les morceaux de planches avaient été coupés avec soin, mais ils étaient simplement cloués les uns sur les autres avec des pointes de Paris.

Planche 10. — *Cintre N° 6.* C'est le même que le précédent, dans lequel on a remplacé quelques planches cassées, mais auquel on a fait de plus une modification importante, qui a consisté à traverser les trois couches par des chevilles en chêne de $0^{m},02$ de diamètre, placées au milieu de l'intervalle de deux joints successifs. On a recoupé ensuite ce cintre, de $0^{m},65$ à chacune de ses extrémités, pour en faire un arc surbaissé de $5^{m},41$ de montée et de $12^{m},12$ de portée.

Planche 12. — *Arc N° 7.* En bois plié de $12^{m},12$ de corde, et $2^{m},32$ de flèche mesurées sur l'arc moyen entre son intrados et son extrados, formé de cinq lames en bois plié, de $0^{m},15$ de largeur et $0^{m},054$ d'épaisseur. Les lames d'intrados et d'extrados étaient d'un seul morceau. Les autres étaient de deux pièces. Chacun des joints, quelle que fût la couche de planches à laquelle il appartînt, était consolidé par deux boulons placés l'un à gauche, l'autre à droite. Ces boulons étaient au nombre de quatorze, et de $0^{m},027$ de grosseur. Il y avait de plus quatre fortes brides pour relier les lames et les serrer entre elles.

Planche 14. — *Charpente simple sans tirant N° 8.* Cette charpente, qui devait servir à établir la comparaison entre les poussées des cintres circulaires et celles des systèmes formés de pièces droites, a été construite dans des vues d'économie, de manière à pouvoir s'assembler avec les cintres Nos 2, 5 et 6, et à former avec eux des fermes de charpente, comme il est d'usage d'en faire pour les combles de grande portée.

Elle se composait de deux arbalétriers et de deux jambes de force, dont l'ensemble était consolidé par deux aisseliers et un entrait. Afin de rendre à peu près invariables les assemblages de l'entrait et des aisseliers avec les arbalétriers et les jambages de force, on les avait renforcé par des boulons et des moises.

L'écarrissage des arbalétriers était de $0^{m},12$ sur 0,075, celui des jambes de force de $0^{m},14$ sur $0^{m},075$. Les aisseliers et entraits n'avaient que $0^{m},10$ sur $0^{m},075$.

Planche 15. — *Charpente en arc N° 9.* La combinaison du cintre N° 2 avec la charpente simple N° 1, au moyen de neuf moises verticales, donne un système de charpente qui ne diffère des systèmes employés aux manèges de Libourne, de Saumur et d'Aire, que parce que les moises sont verticales et que le poteau est légèrement incliné vers l'intérieur.

Planche 17. — *Charpente en arc N° 10.* C'est la même que la précédente, dont les poteaux ont été raccourcis chacun de $0^{m},65$.

Planche 18. — *Charpente N° 11.* Elle a les mêmes dimensions que la charpente N° 10, mais les moises, au lieu d'être verticales, sont disposées normalement à la courbe du cintre.

Planches 19 et 20. — *Charpentes N°s 12 et 13.* Si, dans les charpentes N°s 9 et 10, on remplace les arcs en bois plié par les cintres à la Philibert de l'Orme, N°s 5 et 6, on aura les charpentes N°s 12 et 13.

Planche 21. *Charpente droite composée N° 14.* Cette charpente est la charpente simple N° 8 renforcée, comme l'indique la figure.

Planche 22. — *Charpente droite composée N° 15.* Dans le système précédent et dans celui-ci, on a cherché à remplacer le cintre par des pièces droites, qui, avec un cube et un prix moins considérable, offrissent une résistance plus grande. La charpente N° 8 n'est qu'une charpente d'essai, composée pour rendre sensible le résultat de la substitution d'une pièce droite à un cintre. La charpente N° 15 pourrait être mise en œuvre avec quelques légères corrections faites pour lui donner plus de grâce. Ces corrections ont été esssayées dans le dessin de la ferme représentée planche 24 figure 4.

Voilà tout ce qu'il est nécessaire de dire actuellement des arcs et des fermes mis en expérience. On aura occasion plus tard de discuter leur composition. Pour compléter leur description, il ne reste plus qu'à donner le tableau des quantités de bois et de ferrures qui entrent dans leur construction, et de comparer le prix du mètre cube de chaque système.

Il n'est pas inutile de dire que le bois dont les cintres et les charpentes droites ont été construits, a été, pour tous, le sapin des Vosges. Ce bois est blanc, très-tendre, gras et spongieux, ses fibres sont fort grosses et leur texture peu homogène. Aussi sa densité n'est-elle que de 440 à 450 kilog. selon le degré de siccité. Une barre carrée de ce bois, de $0^m,25$ d'écarrissage, se rompt, quand elle est tirée dans le sens de sa longueur, par un poids de 312500^k. La même barre de 1^m de longueur, chargée de 10000^k suspendus à son extrémité inférieure, s'allonge de $0^m,00016$.

Ier TABLEAU *des poids et des prix relatifs des charpentes mises en expérience.*

DÉSIGNATION des charpentes.	DÉTAIL DES BOIS ET DES FERRURES.	POIDS PARTIELS.	POIDS TOTAL.	PRIX PARTIELS.	PRIX TOTAL.
Cintre N° 1, en bois plié.	Développement des lames.. 19,04 Écarrissage......... 0,135 } 0,0202 et............. 0,150 } } 0,3846 à 450k le m. cub.	k 173,073	k 216,073	m.cub. 0,384 de bois à 120f. f 46,08 43k de fer à 1f,35. 58,05	f 104,13
	Onze étriers pesant ensemble............ 24,50 24 boulons *id*.................. 12,00 2 grosses frettes *id*.................. 6,50	43,00			
Cintre N° 2, en bois plié.	Développement des lames.. 19,04 Écarrissage......... 0,075 } 0,0101 sur............ 0,135 } } 0,1623 à 450k le m. cub.	86,536	100,00	m.cub. 0,1623 de charpente à 120f. 19,48 13k,464 de fer à 1f,35. 18,18	37,66
	13 frettes et 24 boulonnets....................	13,464			
Cintre N° 3, en bois plié.			95,00		
Cintre N° 4, en planches de champ.	Le cintre du bois, comme au N° 1........ m.cub. 0,380 3 kilog. de pointes de Paris............. 3k,00	173,00 3,00	176,00	m.cub. 0,38 de charpente à 100f. 38,20 3k de clous à 1f,32. 3,96	42,16
Cintre N° 5, en planches de champ.	Développement des lames... 19,04 Écarrissage......... 0,150 } 0,1065 sur............ 0,071 } } 0,203 à 450k le m. cub.	91,25	94,25	m.cub. 0,203 de charpente à 100f. 20,30 3k de clous à 1f,32. 3,95	24,26
	3 kilog. de pointes de Paris....................	3,00			
Cintre N° 6, en planches de champ.	L'arc....................................... Les chevilles en chêne....................... 3 kilogr. de pointes de Paris................	85,05 1,95 3,00	90,00		
Arc N° 7, en bois plié.	Développement des lames... 14,50 Écarissage......... 0,28 } 0,042 sur............ 0,15 } } 0,609 à 459k le m. cub.	274,50	306,00	m.cub. 0,609 de charpente à 120f. 73,00 31k,50 de fer à 1f,35. 42,53	115,53
	5 gros boulons et 2 frettes............. 21k,00 14 grands boulons.................... 10,50	31,50			

Suite du Ier TABLEAU *des poids et des prix relatifs des charpentes mises en expérience.*

DÉSIGNATION des charpentes.	DÉTAIL DES BOIS ET DES FERRURES.	POIDS PARTIELS.	POIDS TOTAL.	PRIX PARTIELS.	PRIX TOTAL.
Charpente droite simple, N° 8.	2 Arbalétriers et un entrait. Longueur ensemble.. 17,20 } Ecarr., 0,075 sur 0,12. } 0,155 2 jambes de force. Longueur ensemble.. 7,20 } Ecarr., 0,075 et 0,14. } 0,076 2 aisseliers. Longueur ensemble.. 4,24 } Ecarr., 0,10 et 0,075. } 0,032 3 moises. Longueur ensemble.. 3,30 } Ecarr., 0,108 et 0,13. } 0,047 } m. cub. 0,310 de bois, à 450k,00 le mètre cube. 14 boulons..............................	k 139,00 7,50	k 146,50	m.cub. 0,310 de charpente à 70f. f 21,70 7k,50 de fer à 1f,35. 10,13	f 31,83
Charpente N° 9, composée de l'arc en bois plié, N° 2, et de la charpente N° 8, reliée par des moises.	L'arc.................................. La charpente........................... Les moises en sus de la charpente N° 8. Longueur ensemble.. 10,60 } Ecarr., 0,108 et 0,13. } 0,170 à 450k le mètre cube. 24 boulons.............................	100,00 146,50 76,50 18,00	341,00	Celui de l'arc. 37,66 Celui de la charpte N° 8. 31,83 Le bois des moises m.cub. 0,170 à 70f. 11,90 18k de fer à 1f,35. 24,30	105,69
Charpente N° 10, composée de l'arc N° 3 en bois plié, et d'une charpente pareille au N° 8.	L'arc.................................. La charpente........................... Les moises.............................	100,00 140,00 94,50	334,00		
Charpente N° 11, en bois plié, avec les moises normales à la courbe.			334,00		
Charpente N° 12, avec un arc en planches de champ.	L'arc.................................. La charpenre droite.................... Les moises et leurs ferrures..........	94,25 146,50 94,50	335,55		

Suite du Ier Tableau *des poids et des prix relatifs des charpentes mises en expérience.*

DÉSIGNATION des charpentes.	DÉTAIL DES BOIS ET DES FERRURES.		POIDS PARTIELS.	POIDS TOTAL.	PRIX PARTIELS.	PRIX TOTAL.
Charpente N° 13, avec un arc en planches de champ.	L'arc................................. La charpente.......................... Les moises............................		k 90,00 140,00 94,50	k 324,50	L'arc....... 24,26 f Les moises... 11,90 Le fer...... 24,30 La charpente N° 8...... 31,83	f 92,29
Charpente N° 14, droite composée. Le même poids que la charpente N° 13, dont le détail est ci-contre.	2 arbalétriers, 2 jambes de force, 4 aisseliers, un entrait et un sous-entrait. Longueur ensemble........ 56,72 Ecarrissage, 0,12 et 0,075.	0,330			m.cub. 0,456 de charpente à 70f. 31,92	45,15
	2 jambes de force. Longueur................ 5,76 Ecarrissage, 0,075 et 0,14.	0,060			9k,80 de fer à 1f,35. 13,23	
	Les moises. Longueur ensemble........ 3,76 Ecarrissage, 0,108 et 0,15.	0,060				
		m.cub. 0,456				
	à 450k le m. cub.		205,20	215,00		
	Les boulons..............................		9,80			

Nota. Les prix des arcs à la Philibert de l'Orme et des charpentes ordinaires, et ceux de la ferrure sont à peu près ceux du Bordereau de la place de Metz. Le prix de la charpente en bois plié résulte de l'analyse du prix de celle de la salle des manœuvres à l'école d'Application de l'artillerie et du génie de Metz, construite en 1837.

§ II. *Description de l'appareil employé pour mesurer la poussée.*

Parce qu'un arc en charpente dont les pieds sont engagés dans une semelle en bois, ne fait pas marcher horizontalement cette semelle, quand elle est simplement posée soit sur le sol, soit sur un mur, on en conclurait à tort que les cintres n'ont point de poussée horizontale. Ce fait prouve tout au plus que le frottement de la semelle sur la terre ou sur la maçonnerie, est capable de faire équilibre à la poussée; c'est d'ailleurs ce qui doit toujours avoir lieu, car les pieds du cintre tendent à se déplacer avec une force qui ne surpasse pas ordinairement le quart du poids total de la ferme et de sa charge, tandis que la résistance que le frottement oppose à ce glissement, s'élève environ au tiers du même poids*.

* Frottement du chêne sur le muschelkalk 0,64 de la pression; frottement du chêne sur le calcaire oolitique 0,63 de la pression. Voir les nouvelles expériences de M. Morin rapportées dans le Cours de mécanique appliquée aux machines, de M. Poncelet; troisième section, pages 7 et 8 de la lithographie de l'école d'Application de l'artillerie et du génie. 1836.

Pour faire des expériences concluantes sur les poussées horizontales des charpentes sans tirant, la première condition était donc d'obtenir des résultats indépendants du frottement. Voici comment j'ai cherché à y parvenir. (Voir les figures de la planche 3.)

Dans la nouvelle salle des manœuvres de l'école d'Application de l'artillerie et du génie, j'ai fait établir, sur une bonne fondation, avec un grillage en charpente, deux massifs en pierre de taille, espacés d'axe en axe de $12^m,03$, longueur du diamètre commun des cintres en charpente qui devaient servir aux expériences.

Après avoir fait mettre exactement de niveau, les arrases supérieures des deux piliers, j'y traçai au moyen d'un cordeau tendu de l'un à l'autre deux lignes parallèles espacées de $0^m,21$ qui servirent de repères pour encastrer dans la pierre quatre lames en acier. Ces lames se trouvaient, après leur mise en place, parallèles deux à deux sur chaque massif, et dans le même prolongement d'un massif à l'autre.

On prit ensuite deux roulettes en fonte de $0^m,20$ de diamètre, et on les réunit par un axe fixe en fer d'une longueur telle que les milieux des épaisseurs des roues correspondaient justement aux axes des lames en acier sur lesquelles elles étaient destinés à rouler.

D'un autre part on façonna des patins en bois de chêne, creusés de $0^m,01$ environ sur leur face supérieure, et portant à la face inférieure des coussinets en cuivre qui s'adaptaient à l'essieu des roues en fonte.

L'arc chaussé de ses patins, maintenu dans la position verticale et reposant par ses deux extrémités sur les massifs en pierre, pouvait au moyen de l'appareil que l'on vient de décrire, céder sans résistance à l'action des forces qui auraient tendu à écarter l'une de l'autre ses deux extrémités; mais une corde attachée à chacune d'elles et qui allait horizontalement passer sur une poulie de renvoi, portait une caisse chargée de poids qui s'opposait directement à l'action de la poussée et en donnait immédiatement la mesure, sauf les corrections à faire pour tenir compte des résistances passives de l'appareil.

En général, le poids des cintres et de leurs charges n'était pas considérable, ce qui a permis d'opérer de manière à n'avoir aucune correction à effectuer. Pour cela, en supposant le cintre soumis à l'action d'une charge dont on voulait avoir la poussée horizontale, on commençait d'abord par mettre dans la caisse suspendue à la corde et que j'appellerai caisse de retenue, un poids capable de faire marcher le pied du cintre en dedans vers le centre d'une petite quantité, on notait ce poids; puis on en ôtait successivement une partie jusqu'à ce que le cintre reculât et que son pied dépassât vers le dehors, sa position primitive, qui était d'ailleurs bien déterminée au moyen de points de repère, d'une quantité égale à ce dont il s'en était écarté dans le sens opposé. En prenant la moyenne des poids de la caisse de retenue, correspondants à ces deux situations du pied du cintre, on avait une valeur de la poussée qui, si elle n'était pas exacte, n'était plus du moins affectée de l'influence des résistances passives. Au bout de quelque temps, les ouvriers employés aux expériences s'étaient si bien habitués à juger les efforts qu'il fallait exercer pour faire marcher le cintre en le tirant ou en le poussant, qu'ils saisissaient l'instant où ces deux genres d'efforts étaient égaux, avec assez de justesse, pour qu'on pût regarder, comme l'expression de la poussée, le poids qui se trouvait alors dans la caisse de retenue.

Les expériences, sur la flexion des charpentes, n'ont demandé que des additions très-simples à l'appareil qui servait à mesurer les poussées. En arrière des deux piliers en pierre de taille, qui servaient d'appui au pied des cintres, j'avais fait planter, sur la même ligne, de ces perches qu'emploient les maçons pour faire leurs échafaudages, et qu'on nomme à Metz *tendières ;* sur ces tendières on avait cloué un plancher en sapin formant une figure irrégulière, mais dont la surface était exactement un plan vertical, parallèle à la ligne horizontale passant au milieu de l'intervalle entre les lames d'acier sur lesquelles roulaient les pieds des arcs en charpente. Ce plancher servait à recevoir le tracé des courbes qu'affectait, soit l'intrados soit l'extrados des cintres, aux époques de la flexion où elles étaient les plus intéressantes à connaître. Ce tracé s'effectuait avec une équerre dont une branche s'appuyait sur le plancher et l'autre sur le cintre, et dont le sommet marquait, sur le plan vertical, la projection des différents points que l'on voulait relever.

Lorsqu'on mettait un cintre en place pour une expérience, on commençait d'abord par tracer la courbe qu'il affectait naturellement, on relevait ensuite la figure qu'il prenait par l'action de la charge, puis enfin celle qu'il conservait après avoir été déchargé de son poids. Ces diverses courbes étaient rapportées à un polygone tracé d'avance sur le plancher de sapin, au moyen de perpendiculaires abaissées sur les côtés du polygone, de chacun des points des nouvelles courbes dont on voulait faire le lever.

Une deuxième file de tendières qui correspondaient aux premières, était plantée en avant du cintre. Elles servaient, avec celles de la file parallèle, à le maintenir dans un plan vertical, par un moyen qui ne pouvait influer en rien sur les résultats des expériences. Il consistait à fixer, par un clou, sur l'extrados du cintre, des bouts de latte qui le dépassaient à droite et à gauche de manière à arriver à un ou deux millimètres près contre les tendières. Cette latte ne pouvait donner lieu à aucun frottement, mais dès que l'arc se déversait d'un millimètre, il se trouvait contre-butté et maintenu dans une position verticale.

Les tendières avaient aussi pour but de prévenir les accidents que la chute des cintres et des poids pouvait occasionner : celles des extrémités étaient appuyées par des arcs-boutants et réunies par des traverses, afin d'arrêter le glissement des cintres dans le cas où le poids des caisses de retenue aurait été insuffisant pour remplir cet objet.

CHAPITRE TROISIÈME.

CONSIDÉRATIONS THÉORIQUES SUR LA NATURE ET L'INTENSITÉ DES POUSSÉES, EXERCÉES CONTRE LEURS APPUIS PAR LES ARCS DE CHARPENTE, ET LES CHARPENTES DROITES SANS TIRANTS.

§ Ier. *Les pieds des arcs de charpente exercent toujours une poussée horizontale contre leurs appuis.*

Pour apercevoir clairement qu'un arc, quelles que soient sa figure et la matière dont il est formé, doit nécessairement pousser ses appuis dans une direction horizontale, il ne faut faire qu'un raisonnement très-simple, basé sur le principe connu de *l'action égale et contraire à la réaction.*

D'après ce principe, il est évident que lorsqu'un *arc* ou *cintre,* de figure symétrique, par rapport à la ligne verticale qui passe par son sommet, et chargé d'ailleurs, en outre de son propre poids, d'une surcharge distribuée également et de la même manière sur ses deux moitiés, vient à poser, par ses deux pieds, sur deux appuis au même niveau; chacun de ces pieds exerce, sur son appui, une pression verticale de haut en bas, égale à la moitié du poids de l'arc et de sa surcharge; et qu'en même temps l'appui réagit contre le pied qu'il porte et le presse avec une force égale, mais dirigée en sens contraire, verticalement de bas en haut.

Par conséquent, comme d'ailleurs tout est symétrique par rapport au sommet de l'arc, on peut, par la pensée, supprimer les appuis et admettre que chaque moitié AM (Pl. 2, Fig. 2) du cintre est :

1° Encastrée au sommet de manière à avoir sa tangente horizontale en ce point;

2° Qu'elle est chargée des poids p_1, p_2, p_3,..... p_n distribués d'une manière quelconque de A en M;

3° Qu'elle est soumise en outre à l'action d'une force P égale à la somme des poids p_1, p_2,..... p_n et du poids propre de l'arc, dont la direction est verticale, mais qui agit, en M, dans le sens opposé à la pesanteur de M en V.

Ces circonstances hypothétiques, substituées à la réalité, ne changeront rien au mode de flexion de l'arc; elles reviennent seulement, au lieu d'admettre que le sommet s'abaisse pour se rapprocher des pieds, à supposer que ce sont les pieds qui se relèvent pour se rapprocher du sommet, ce qui n'altère pas la quantité dont variera l'ordonnée primitive du sommet du cintre, non plus que le déplacement que les divers points de l'arc pourront éprouver dans le sens horizontal ou dans le sens vertical, tant que l'extrémité inférieure M sera libre dans les deux sens.

Or, si l'on considère l'arc AM, placé dans les circonstances que l'on vient de décrire, on voit que, par rapport au point A, par exemple, le moment P.Mo de la force P sera toujours plus grand que le moment de la somme des forces $p_1, p_2, \ldots p_n$, puisque cette somme est égale à P, et que la distance horizontale GH, de son centre de gravité à la verticale Ao, est nécessairement moindre que le bras de levier Mo de la force P. La même chose aurait lieu *à fortiori* pour un point m quelconque de l'arc pris entre A et M, puisqu'alors non-seulement la distance gh du centre de gravité des forces partielles, appliquées de m en M, serait moindre que Mo, mais que la somme de ces forces serait inférieure à P.

Donc, par rapport à un point quelconque de l'arc AM, l'action de la force P, pour le faire fléchir et lui faire prendre la position Am'M', par exemple, l'emportera sur l'action des forces partielles $p_1, p_2, \ldots p_n$, qui, si elles existaient seules, feraient fléchir l'arc en sens contraire.

Par conséquent le pied M de l'arc, parcourra une hauteur M'a dans le sens vertical, et une longueur M'b dans le sens horizontal. Dans la réalité, M'a représente la quantité dont le sommet A s'abaisserait par l'action des poids $p_1, p_2, \ldots p_n$ dont il est chargé, et M'b la quantité dont le pied se déplacerait en glissant sur son appui, si le frottement, ou toute autre cause, ne s'opposait à ce glissement.

Mais si l'on veut que le point M ne se déplace point horizontalement pendant la flexion, et qu'il reste toujours dans la même verticale, ce qui lui fera prendre la figure Am''M'' (Fig. 3, Pl. 2), il est clair qu'il faut, aux forces P, $p_1, p_2, \ldots p_n$, appliquées à l'arc, ajouter une force horizontale Q dirigée de M vers o, et capable de détruire la tendance qu'éprouve le point M à se déplacer de la quantité M'a. Cette force Q est égale et directement opposée à *la poussée de l'arc*, et peut servir à la mesurer. On voit d'ailleurs que cette force Q ne peut jamais être nulle, car, dès que l'arc est chargé d'un poids quelconque dont le centre de gravité tombe entre la verticale du point M et celle du point A, il y a tendance à la flexion, et par conséquent au déplacement du point M dans le sens horizontal.

Donc les pieds des arcs de charpente exercent toujours une poussée horizontale contre leurs appuis.

§ II. *L'intensité des poussées exercées par un arc en charpente contre ses appuis au niveau de ses naissances, est indépendante de la nature des matériaux employés à sa construction; elle est directement proportionnelle à sa portée et au poids qu'il supporte, et en raison inverse de sa montée.*

Je me bornerai à énoncer ici ces résultats, dont on trouvera la démonstration dans l'Appendice (Nos 42, 43, 45, 47 et 48).

§ III. *Expressions théoriques des poussées exercées par les arcs sur leurs appuis, dans les cas les plus usuels de la pratique.*

Les figures que les praticiens donnent aux cintres des fermes de charpente en bois ou en fer, se réduisent à trois, savoir : 1° celle d'un demi-cercle ; 2° celle d'un arc circulaire surbaissé ; 3° celle d'un arc en ogive ou d'une parabole dont la montée surpasse la portée. La répartition des poids que supporte le cintre peut se faire de plusieurs manières sur son extrados.

1° La charge peut être répartie uniformément sur la circonférence du cintre, comme quand il ne porte que son propre poids, ou quand la couverture est appliquée immédiatement sur l'arc, ainsi que cela a lieu pour les couvertures métalliques en zinc et en cuivre.

2° La charge peut être distribuée sur le cintre par parties égales pour des longueurs égales mesurées horizontalement, c'est ce qui a lieu par exemple dans les arcs qui portent des planches au moyen d'aiguilles pendantes également espacées, comme dans quelques ponts suspendus, ou dans les théâtres.

C'est aussi de cette manière que le poids de la couverture est réparti sur une forme de comble lorsque les moises qui relient les arbalétriers et l'arc sont placées verticalement et à égale distance.

3° Elle peut être portée par une portion de l'arc seulement, comme cela a lieu pour les fermes des combles quand les moises qui relient l'arc et l'arbalétrier sont normales à la courbe. Car il est clair alors, que la dernière moise qui porte une portion du poids de la couverture est celle qui passe par le point de réunion de l'arbalétrier et du poteau vertical. Mais pour les inclinaisons que l'on donne le plus ordinairement aux pans des couvertures, on peut confondre ce mode de répartition de la charge avec le précédent.

4° Enfin, on peut supposer la charge entièrement suspendue au sommet ou en un point quelconque de l'arc. Il est utile de considérer ce cas pour l'établissement des ponts portés sur des arcs, qui alors sont assujettis à supporter des poids dont la position est variable, toutes les fois, par exemple, qu'une voiture chargée se meut sur le tablier du pont. Cette hypothèse peut se rapporter aussi aux combles inégalement chargés par la neige.

Voici les tableaux des intensités des poussées telles que le calcul les donne pour ces différents cas.

§ IV. *Poussée des cintres demi-circulaires.*

PREMIER TABLEAU.

MODE DE RÉPARTITION DE LA CHARGE.	VALEUR DE Q OU DE LA POUSSÉE.	*OBSERVATIONS.*
N° 1. Le poids est réparti uniformément sur la circonférence du cintre.	$Q = 0{,}16P.$	Dans les N°s 2, 3 et 4, P est le poids total porté par le cintre, non compris son propre poids. Le N° 1 servira à déterminer la poussée due au seul poids du cintre. On ajoutera cette poussée à celle qui sera exercée par la charge contre chacun des appuis. (Voyez, pour le détail des calculs par lesquels on arrive aux valeurs de Q renfermées dans la 2me colonne, les N°s 45, 47 et 48 de l'Appendice, et remarquez que les coëfficients numériques de ces valeurs sont ici moitié moindres que ceux des valeurs de Q écrites dans l'Appendice. Parce que ici, P représente la charge totale du cintre; et que, dans l'Appendice, P n'est que la charge portée par le demi-arc. Cette remarque s'étend aux valeurs de Q écrites dans les paragraphes V et VI ci-après.)
N° 2. Le poids est réparti uniformément par rapport à une ligne horizontale.	$Q = 0{,}22P.$	
N° 3. Le poids est suspendu en entier au sommet.	$Q = 0{,}32P.$	
N° 4. Le poids est suspendu en un point qui correspond verticalement au quart du diamètre de l'arc.	$Q = 0{,}278P.$	

Dans le cas où le cintre ne serait chargé que sur une portion de son développement, on aurait, en désignant par A le nombre de degrés que comprend la portion de l'arc sur laquelle est posée la charge à droite ou à gauche du sommet

$$Q = \frac{P}{3{,}1415}\left[1 - \frac{1}{2}\left(1 - \frac{\sin A \cos A}{A}\right)\right].$$

Si on suppose par exemple que les pans du comble sont inclinés à 3 de base sur 2 de hauteur, il s'ensuivra que l'arc sera chargé sur les deux tiers de son contour et on aura

$$A = 1{,}04, \quad \sin A = 0{,}85, \quad \cos A = 0{,}54; \quad \text{d'où} \quad Q = 0{,}23P.$$

On voit donc, si ces résultats théoriques sont exacts, que la poussée des cintres demi-circulaires employés à supporter les combles des bâtiments, bien loin d'être nulle, doit varier dans les circonstances les plus ordinaires de la pratique du quart au tiers environ de la charge totale que supportent ces fermes. Or, pour un bâtiment de 20^{m} de largeur, la charge de chacune des fermes de la charpente peut s'élever à 15000 kilog.; chacun des pieds de ces fermes exerce donc sur son appui une poussée horizontale qui ne s'éloigne pas beaucoup de 5000 kilog. Une poussée aussi considérable doit être l'objet d'une sérieuse attention, si l'on ne veut pas qu'elle amène de graves accidents. Il importait donc de vérifier par des faits, les indications de la théorie; et c'est dans ce but qu'ont été entreprises les expériences dont le détail sera l'objet du chapitre suivant.

§ V. *Valeur de la poussée exercée sur chacun de leurs appuis par les arcs surhaussés ou surbaissés.*

DEUXIÈME TABLEAU.

MODE DE RÉPARTITION DE LA CHARGE.	VALEUR DE Q OU DE LA POUSSÉE.	*OBSERVATIONS.*
N° 1. Le poids est réparti uniformément par rapport à l'horizontale.	$Q = 0{,}25\,\frac{PX}{Y}$.	P est le poids total porté par le cintre, X la demi-corde, Y la flèche ou montée. Quand le cintre est surbaissé, on peut se servir de la formule (1) pour calculer la poussée due à son propre poids. (Voyez, pour le calcul des valeurs de Q écrites ci-contre, les N°s 45, 47 et 48 de l'Appendice.)
N° 2. Le poids est suspendu en entier au sommet.	$Q = 0{,}39\,\frac{PX}{Y}$.	
N° 3. Le poids est suspendu en un point qui correspond verticalement au quart de la portée entière de l'arc.	$Q = 0{,}28\,\frac{PX}{Y}$.	

§ VI. *Des poussées exercées par les fermes des charpentes composées de pièces droites.*

Les considérations au moyen desquelles on établit l'existence des poussées exercées par les cintres, s'appliquent également aux fermes de charpente composées de pièces droites.

La poussée d'une ferme droite pareille à celle qui est dessinée planche 14, et que l'on assemble ordinairement avec les cintres pour former les systèmes des charpentes dites en arc, s'exprime par la formule suivante :

$$Q = 0{,}125\,P\left(\frac{a^2 \operatorname{tang}\omega\,(5a + 12a') + 8\,a'^3 \operatorname{tang}\alpha}{a^2 \operatorname{tang}\omega\,(3b' + 2b) + 2\,a'^2 b' \operatorname{tang}\alpha}\right). \qquad \text{(A)}$$

(Voyez le N° 42 de l'Appendice.)

Dans cette formule,

P est le poids total porté par la ferme, supposé réparti également sur la longueur de l'arbalétrier,

a et b les projections horizontale et verticale de l'arbalétrier,

a' et b' les projections horizontale et verticale de la jambe de force,

ω et α sont les angles que l'arbalétrier et la jambe de force font avec la verticale.

Ainsi que nous le verrons plus tard, il convient de donner au *poteau*, ou *jambe de force*, une légère inclinaison vers l'intérieur, qui conduit à faire $\alpha = 5^\circ$ environ. D'un autre côté les inclinaisons du toit ne varient guères qu'entre celles qui correspondent aux angles ci-après que ferait l'arbalétrier avec la verticale 45°, 57° et 63°. Or si dans la formule (A) ci-dessus, on fait $\alpha = 5^\circ$ et successivement $\omega = 45^\circ$, 57° et 63°, on trouve :

$$\left.\begin{array}{ll} \text{pour } \omega = 45^\circ, & Q = 0{,}197\,P, \\ \text{pour } \omega = 57^\circ, & Q = 0{,}220\,P, \\ \text{pour } \omega = 63^\circ, & Q = 0{,}227\,P. \end{array}\right\} \text{(Voyez le N° 43 de l'Appendice.)}$$

Si l'on met ces valeurs en regard de celle de la poussée d'un cintre chargé du même poids P réparti de la même manière, valeur qui est

$$Q = 0{,}22\,P.$$

On tirera de cette comparaison une conclusion assez opposée à l'opinion de la plupart des constructeurs, savoir :

Que dans les cas ordinaires de la pratique, un cintre demi-circulaire exerce autant de poussée que la ferme droite sans tirant, à laquelle on le réunit pour composer une charpente en arc ; et que, par conséquent, on pourrait, en augmentant l'écarrissage de cette ferme, supprimer le cintre sans qu'il en résultat, sur les appuis, une action horizontale plus considérable. Il reste à savoir si les faits s'accordent avec les indications de la théorie.

CHAPITRE QUATRIÈME.

EXPÉRIENCES SUR LES POUSSÉES DES ARCS EN CHARPENTE.

§ Ier. *Des expériences faites antérieurement sur le même objet.*

Quelques recherches que j'aie faites dans les ouvrages qui composent la bibliothèque de l'Ecole, je n'en ai pu découvrir qu'un petit nombre où il fût question, même indirectement, d'expériences entreprises pour mesurer les poussées horizontales des arcs ou des fermes en charpente.

M. le colonel Emy, dans sa description d'un nouveau système d'arcs applicable aux grandes charpentes, rapporte qu'ayant fait placer les pieds d'une ferme du hangar de Marac, sur des plateaux de chêne, posés immédiatement sur le sol, et qu'ayant fait charger cette ferme d'un poids provisoire, égal à celui de la charge qu'elle devait supporter, il a observé : 1° que les plateaux ne changeaient point de place ; 2° que les tangentes aux naissances des arcs surplombaient un peu vers le dehors : d'où il croit pouvoir conclure que la poussée, d'ailleurs très-faible, tendrait à renverser les murs au-dessous de la naissance des arcs plutôt en dedans qu'en dehors.

M. le capitaine Chayrou, dans sa notice sur la charpente de Libourne dont il a dirigé la construction avec le plus grand succès, a remarqué que les arcs du système du colonel Emy n'avaient point de tendance à se redresser lorsqu'ils étaient abandonnés à eux-mêmes, et que, mis en place, ils ne changeaient pas de figure, d'où il tire également cette conclusion, qu'ils n'ont point de poussée.

Dans le tome XI de la deuxième série des Annales maritimes et coloniales, se trouvent des tableaux contenant les résultats d'épreuves faites à Lorient, par M. l'ingénieur en chef Reibell, sur la résistance à la rupture et à l'altération d'élasticité de plusieurs fermes en planches de pin, assemblées suivant le système de Philibert de l'Orme. Dans quelques-unes de ces épreuves, les pieds des cintres, arrondis et suiffés, pouvaient glisser sur leurs appuis, et on observait la résistance de l'arc pour diverses positions de ses pieds. Comme les tableaux donnent en même temps en kilogrammes la force nécessaire pour maintenir les pieds de l'arc à diverses positions, j'ai pu, en tenant compte des résistances passives, en déduire les poussées de ces arcs. Le travail de M. Reibell m'a donc été très-utile, en m'épargnant la peine de faire un assez grand nombre d'expériences. J'ai adopté avec confiance ses résultats, parce qu'ils m'ont paru exacts et consciencieux. J'ai regretté seulement, que les tableaux ne fussent pas accompagnés d'un texte qui expliquât clairement le but des recherches de l'auteur.

§ II. *Résultat des expériences faites sur la poussée des arcs ou cintres demi-circulaires, ne portant que leur propre poids, ou chargés au sommet seulement.*

La formule qui donne la poussée Q de chacun des pieds d'un cintre demi-circulaire, en fonction du poids p de cet arc est $Q = 0{,}16\,p$ (§ IV, chap. III),

Et celle qui donne la poussée résultante d'une charge P entièrement suspendue au sommet, est $Q = 0{,}32\,P$ (§ IV, chap. III).

Voici le résultat des expériences faites sur plusieurs cintres, dans les circonstances auxquelles ces formules se rapportent.

PREMIER TABLEAU *contenant les poussées exercées par les arcs demi-circulaires, en vertu de leur propre poids seulement.*

DÉSIGNATION DES CINTRES. (Voir le § Ier, Chap. II).	POIDS des cintres.	POUSSÉE observée.	POUSSÉE calculée d'après la formule.	OBSERVATIONS.
	k	k	k	
Cintre en bois plié N° 1...........	216,00	37	34,56	Les poussées que les cintres N°s 2 et 3 pouvaient exercer, en vertu de leur propre poids, n'ont pas pu être observées.
Cintre en planches de champ N° 4..	176,00	29	28,16	
Id. N° 5..	94,25	16	15,08	
Id. N° 6..	90,00	15	14,40	

DEUXIÈME TABLEAU *contenant les poussées exercées par les arcs, en vertu d'une charge suspendue à leur sommet, et abstraction faite de celle due à leur propre poids.*

DÉSIGNATION DES CINTRES. (Voir le § Ier, Chap. II.)	POIDS porté par les cintres et suspendu à leur sommet.	POUSSÉE calculée par la formule Q = 0,32 P.	POUSSÉE observée.	OBSERVATIONS.
	k	k	k	
Cintre en planches de champ N° 5..	32	10,24	12	Les moyens d'observations ne permettaient pas d'obtenir la poussée, par expérience, avec une approximation plus grande que 3^k en plus ou en moins, sur la poussée réellement existante.
Id. id..........	56	19,92	18	
Id. id..........	68	21,76	24	
Id. id..........	92	31,28	29	
Id. id. N° 4....	152	48,64	48	
Cintre en bois plié N° 1..........	401	128,32	128	
Cintre en planches de champ N° 4..	416	133,12	132	
Cintre en bois plié N° 1..........	425	136,00	132	
Cintre en planches de champ N° 4...	464	148,48	150	
Cintre en bois plié N° 1...........	605	193,60	188	

Au moyen de ces deux tableaux, on aurait la poussée complète exercée par un cintre chargé d'un certain poids, en ajoutant la poussée due au propre poids du cintre avec la poussée due à la surcharge; par exemple, pour le cintre en bois plié N° 1, chargé de 401^k suspendus à son sommet, on aurait $37^k + 128^k = 165^k$ pour la poussée obtenue par l'expérience. La poussée calculée serait $162^k,88$. L'accord qui existe dans ces tableaux, entre les résultats de l'observation et ceux du calcul, paraîtra sans doute assez satisfaisant aux personnes qui savent combien de causes d'erreur peuvent influer sur des opérations de ce genre. Mais on pourrait demander pourquoi les expériences ne sont pas plus nombreuses, et pourquoi elles ne forment pas de séries suivies et complètes pour chacun des cintres. Cela tient à ce que les cintres étaient d'une flexibilité telle qu'ils se déformaient, pour ainsi dire, sous leur propre poids, et que pour peu que la charge ne fût pas exactement disposée de manière à avoir son centre de gravité dans la verticale du sommet de l'arc, ils se jetaient de côté et prenaient des courbures irrégulières qu'on a représentées dans les figures des planches 6 et 7, et qui faisaient craindre à chaque instant leur rupture.

Je dois avouer que ce résultat n'était pas prévu alors qu'on les a construits. Si je n'eusse pas conçu de leur résistance une idée exagérée, d'après les ouvrages de charpente qui traitent de leur emploi, je leur aurais fait donner un écarrissage plus considérable, ou bien j'aurais rendu plus légers les caisses et les agrès qui servaient aux épreuves. Je me serais ainsi ménagé les moyens de multiplier les observations, sans avoir à craindre de mettre les cintres tout-à-fait hors d'état de servir aux expériences sur les systèmes complets de charpente; expériences auxquelles j'attachais plus d'importance qu'aux précédentes, et qui ont, par suite, été faites d'une manière plus suivie et plus complète. C'est par les mêmes raisons que je ne puis rapporter ici qu'un très-petit nombre d'observations sur les cintres demi-circulaires, chargés en d'autres points qu'au sommet.

TROISIÈME TABLEAU. *Expériences sur le cintre en bois plié N° 1, chargé en un point qui correspond verticalement au quart du diamètre.*

POIDS porté par le cintre.	POUSSÉE observée.	POUSSÉE calculée.	OBSERVATIONS.
k 341	k 116	k 94,79	Les poussées ont été calculées par la formule $Q = 0,278P$ (§ IV, chap. III). Elles sont un peu plus faibles que celles données par l'observation, ce qu'on peut attribuer à ce que le cintre fléchissait beaucoup, et qu'alors la demi-corde de l'arc était plus grande que la flèche.
473	140	131,49	
521	164	144,83	
605	188	168,19	

QUATRIÈME TABLEAU. *Expériences sur les cintres demi-circulaires chargés de poids répartis uniformément par rapport à une ligne horizontale.*

POIDS porté par le cintre.	POUSSÉE observée.	POUSSÉE calculée.	DÉSIGNATION des cintres.	OBSERVATIONS.
k 1037	k 274	k 232,54	Cintre N° 1.	La formule employée pour calculer les poussées est ici
298	75	65,56	Cintre N° 2.	$Q=0,22P$ (§ IV, chap. III).

§ III. *Résultats des expériences faites sur les arcs surbaissés chargés à leur sommet.*

Le seul arc surbaissé mis en expérience est l'arc N° 7 (§ I, chap. II.)

Cet arc dont le poids était de 506 à 515ᵏ devait servir à vérifier le coëfficient d'élasticité des solides formés de plusieurs lames réunies par des boulons et des frettes, et il a très-bien rempli cet objet; mais les dimensions de son écarrissage qui étaient de $0^m,28$ sur $0^m,15$, son grand poids et les fortes charges qu'il a fallu lui faire porter pour le faire fléchir, ont rendu très-difficile l'observation des poussées. Leur existence du moins n'était pas douteuse, car les extrémités du cintre, par l'action de son propre poids, et des charges qu'il portait, pénétraient de plusieurs millimètres dans des pièces de sapin placées derrière lui pour le maintenir. La difficulté était de les mesurer exactement, et, par exemple, c'est ce qu'on n'a pas pu faire pour celle qu'il exerçait par son propre poids.

L'arc couché à plat sur le sol et extrait des chevalets qui avaient servi à donner la courbure aux lames, avait $12^m,12$ de corde mesurée sur l'arc moyen. On avait donc placé sur les piliers en pierre de taille deux points de repère à $12^m,12$ de distance l'un de l'autre pour y ramener les extrémités de l'arc moyen lorsqu'elles poseraient sur les roulettes; mais après qu'on eut porté l'arc au pied des appuis, qu'il eut été soulevé avec un palan et posé sur les piliers, il se trouva que la corde avait augmenté jusqu'à $12^m,18$, et que la flèche de l'arc avait diminué de $0^m,05$. Il fallut, pour ramener la corde à la longueur de $12^m,12$, mettre dans chacune des caisses de retenue un poids de 408^k. Ce poids était trop considérable pour pouvoir être dû à sa poussée. Il est probable d'après cela que l'arc avait un peu changé de forme dans les mouvements qu'on lui a fait faire pour le mettre en place, et c'est ce que le mode de sa construction permet facilement de concevoir. Par suite de ce changement de figure, il aura fallu, pour le ramener à ses dimensions primitives, le faire plier en rapprochant les pieds l'un de l'autre, ce qui a dû exiger un effort très-considérable. Aussi, dans le tableau qu'on va trouver ci-après, on a déduit des poussées le poids qui a servi à ramener les pieds du cintre sur les repères, en sorte qu'il ne contient que les poussées dues à l'action des charges placées dans une caisse suspendue au milieu de l'arc. Elles s'accordent très-bien avec celles que donne le calcul de la formule $Q = 0,59 . P \frac{X}{Y}$ (§ V chap. III) qui, à cause de $C = 6^{m},06$, et $M = 2^{m},32$, devient $Q = 1,01 . P$.

POIDS PORTÉ par le cintre, y compris son propre poids.	POUSSÉE totale observée.	POUSSÉE due à la charge seule de l'arc donnée par l'observation.	POUSSÉE due à la charge seule de l'arc calculée par la formule Q = 1,01 P.	OBSERVATIONS.
k	k	k	k	Les caisses de retenue n'ont pas pu recevoir des poids plus considérables que 700^{k} ce qui n'a pas permis de faire d'autres expériences.
Son poids.. 315	408	»	»	
Id. plus... 152	558	150	153,52	
Id. plus... 272	680	272	274,72	

Il n'est pas inutile de dire que, pour éviter dans les deux expériences rapportées au tableau précédent, l'erreur qui a affecté la poussée due au poids seul du cintre, on a eu soin de ne pas mettre dans la caisse de retenue les poids nécessaires pour ramener tout-à-fait les extrémités de l'arc moyen sur les points de repère. On les a chaque fois laissés à 3 ou 4 millimètres en arrière de la position qu'ils occupaient précédemment, en sorte qu'on est sûr d'avoir observé des poussées un peu plus faibles que celles qui existaient réellement; je pense qu'on établissait de cette manière une sorte de compensation avec le frottement de roulement et la raideur de la corde; deux résistances passives qui égalaient ensemble environ les $\frac{3}{10}$ de la poussée.

§ IV. *Expériences sur la poussée des cintres en charpente, extraites d'un travail de M. Reibell, ingénieur en chef, directeur des travaux maritimes à Lorient.*

Le travail étendu et consciencieux de M. Reibell dont il a été fait mention dans le § I de ce chapitre, peut heureusement servir à compléter et à confirmer les résultats des expériences précédentes.

Les cintres sur lesquels opérait M. Reibell avaient leurs pieds arrondis et suiffés, et ils pouvaient glisser librement sur une pièce de chêne également suiffée. Pour donner le moyen d'apprécier l'action de la poussée, il avait établi un cordage sur deux palans fixés aux pieds du cintre; puis après l'avoir fait passer sur une troisième poulie au haut d'un mât il y a suspendu des poids. Il a d'abord fallu 125^{k}

de poids ainsi suspendus seulement pour raidir le cordage, en sorte que ces 125^k sont à déduire de la poussée observée.

Il faut remarquer aussi que dans ses expériences, M. Reibell laissait d'abord les pieds du cintre s'éloigner de leurs positions, puis qu'il les ramenait, en chargeant de poids, le cordage qui les réunissait, il suit de là que la poussée observée était augmentée du frottement des pieds du cintre sur le plateau de chêne, et qu'il faut la corriger de cette erreur. Enfin, après les corrections faites, le résultat est à diviser par deux.

En dressant les tableaux ci-après, on a évalué le frottement des pieds du cintre aux seize millièmes de la pression; ainsi, en appelant P le poids total du cintre et de sa charge, et Q' la poussée observée, la poussée corrigée est égale à

$$Q = \tfrac{1}{2}[Q' - (0{,}16\,P + 125^k)].$$

Premier tableau. *Expériences faites sur des cintres chargés de poids suspendus à leur sommet.*

DÉSIGNATION DES CINTRES.	POIDS PORTÉ PAR LE CINTRE.	POUSSÉE observée.	POUSSÉE corrigée.	POUSSÉE CALCULÉE.	FORMULES EMPLOYÉES.
Cintre demi-circulaire 15,80 de diamètre. (AM. nov. 1837, p. 1076.)	Son poids ou 756^k Plus 2063 2819	1381	332	Son poids $121{,}00^k$ La charge 454,00 575,00	$Q = 0{,}16\,P.$ $Q = 0{,}32\,P.$ § IV, Chap. III.
Cintre de 6,35 de demi-corde, 4,23 de flèche. (AM. nov. 1837, p. 1099.)	Son poids ou 494 Plus 392 886	1036	390	Son poids 181,80 La charge 231,28 413,08	$Q = 0{,}25\,P\,\frac{X}{Y}.$ $Q = 0{,}39\,P\,\frac{X}{Y}.$ § V, Chap. III.
Le même.	Son poids ou 490 Plus 542 1032	1281	495	Son poids 181,30 La charge 319,78 501,08	Les mêmes.
Cintre de 6,35 de diamètre. (AM. nov. 1837, p. 1090.)	Son poids ou 588 Plus 243 831	606	174	Son poids 83,08 La charge 77,66 160,74	$Q = 0{,}16\,P.$ $Q = 0{,}32\,P.$ § IV, Chap. III.

Nota. (AM. nov. 1837, p. 1090) veut dire : Annales maritimes et coloniales, 22e année, 2e série, novembre 1837, n° X, page 1090 de ce volume.

DEUXIÈME TABLEAU. *Expériences faites sur des cintres chargés de poids distribués uniformément par rapport à l'horizontale.*

DÉSIGNATION DES CINTRES.	POIDS PORTÉ PAR LE CINTRE.	POUSSÉE observée.	POUSSÉE corrigée.	POUSSÉE CALCULÉE.	FORMULES EMPLOYÉES.
Cintre de 7,90 de demi-cercle, 5,26 de flèche. (AM. nov. 1837, p. 1083.)	Son poids 632 k Plus 840 1472	1056	548	471,00 k	$Q = 0,25 P \frac{X}{Y}$. § V, Chap. III.
Cintre de 6,35 de rayon. (AM. nov. 1837, p. 1091.)	Son poids 588 Plus 1310 1898	831	201	Son poids 83,08 La charge 288,20 371,28	Q = 0,16 P. Q = 0,22 P. § IV, Chap. III.
Le même.	Son poids 588 Plus 2028 2616	2081	769	Son poids 83,08 La charge 523,20 606,28	Les mêmes.
Cintre de 4,40 de demi-corde, 2,93 de flèche. (AM. nov. 1837, p. 1108.)	Son poids 540 Plus 2079 2419	1530	677	681,62	$Q = 0,25 P \frac{X}{Y}$. § V, chap. III.

Les expériences de M. Reibell ont été faites sur des cintres formés de deux plans de planches courbes resciées dans des billes courbes de pin du pays, et dont l'épaisseur variait de $0^m,06$ à $0^m,9$ pour chaque plan. Les deux couches de planches étaient réunies par de fortes chevilles en chêne et des clous. La construction de ces cintres différait donc entièrement de celle des arcs qui ont été employés dans les épreuves faites à Metz. Cet accord entre des expériences faites dans des circonstances différentes et par des personnes qui n'ont eu aucun rapport entre elles, paraît très-favorable à la théorie de la poussée des cintres telle qu'elle a été exposée dans le troisième chapitre. En sorte que de l'ensemble des faits qui viennent d'être rapportés, on est autorisé à conclure :

1° Que les cintres en charpente demi-circulaires ou surbaissés exercent une poussée horizontale contre leurs appuis ;

2° Que la poussée due au seul poids du cintre demi-circulaire ne s'élève pas tout-à-fait au cinquième de ce poids.

3° Que la poussée due à la charge que porte un cintre demi-circulaire, s'élève du quart au tiers du poids total de cette charge, selon la manière dont elle est répartie sur la circonférence de l'arc ;

4° Que les arcs surbaissés exercent des poussées qui sont à celles que produisent les cintres demi-circulaires, dans le rapport de la demi-corde à la flèche de ces arcs ;

5° Que l'effort exercé horizontalement contre leurs appuis, par les pieds d'un cintre, ne varie pas avec le mode de sa construction, quand les autres circonstances relatives à la figure et aux dimensions du cintre, à la grandeur et à la répartition de la charge restent les mêmes.

Le plus ou moins de flexibilité des arcs ne change donc rien *à l'intensité de la poussée ;* cependant il faut ajouter que les effets de cette poussée peuvent être plus dangereux quand l'arc est flexible que quand il ne l'est pas.

En effet, si la stabilité des appuis n'opposait pas une résistance suffisante à l'action de la poussée, le déplacement horizontal du pied d'un arc flexible serait plus grand que celui d'un arc très-raide, et le renversement du mur ou du pilier servant d'appui, arriverait plutôt sous l'action du premier arc que sous celle du deuxième. On pourrait même concevoir dans un arc, un degré de rigidité tel, que le déplacement horizontal de ses pieds fût insensible, et les effets de la poussée pour ainsi dire nuls, quoique l'intensité de cette force fût très-grande. Cette dernière hypothèse ne peut pas être réalisée dans la pratique ; mais au moins ces considérations doivent conduire les constructeurs à donner aux cintres en charpente, portés par des murs, la plus grande rigidité possible.

CHAPITRE CINQUIÈME.

RÉSULTATS DES EXPÉRIENCES SUR LES POUSSÉES DES FERMES SANS TIRANTS.

§ Ier. TABLEAU *des poussées que les charpentes en arc exercent sur leurs appuis par leur poids seulement, comparées à la poussée qu'exerce la charpente droite simple.*

DÉSIGNATION des CHARPENTES.	POIDS des Charpentes.	POUSSÉES observées.	POUSSÉES calculées par la formule Q = 0,22 P	OBSERVATIONS.
Charpente N° 8, droite simple et sans tirant.	146^k	41^k	43^k12	
Charpente N° 9, avec arc en bois plié, les moises verticales.	341	77	75,02	
Charpente N° 10, avec arc en bois plié, les moises verticales.	334	77	73,48	
Charpente N° 11, avec arc en bois plié, les moises normales à la courbe.	334	77	73,48	
Charpente N° 12, avec arc en planches de champ, les moises verticales.	335	77	73,70	
Charpente N° 13, avec arc en planches de champ, les moises verticales.	324,50	77	71,39	
Charpente N° 14, composée de pièces droites.	215	47,30	47,30	
Charpente N° 15, composée de pièces droites.	215	47	47,30	

La formule $Q = 0,22P$ est le résultat de la substitution dans la formule

$$Q = \frac{P}{8}\left(\frac{a^2 \operatorname{tang}\omega(5a + 12a') + 8a'^3 \operatorname{tang}\alpha}{a^2 \operatorname{tang}\omega(3b' + 2b) + 2a'^2 b' \operatorname{tang}\alpha}\right)$$

(§ VI, chap. III) des valeurs suivantes qui se rapportent à la charpente droite simple N° 8,

a longueur de la projection horizontale de l'arbalétrier $= 3,64$,

b longueur de la projection verticale de l'arbalétrier $= 3,66$,

a' longueur de la projection horizontale de la jambe de force $= 0,56$,

b' longueur de la projection verticale de la jambe de force $= 3,66$,

$\operatorname{tang}\omega = 1,541$, $\operatorname{tang}\alpha = 0,153$.

Cette formule se trouve vérifiée par l'expérience, non-seulement pour la charpente droite seule, mais aussi pour la combinaison de cette charpente avec les cintres N°s 2 et 3 en bois plié, et les cintres N°s 5 et 6 en planches de champ, comme on peut le voir par le tableau ci-après.

(Voyez pour la désignation des charpentes le paragraphe Ier du chapitre II).

§ II. TABLEAU *des poussées exercées par les charpentes en arc ou les charpentes droites sans tirant, en vertu de la charge qu'elles supportent, et déduction faite de celle qui est due à leur propre poids.*

POIDS porté par les charpentes et réparti uniformément sur l'arbalétrier.	POUSSÉE calculée par la formule $Q = 0,22\,P$ pour la charge seulement.	POUSSÉES OBSERVÉES, DÉDUCTION FAITE DE CELLES DUES AU POIDS DES CHARPENTES.							
		Charpente N° 8 simple, sans arc ni tirant.	Charpente N° 9, avec arc en bois plié.	Charpente N° 10, avec arc en bois plié.	Charpente N° 11, avec arc en bois plié.	Charpente N° 12, avec arc en planches de champ.	Charpente N° 13, avec arc en planches de champ.	Charpente N° 14, composée de pièces droites.	Charpente N° 15, composée de pièces droites.
k 288	63,36	k 66	k 66	k 60	k 60	k 60	k 60	k 60	k 60
504	110,88	103	120	108	112	108	120	120	120
760	167,20	168	168	168	162	156	168	»	180
936	205,92	204	228	»	228	192	228	240	240
1368	300,93	300	336	324	336	300	360	360	384
1692	367,84	360	385	372	»	372	436	468	480
2016	443,52	»	»	424	»	468	564	540	588
2232	491,04	»	»	480	»	528	»	»	»
2448	538,56	»	»	»	»	»	»	»	»

Ce tableau et celui du paragraphe précédent prouvent que la formule

$$Q = 0,125\,P\left(\frac{a^2 \operatorname{tang}\alpha\,(5a + 12a') + 8a'^3 \operatorname{tang}\alpha}{a^2 \operatorname{tang}\alpha\,(3b' + 2b) + 2a'^2 b' \operatorname{tang}\alpha}\right), \quad (\text{§ VI, chap. III})$$

laquelle, dans le cas particulier des fermes mises en expérience, se réduit à $Q = 0,22\,P$, représente aussi bien la poussée des systèmes composés d'un cintre encadré dans une ferme droite dont l'arbalétrier est incliné à 3 de base sur 2 de hauteur, que celle de cette ferme droite toute seule. Elle confirme donc parfaitement ce que la théorie avait fait pressentir (§ VI chap. III) savoir : que pour le plus grand nombre des cas qui peuvent se présenter dans la pratique, la présence du cintre n'a aucune influence pour diminuer la poussée horizontale du système dont il fait partie.

Relativement aux deux fermes de charpentes composées de pièces droites, N°s 14 et 15 (Voir les figures des planches 21 et 22), il y a une observation assez intéressante à faire ; on peut remarquer que pour les charges qui ne sont pas très-considérables, les poussées de ces deux fermes composées, sont sensiblement les mêmes que celle de la ferme simple N° 8, mais qu'elles s'en éloignent à mesure que les charges augmentent. Cela s'explique facilement par la simple inspection de la figure des fermes N°s 14 et 15. En les examinant, on comprendra que d'abord c'est la charpente extérieure ; c'est-à-dire les arbalétriers AA' et les poteaux A'B qui portent toute la charge, et que la poussée doit être celle qui aurait lieu si cette partie de la ferme existait seule; puis les assemblages se serrent, la charpente inférieure entre en action, et les poussées sont une moyenne entre celles qui proviendraient du système de la charpente supérieure, et celles qui auraient lieu pour une ferme composée de la sous-jambe de force et de l'arbalétrier; enfin, quand l'arbalétrier fléchit sensiblement, c'est la deuxième jambe de force qui porte la plus grande partie du poids et les poussées dépassent la moyenne dont nous venons de parler. C'est ce que l'on peut vérifier promptement par un calcul arithmétique.

Si dans la formule $Q = \frac{1}{8} P \left(\frac{a^2 \operatorname{tang} \alpha (5a + 12a') + 8a'^3 \operatorname{tang} \alpha}{a^2 \operatorname{tang} \alpha (3b' + 2b) + 2a'^2 b' \operatorname{tang} \alpha} \right)$ (§ VI, chap. III), on remplace a et b par les projections horizontales et verticales de la partie de l'arbalétrier comprise entre le sommet de la ferme et le point où il est rencontré par la sous jambe de force, si de plus on prend pour a' et b' les projections horizontale et verticale de cette dernière pièce, on aura :

$$a = 4^m,50, \quad b = 3^m,10, \quad a' = 3,55, \quad b' = 3,60, \quad Q = 0,33\ P.$$

Si l'on calcule de nouveau au moyen de cette formule les poussées des charpentes droites composées, on obtiendra le tableau suivant :

POIDS porté par les charpentes Nos 14 et 15.	POUSSÉES calculées par la formule Q = 0,22 P.	POUSSÉES calculées par la formule Q = 0,33 P.	MOYENNE entre les deux résultats du calcul.	POUSSÉES observées. — Charpente No 14.	POUSSÉES observées. — Charpente No 15.
k	k	k	k	k	k
288	63,36	95,04	79,20	60	60
504	110,88	166,32	138,60	120	120
760	167,20	250,80	209,00	»	180
936	205,92	308,00	256,46	240	240
1368	300,96	451,44	372,00	360	384
1692	367,84	554,15	468,98	468	480
2016	443,52	665,28	553,90	540	588

Les chiffres contenus dans ce nouveau tableau paraissent confirmer l'hypothèse émise tout à l'heure sur la manière dont s'exercent les poussés des charpentes composées de pièces droites, et les conclusions à tirer des faits contenus dans ce chapitre sont les suivantes :

1° Les charpentes en arc exercent, abstraction faite de celle qui est due à leur propre poids, une poussée égale à celle de la charpente droite toute seule : en sorte que la présence du cintre est sans influence pour diminuer cette poussée.

2° La poussée horizontale d'une ferme de charpente droite pareille à celle dessinée planche 22, est une moyenne entre celle qu'exercerait une ferme droite composée du poteau BA′ et de l'arbalétrier AA′ et celle d'une autre ferme composée de la jambe de force BB′ et de l'arbalétrier AA′.

CHAPITRE SIXIÈME.

CONSIDÉRATIONS THÉORIQUES SUR LA FLEXION DES CINTRES, DES CHARPENTES EN ARC ET DES CHARPENTES DROITES SANS TIRANTS.

§ I. *De la flexibilité des charpentes en arc et des effets qui en résultent pour la stabilité des murs sur lesquels elles s'appuient.*

La partie du mur qui est au niveau de leur naissance n'est pas la seule contre laquelle les charpentes en arcs demi-circulaires, exercent des pressions horizontales. Par suite de leur flexion, il arrive aussi qu'elles réagissent contre le sommet de ces murs, et cette action est souvent aussi nuisible à la solidité du bâtiment que celle qu'exercent les pieds de l'arc sur leurs appuis. On se rendra facilement compte de l'existence de cette nouvelle poussée, en partant des considérations théoriques déjà exposées dans le paragraphe I du chapitre II.

Revenons encore à l'arc AM (Fig. 3, Pl. 2) encastré horizontalement en A, et admettons qu'indépendamment des forces P, p_1, p_2,.... p_n il existe une force Q horizontale, appliquée au point M, capable de maintenir ce point sur la verticale MV quelle que soit l'action des forces P, p_1, p_2,....p_n sur le reste de l'arc, et voyons quelles seront les circonstances de la flexion.

Il se présente ici deux cas à considérer : 1° celui où il n'y aura pas de flexion; 2° celui où la flexion aura lieu.

S'il arrive que la résultante des deux forces P et Q soit tangente à l'arc au point B, si, de plus, la figure de la courbe de l'arc, et en même temps la répartition des poids p_1, p_2,.... p_n sont telles qu'en un point quelconque m la résultante de toutes les forces appliquées à l'arc de M à m lui soit tangente en ce dernier point, alors l'arc n'éprouvera que des efforts de compression dirigés dans le sens de la longueur des fibres, et il n'y aura point de flexion.

Mais si ce concours de circonstances n'a pas lieu, ce qui est le cas des arcs circulaires, alors la flexion se manifestera, quoique moins considérable que si la force Q n'existait pas. Le point M, au lieu de se transporter en M′, viendra, par exemple, en M″ sur la verticale MV, et comme le point A est fixe et que la courbe doit nécessairement avoir une tangente horizontale en ce point, il en résulte que l'arc prendra une figure semblable à M″m″A (Fig. 3, Pl. 2).

Pour passer de cet arc hypothétique à ce qui a lieu dans la réalité, il suffit de redescendre cette figure M″m″A jusqu'à ce que M″ revienne en M, alors en comparant la figure primitive MmA et celle qui résulte de la flexion M″m″A, on voit qu'une certaine partie de l'arc, prise à partir du sommet, s'abaisse au-dessous de sa position primitive, tandis qu'une autre portion prise à partir du pied, se relève plus ou moins, de manière que les points compris entre M et *m* éprouvent à la fois un mouvement de translation dans le sens vertical, et un autre mouvement dans le sens horizontal et que l'arc doit prendre la figure MmA′ (Fig. 4, Pl. 2).

De là naissent dans les fermes composées d'un arc demi-circulaire et d'une charpente droite comme celle représentée (Fig. 5, Pl. 2), des actions qui tendent à renverser le poteau contre la partie de mur comprise entre le pied de l'arc et le point où le poteau est rencontré par l'arbalétrier, et si les assemblages de la ferme ne sont pas suffisamment solides, ou si le poteau vient à fléchir, alors le bout des moises s'appuie contre le mur et exerce contre lui un effort d'autant plus dangereux que son point d'application est plus éloigné de l'arête extérieure du mur autour de laquelle peut s'effectuer la rotation.

L'existence de ces efforts a été reconnue par tous les constructeurs, et admise même par ceux qui nient l'existence de la poussée horizontale au niveau des naissances, mais il se produit encore un autre effet dont l'influence est moins bien appréciée quoique très-réelle; cet effet, qui peut avoir lieu dans un comble, quel que soit le système des fermes qui le supportent, est beaucoup plus sensible et demande plus d'attention dans les combles portés par des cintres, à cause de la flexibilité de ces derniers et de la facilité avec laquelle ils peuvent changer de figure.

On sait que quand on construit la couverture d'un bâtiment, on met d'abord en place les fermes, puis la sablière qui repose sur le mur, puis les pannes, et enfin les chevrons dont on assemble les pieds dans la sablière. Ce n'est qu'après que tout cet assemblage est arrêté que l'on commence à le charger du poids de la couverture. Or ce poids est souvent très-considérable, et s'il l'est assez pour faire fléchir les fermes et baisser leur sommet, il est clair que les chevrons, n'étant pas maintenus dans leur position primitive par l'appui du faîte et des pannes voisines de ce faîte, tendront à descendre. Ils exerceront alors, en vertu de leur propre poids, un effort oblique sur la sablière, par suite duquel résultera sur le sommet du mur une nouvelle poussée horizontale qui peut s'élever jusqu'à la moitié du poids de la couverture, multiplié par la tangente de l'angle que les chevrons font avec la verticale. Si le mur n'a pas une stabilité capable de résister à cette poussée, il se déversera en dehors jusqu'à ce que la sablière ait, par ce mouvement, baissé d'une quantité suffisante pour que les chevrons portent de nouveau sur les pannes, et que la couverture soit entièrement soutenue par les fermes de la charpente. (Voyez relativement à ces faits le paragraphe II ci-après, et le paragraphe Ier du chapitre IX.)

§ II. *De la recherche des coëfficients d'élasticité et de rupture des arcs circulaires en charpente.*

On voit d'après ce qui précède que ce n'est pas assez que de donner aux cintres des charpentes en arc, un écarrissage capable de prévenir leur rupture, mais qu'il faut encore les disposer de manière que leur flexibilité ne dépasse pas une certaine limite, et qu'elle n'entraîne pas d'inconvénient fâcheux. Il est donc très-essentiel de pouvoir, *à priori*, apprécier quel sera le changement de figure que produira dans un cintre ou un arc quelconque, l'action de la charge qu'il doit supporter.

On trouvera à la fin de ce paragraphe, des formules au moyen desquelles on peut calculer les flèches de courbure ou l'abaissement du sommet des arcs circulaires, produits par l'action d'une charge répartie d'une manière quelconque sur le contour de ces arcs. Ces formules sont empruntées à l'ouvrage de M. Navier sur l'application de la mécanique à la stabilité des constructions, art. VIII, N° 425 et suivants de la deuxième édition, ou bien elles sont des applications des théories données par ce célèbre ingénieur. Comme ces calculs présentent quelques longueurs j'ai cru devoir les rejeter à la fin de ce Mémoire (Voir l'Appendice N°s 45 à 48). Mais pour faire bien apprécier le but des expériences dont il est question ici, il ne sera peut-être pas superflu de donner la définition des *modules* ou *coëfficients* de résistance à la flexion et à la rupture, qui étaient l'objet de nos recherches par rapport aux arcs en charpente.

On donne le nom d'*élasticité* à la propriété qu'ont les corps d'opposer une résistance plus ou moins grande, aux forces extérieures qui tendent à les allonger ou à les comprimer. On dit que l'élasticité est entière, tant que le corps est susceptible de reprendre ses dimensions primitives, aussitôt qu'il est abandonné à lui-même. L'élasticité est altérée au contraire, dès que les déformations subies par les corps, ne disparaissent pas entièrement avec l'effort qui les produisait. Il est clair en effet, que quand cela a lieu, le corps n'est plus susceptible d'une résistance aussi grande que celle qu'il développait auparavant.

On explique le phénomène de l'élasticité et celui de sa déperdition, en concevant les corps solides comme composés de molécules tenues à distance les unes des autres par deux forces, l'une attractive et l'autre répulsive, qui, dans l'état normal des corps, se font mutuellement équilibre ; on suppose que la nature de ces forces est telle que toutes les fois que par l'action d'une force extérieure, on opère un rapprochement des molécules, la force répulsive augmente rapidement, en sorte qu'au bout d'un certain temps, elle est devenue assez grande pour contrebalancer la force extérieure, et alors le rapprochement des molécules s'arrête et tout le système reste en équilibre. On suppose de même que si la force extérieure tend à séparer les molécules, c'est la force attractive qui entre en jeu, et que les choses se passent d'une manière semblable à ce qui vient d'être dit relativement à la force répulsive.

On est conduit à admettre aussi, que lorsque les écartements ou les rapprochements des molécules sont forcés au-delà d'une certaine limite, ou trop souvent répétés, ou bien maintenus les mêmes pendant un temps très-long, les forces répulsive et attractive cessent d'agir de la même manière, que leur rapport d'intensité change, et que le corps se constitue dans un nouvel état d'équilibre. (Voyez sur ce sujet l'Introduction à la Mécanique Industrielle de M. Poncelet, deuxième édition, page 250.)

Pour pouvoir calculer d'avance à quel effort l'élasticité d'un corps solide pourra faire équilibre, il faut posséder une mesure exacte de cette élasticité. Voici par quel genre d'expérience on peut l'obtenir.

Concevons plusieurs barres prismatiques, rectilignes, formées de la substance du corps donné, supposons que ces barres soient suspendues verticalement par l'une de leurs extrémités à des points fixes, et qu'à l'autre extrémité de chacune d'elles, on attache des poids que l'on rend successivement de plus en plus lourds; si l'on note soigneusement les allongements successifs opérés dans ces barres par l'action des poids, on observera :

1° *Pour une même barre*, que tant que les allongements sont très-petits, ils se montrent sensiblement proportionnels aux poids qui les ont produits, c'est-à-dire que si un kilogramme allonge la barre de un millimètre; deux kilogrammes l'allongeront de deux millimètres et ainsi de suite. Si les allongements devenaient très-considérables, ils produiraient une altération dans l'élasticité de la barre, et ils augmenteraient plus rapidement que les poids auxquels ils seraient dus. Mais, comme dans les constructions on se garde bien de faire supporter aux matériaux des efforts capables d'altérer leur élasticité, la loi de la proportionnalité des allongements aux efforts qui les produisent, peut toujours, dans la pratique, être considérée comme exacte.

2° *Pour deux barres* de même écarrissage et de même matière, mais de longueur différente, les allongements absolus produits par un même poids appliqué à chacune d'elles, sont comme les longueurs primitives. Par exemple, si un kilogramme agit à l'extrémité de deux barres, l'une de un mètre, l'autre de deux mètres, mais de même grosseur et de même matière, et qu'il allonge la première de un millimètre, il allongera la deuxième de deux millimètres. D'où il suit que pour ces deux barres, l'allongement par mètre sera le même pour un même poids.

3° *Pour deux barres* de même longueur et de même matière, mais de grosseurs différentes, les allongements produits par un même poids sont réciproques à la surface de la section transversale. En sorte que, si une barre carrée de 1 centimètre de côté et de 1 mètre de longueur s'allonge de 1 millimètre pour 1 kilog., une barre de même matière et de même longueur, carrée, et de 2 centimètres de côté, ne s'allongera que de un quart de millimètre.

4° *Pour deux barres* de même longueur et de même grosseur, mais de substances différentes, l'allongement ne sera pas le même pour un même poids. Ainsi une barre de fer, toutes choses égales d'ailleurs, s'allongera vingt fois moins qu'une barre de sapin blanc des Vosges.

Par conséquent, l'allongement absolu l qu'éprouvera une barre de longueur **L**, dont la section transversale a pour surface Ω, et qui est chargée d'un poids **P**, sera égal au rapport $\frac{PL}{\Omega}$ multiplié par un certain coëfficient $\frac{1}{E}$ qui dépendra de la nature de la substance dont la barre est composée : on aura donc

$$l = \frac{PL}{E\Omega}, \qquad \text{d'où l'on tire} \qquad E = \frac{PL}{\Omega l}.$$

Il est facile de voir, d'après ce qui précède, que la quantité $\frac{PL}{\Omega l}$ conservera la même valeur numérique, tant que l'on considérera des barres de même matière ; et que sa valeur variera quand on passera d'une substance à une autre.

Cette quantité **E**, constante pour une même matière, est donc très-propre à donner la mesure de l'élasticité de cette matière. On la nomme *module* ou *coëfficient d'élasticité*, et pour simplifier son expression en nombre, on suppose $\Omega = 1$, $\frac{L}{l} = 1$, ce qui donne $E = P$, **P** étant le poids qui correspond à l'allongement absolu $l = L$ dans une barre dont la section transversale a pour surface l'unité.

Il suit de là que l'expression *conventionnelle* du module ou coëfficient d'élasticité d'une substance est, en kilogrammes, le poids capable d'allonger de sa longueur primitive une barre de cette substance, dont la section transversale a pour aire un mètre carré.

Lorsque, pour une substance donnée, on connaît la quantité **E**, on peut calculer immédiatement par la relation

$$\frac{l}{L} = \frac{P}{\Omega E}$$

l'allongement par mètre $\frac{l}{L}$, que prendra sous l'action d'un poids **P**, une barre dont la longueur primitive est **L** et la section Ω ; et par suite, si on connaît la valeur λ de l'allongement par mètre au-delà duquel l'élasticité commence à s'altérer ; on saura que le poids $P' = E\Omega\lambda$ est le plus grand dont on puisse charger la barre dont il s'agit, sans s'exposer à énerver sa résistance.

On applique les notions qui précèdent aux accourcissements produits dans les corps par des compressions dirigées parallèlement à la longueur des fibres, en admettant que, si au lieu de suspendre le poids P à une barre, on le faisait porter par l'extrémité supérieure de cette barre posée verticalement, les accourcissements produits par ce poids, seraient égaux aux allongements qui résulteraient de son action dans l'autre sens, pourvu, toutefois, que la grandeur du poids et les dimensions de la barre soient dans un rapport tel que cette dernière ne soit pas exposée à fléchir transversalement.

En admettant cette hypothèse, tout ce que nous venons de dire de la loi des allongements s'applique aux accourcissements, et par suite le *module d'élasticité,* mesure aussi bien la résistance spécifique d'un corps à la compression, que sa résistance spécifique à l'extension ; on peut l'appliquer à la mesure de ces nouveaux effets, en remplaçant dans sa définition le terme *allonger* par le terme *accourcir.*

L'hypothèse de $l = L$, ou, si l'on veut, la considération d'un poids capable d'accourcir ou d'allonger un corps prismatique d'une quantité égale à sa longueur primitive est purement idéale. Il serait même absurde de supposer que par la compression on pût réduire à zéro la longueur primitive d'une barre solide. Mais cette définition ainsi conçue, a l'avantage de fixer les idées sur des nombres faciles à retenir et à introduire dans le calcul, et c'est pourquoi on l'a adoptée.

La résistance d'un corps à la rupture par extension, se mesure *par le poids capable de rompre, dans un temps très-court, un prisme dont la section normale a pour surface l'unité.* C'est ce qu'on appelle le *coëfficient* ou *module de résistance à la rupture* de ce corps. Si on nomme R ce module, et que l'on considère une autre barre dont la section normale ait pour surface Ω, on aura pour la valeur du poids P′ capable de rompre cette barre :

$$P' = R\Omega.$$

Cette définition s'étend pareillement au module de la résistance du corps à la rupture par compression; avec cette modification, que la longueur du prisme est prise en considération ; de telle manière que si on nomme a le plus grand côté de sa section transversale, L sa longueur, Ω l'aire transversale de sa section, R le poids capable d'écraser un cube dont le côté est l'unité linéaire, k un certain coëfficient variable avec le rapport $\frac{a}{L}$ et qui est égal à l'unité quand $\frac{a}{L} = 1$, on aura pour l'expression du poids capable d'écraser ce prisme

$$P = \frac{R\Omega a}{kL}.$$

On appelle, *limite des efforts permanents,* ou *des charges permanentes,* le plus grand effort de traction ou de compression que l'on puisse faire subir par unité de surface aux fibres d'un corps, sans altérer leur élasticité. En désignant cette limite par R', on aura, pour calculer la surface de la section transversale d'un corps qui doit être chargé d'un poids P, ou le poids dont on peut charger sans danger un prisme dont la section transversale est Ω, la relation :

$$\frac{P}{\Omega} = R'.$$

Ordinairement R' est pris égal au dixième, ou au septième, ou tout au plus au cinquième de la valeur en kilogrammes du coëfficient de rupture, selon que les substances qu'on veut mettre en œuvre sont plus ou moins susceptibles de s'altérer par l'action du temps et des intempéries de l'air, ou de cacher des défauts d'homogénéité. Par exemple : l'expérience donne pour le bois de sapin $E = 1\,000\,000\,000^k$, $R = 5\,000\,000^k$, et on fait $R' = 500\,000$ à $800\,000^k$, pour le fer forgé $E = 20\,000\,000\,000^k$, $R = 60\,000\,000^k$, et on fait $R' = 6\,000\,000^k$ à $12\,000\,000^k$. (Voir la table du N° 18 de l'Appendice.)

La connaissance des quantités E, R et R' ne serait pas très-utile si elle ne servait qu'à calculer les allongements ou accourcissements des barres rectilignes chargées ou pressées parallèlement à leur longueur. Mais elles servent aussi à calculer la flexion des corps prismatiques droits ou courbes, et les limites entre lesquelles doit être maintenue cette flexion pour que l'élasticité du corps ne soit pas altérée ou que ce corps ne soit pas exposé à la rupture. C'est ce que l'on comprendra au moyen de quelques notions sur la résistance à la flexion des corps prismatiques, qui sont à peu près les seuls que l'on emploie en grand dans les constructions.

Considérons donc un corps prismatique, dont *l'axe moyen*, c'est-à-dire, le lieu géométrique des centres de gravité des différentes sections transversales, est une ligne droite ou une courbe plane, et admettons que toutes les forces appliquées à ce corps soient comprises dans le plan même de l'axe moyen, et normales à cet axe, afin de n'avoir à considérer la flexion que dans un seul sens.

Lorsque le corps fléchira, il s'ensuivra une variation dans la courbure. Considérons une partie du corps où la courbure ait augmenté ; les fibres situées à la partie concave du corps seront accourcies, et les fibres situées à la partie convexe seront allongées ; quelque part, entre les unes et les autres, il se trouvera nécessairement des fibres qui n'auront pas changé de longueur, c'est-à-dire que leurs molécules seront placées sur des lignes plus courbes qu'avant la flexion, mais que leurs distances respectives n'auront pas varié.

Si, indépendamment des forces normales à l'axe moyen, il y avait des forces parallèles à cet axe, les effets produits sur le corps seraient à la fois, un allongement ou un accourcissement de toutes ses fibres, produites par les forces tangentielles ; et une flexion qui résulterait de l'action des forces normales.

D'après ce que nous venons de dire de la flexion, on voit que tous ses effets se réduisent pour les fibres des corps, à des allongements et à des accourcissements. Or, d'après ce qui précède, la résistance d'un corps aux actions extérieures est proportionnelle au module d'élasticité de sa substance, et à la variation de longueur de ses fibres; donc si on pouvait mesurer cette dernière, on aurait l'expression de la résistance du corps à la flexion.

Pour parvenir à la mesure des variations produites dans la longueur des fibres d'un corps qui fléchit, on est obligé d'admettre, relativement à cette flexion, deux hypothèses, qui heureusement, paraissent s'éloigner extrêmement peu de la réalité, attendu que la théorie auxquelles elles servent de bases, conduit à des résultats tout-à-fait en concordance avec les faits.

La première hypothèse est relative à la position des fibres invariables. On admet que ces fibres forment une surface cylindrique qui est perpendiculaire au plan de l'axe moyen et qui contient cet axe lui-même, en sorte que si le plan de l'axe moyen est vertical, et qu'on fasse dans le corps une section normale à cet axe, la trace de la surface invariable sur cette section sera une ligne horizontale passant par le centre de gravité, et que l'on désigne par le nom de l'*axe des fibres invariables.*

On admet ensuite, que les allongements ou accourcissements éprouvés par les fibres du corps sont proportionnelles à l'angle de contingence ou en raison inverse de la grandeur du rayon de courbure de l'axe moyen après la flexion, et en raison directe de la distance des fibres à l'axe des fibres invariables.

Au moyen de ces suppositions, on arrive aisément à trouver la valeur des variations de longueurs éprouvées par les fibres du corps, et à établir des équations d'équilibres entre les forces moléculaires que ces variations développent à l'intérieur du corps et les forces extérieures qui ont produit la flexion. De là on déduit naturellement la grandeur des déplacements éprouvés pendant la flexion par les différents points du corps.

On trouve par cette marche que, si l'on désigne par A le rayon ou la demi-corde d'un arc circulaire, par a et b la largeur et la hauteur de sa section transversale, par E le coëfficient d'élasticité, par f le chemin parcouru par l'extrémité de l'arc dans le sens de la force qui le sollicite, par K un coëfficient numérique qui résulte des opérations du calcul, on aura $f = \frac{KPA^3}{Eab^3}$, expression d'où l'on tirera la valeur de E en y substituant pour $\frac{P}{f}$, les résultats de l'expérience, et qui, réciproquement, indiquera la flèche de courbure d'un arc dont les dimensions seront données quand on y mettra pour E la valeur qui appartient à la matière dont cet arc est construit.

Pour les corps homogènes et susceptibles d'être réduits en barre, on peut déterminer les quantités E, R et R′ au moyen des expériences directes dont nous avons, plus haut, essayé de donner une idée. Mais pour des corps prismatiques formés de plusieurs morceaux, dans lesquels il y a défaut d'homogénéité, et qui résistent à la fois, en vertu de l'élasticité naturelle des matériaux qui le composent, en vertu de la forme donnée aux diverses parties, et en raison de la bonté des moyens d'assemblage, il faut nécessairement les essayer dans la forme même sous laquelle ils doivent être mis en œuvre. Il est bien clair, par exemple, qu'un système de planches découpées, formant un arc à la Philibert de l'Orme, ne peut être essayé que sous la forme même de cet arc. Nous avons donc besoin de connaître, pour les arcs circulaires, la valeur exacte des expressions dont la forme générale est $f = \frac{KPA^3}{Eab^3}$. Nous la donnons ci-après dans deux tableaux, et nous renvoyons aux N°s 45, 47 et 48 de l'Appendice pour le détail des calculs par lesquels on y arrive.

Tableau *des abaissements du sommet des arcs circulaires, par l'effet de charges diversement réparties.*

FIGURE DE L'ARC.	MODE de répartition de la charge.	ABAISSEMENT DU SOMMET DANS LES ARCS DONT LA SECTION EST rectangulaire.	circulaire.	*OBSERVATIONS.*
Demi-circulaire.	Répartie uniformément sur la circonférence de l'arc.	$f = 0{,}05\ \frac{A^3}{ab^3} \cdot \frac{P}{E}$.	$f = 0{,}005\ \frac{A^3}{r^4} \cdot \frac{P}{E}$.	P Poids total porté par l'arc. A Rayon du cintre. E Coëfficient d'élasticité.
Id.	Répartie uniformément par rapport à une ligne horizontale.	$f = 0{,}083\ \frac{A^3}{ab^3} \cdot \frac{P}{E}$.	$f = 0{,}009\ \frac{A^3}{r^4} \cdot \frac{P}{E}$.	*a* largeur, *b* hauteur de la section rectangulaire de l'arc.
Id.	Suspendue en entier au sommet.	$f = 0{,}222\ \frac{A^3}{ab^3} \cdot \frac{P}{E}$.	$f = 0{,}0239\ \frac{A^3}{r^4} \cdot \frac{P}{E}$.	*r* rayon de la section circulaire de l'arc. f abaissement du sommet par l'effet de la charge.
Id.	Suspendue en un point qui correspond verticalement au quart du diamètre de l'arc.	$f = 0{,}348\ \frac{A^3}{ab^3} \cdot \frac{P}{E}$.	$f = 0{,}0365\ \frac{A^3}{r^4} \cdot \frac{P}{E}$.	(Voyez, pour la démonstration des formules, les N°s 44, 45, 47 et 48 de l'Appendice.)
Arc de cercle surbaissé.	Le poids réparti uniformément par rapport à une ligne horizontale.	$f = 5{,}60\ \frac{PY^2X}{Eab^3}$. (1)	$f = \frac{0{,}38\ PY^2X}{Er^4}$. (2)	X la demi-corde de l'arc. Y la flèche ou montée. P, E, *a*, *b* et *r* ont les mêmes significations que ci-dessus.
Id.	Le poids suspendu en entier au sommet.	$f = 0{,}0469\ \frac{PX^3}{Eab^3}$.	$f = 0{,}005\ \frac{PX^3}{Er^4}$.	(V. les N°s 44, 45, 47 et 48 de l'Appendice.)

Nota. Les formules (1) et (2) ne sont applicables qu'autant que X est au moins égal à 10.Y.

§ III. *Déplacement, dans le sens horizontal, de la courbe des cintres situés vers les reins.*

S'il importe de connaître l'abaissement du sommet d'un cintre sous une charge donnée, il n'est pas moins intéresssant de pouvoir apprécier les déplacements dans le sens horizontal des points pour lesquels ce déplacement est un maximum. Mais on ne peut pas donner une formule très-simple qui s'applique à tous les cas, parce que ce point est variable de position et qu'il se rapproche d'autant plus des pieds du cintre que la flexion est plus forte.

Cependant, comme il s'agit de pratique et non de théorie, nous admettrons que ce point est situé à peu près au tiers de la distance entre le pied et le sommet de l'arc mesurée sur la circonférence du cercle, en sorte que le rayon qui joindrait ce point avec le centre ferait avec l'horizontale un angle de 30°, hypothèse qui s'accorde avec les faits pour les flexions peu considérables; le point choisi de cette manière correspond d'ailleurs à celui qui est situé vis-à-vis de l'extrémité des poteaux verticaux dans les charpentes en arcs, et dont les mouvements sont par conséquent importants à connaître.

En appelant **D** ce déplacement horizontal et f l'abaissement du sommet pour l'action de la même charge, on trouve que pour les cintres demi-circulaires, chargés d'un poids suspendu à leur sommet $\mathbf{D} = 0{,}45\,\mathrm{f}$,

et que pour une répartition de la charge telle que des poids égaux correspondent à des parties égales, comptées sur une ligne horizontale, $\mathbf{D} = 0{,}65\,\mathrm{f}$.

Dans la pratique on peut toujours supposer que $\mathbf{D} = 0{,}50\,\mathrm{f}$, quand la flexion est très-petite (Voir les N°s 46, 47 et 48 de l'Appendice).

§ IV. *De la flexion des fermes droites en charpente.*

Les considérations au moyen desquelles on peut prévoir d'avance le mode de flexion des cintres peuvent s'appliquer à tous les systèmes de charpente en général et particulièrement à la ferme droite simple N° 7 représentée figure 1, planche 14.

En supposant, que cette ferme est encastrée à son sommet, et qu'elle n'est d'abord soumise qu'à l'action de la force **P** et des forces $p_1\ p_2 \ldots\ p_n$ on voit que la flexion de l'arbalétrier et celle de la jambe de force, devront d'abord se faire, de manière que la concavité de ces deux pièces soit tournée vers le dehors, et que la ferme prendra une figure analogue à celle représentée (Fig. 6, Pl. 2) en **AN'M'**. Mais si on applique en **M** une force **Q** capable de maintenir ce point sur la verticale, alors la flexion de la pièce **NM** aura lieu en sens contraire, et l'assemblage des deux pièces **AN** et **NM** prendra la figure **AN''M'**.

Si maintenant on redescend verticalement la figure AN″M″ jusqu'à ce que le point M coïncide avec le point M″, alors on aura la figure A′N″ (Fig. 7, Pl. 1), qui comparée avec ANM fait voir, que par l'effet des forces p_1 p_2.... p_n et P et Q, il y a eu abaissement du sommet et déplacement horizontal du point N, effets qui correspondent à ceux qui ont lieu dans les arcs en charpente. Il est évident aussi qu'il se produit une poussée contre les appuis au niveau du point M. Cette poussée, comme dans les arcs, est indépendante de la matière employée pour la construction de la charpente, elle ne dépend que de la charge et du rapport qui existe entre la montée et la portée de la charpente, c'est-à-dire entre la hauteur AO et la distance OM.

L'abaissement du sommet A dépend des mêmes quantités et de plus de l'élasticité de la matière dont la charpente est composée, et de l'écarrissage des pièces de cette charpente.

Il est intéressant de connaître les abaissements du sommet des charpentes droites sous des charges données, pour pouvoir calculer les dimensions des cintres, de manière que les flèches de courbure des cintres et celles des charpentes droites soient à peu près égales. Il est nécessaire aussi de prévoir d'avance de combien le point où le poteau rencontre l'arbalétrier, se déplacera dans le sens horizontal, afin d'empêcher qu'il n'exerce une poussée contre le mur.

La détermination exacte de ces quantités ne pourrait s'obtenir que par des formules assez longues et peu usuelles. Mais comme elles seront toujours très-petites, même au moment de la rupture, ainsi qu'on le verra par les expériences faites à ce sujet, il en résulte que pour les objets dont il vient d'être question, il suffit d'avoir une approximation; car, quand même on se tromperait de quelque chose sur l'abaissement du sommet ou le déplacement horizontal de l'extrémité de l'arbalétrier, il n'y aurait réellement aucun inconvénient, attendu que les déplacements de ces points ne seront jamais que d'un petit nombre de centimètres.

Il est bien entendu, au reste, qu'il n'en serait pas de même si on considérait ces déplacements sous le rapport de l'étendue qu'ils peuvent prendre avant que la rupture ait lieu. Envisagés sous ce point de vue, ils doivent être calculés avec la plus grande exactitude par des formules qui tiennent compte des circonstances où chacune des pièces de la charpente est placée d'après le mode d'assemblage qui les réunit entr'elles.

Pour calculer approximativement les changements de figure de la ferme ANM (Fig. 8, Pl. 2), je suppose la pièce AN 1° encastrée en A et liée en N à la pièce AM de manière que les angles OAN et ANM restent invariables; 2° chargée de poids p_1 p_2.... p_n répartis uniformément sur la longueur AN, enfin sollicitée par deux forces P et Q appliquées en M, P étant égal à $p_1 + p_2 ..... + p_n$ et Q assez grand pour que le point M reste constamment sur la verticale de ce point pendant la flexion.

J'admets d'ailleurs, ce qui n'est pas tout-à-fait exact, que l'angle de la ligne **MN** avec la verticale reste constant, ou plutôt je néglige la variation de cet angle pendant la flexion.

Au moyen de ces hypothèses et en appelant

P le poids total porté par la ferme,

E le coëfficient d'élasticité,

l la largeur,

h la hauteur de la section normale du cintre,

a et b les distances **NR** et **AR** (Fig. 8, Pl. 1),

a' et b' les distances **MS** et **NS** (Fig. 8, Pl. 1),

ω et α les angles que forment avec la verticale les droites **AN** et **MN**,

f l'abaissement vertical du point **A**, on a la formule

$$f = \frac{P}{4Elh^3}\left(a^2(5a+12a') + 8a'^3 - \frac{a^2 \operatorname{tang}\omega(5a+12a') + 8a'^3 \operatorname{tang}\alpha}{a^2 \operatorname{tang}\omega(3b'+2b) + 2a'^2 b' \operatorname{tang}\alpha}[a^2(3b'+2b)+2a'^2b']\right). \quad \text{(A)}$$

Si a' est nul cette valeur devient

$$f = \frac{5Pa^3}{4Elh^3}\left(1 - \frac{a^2 \operatorname{tang}\omega(3b'+2b)}{a^2 \operatorname{tang}\omega(3b'+2b)+2b'^3}\right).$$

On trouvera la démonstration de ces formules dans les N°s 43 et 44 de l'Appendice joint à ce Mémoire.

Il est à remarquer d'ailleurs que a' ne doit jamais être égal à zéro, parce que pour prévenir le renversement du poteau vers l'extérieur, il convient de lui donner, au moment où l'on met la ferme en place, une légère inclinaison en sens contraire ; la formule (A) pourra donc toujours être employée à calculer la valeur de f.

On peut exprimer f en fonction de ω et α et du rayon **A** du cercle tangent aux pièces **AN** et **NM**, au moyen des valeurs ci-après

$$a = A \operatorname{tang}\omega\left(\frac{1}{\sin\omega} - \frac{\sin\frac{1}{2}(\omega+\alpha)}{\cos\frac{1}{2}(\omega-\alpha)}\right), \qquad b = A\left(\frac{1}{\sin\omega} - \frac{\sin\frac{1}{2}(\omega+\alpha)}{\cos\frac{1}{2}(\omega-\alpha)}\right),$$

$$a' = A \operatorname{tang}\alpha \frac{\sin\frac{1}{2}(\omega+\alpha)}{\cos\frac{1}{2}(\omega-\alpha)}, \qquad b' = A \frac{\sin\frac{1}{2}(\omega+\alpha)}{\cos\frac{1}{2}(\omega-\alpha)}.$$

Supposons, par exemple, que l'on admette que les poteaux des fermes droites de charpente seront toujours, au moment de leur mise en place, inclinés vers l'intérieur d'un vingtième de leur hauteur, on aura, pour les combles couverts en tuiles plates

$$\operatorname{tang}\alpha = 0{,}05, \qquad \operatorname{tang}\omega = 1{,}00, \qquad f = 0{,}0036\frac{PA^3}{Elh^3},$$

pour les combles couverts en ardoises

$$\operatorname{tang}\alpha = 0{,}05, \qquad \operatorname{tang}\omega = 1{,}53, \qquad f = 0{,}0102\frac{PA^3}{Elh^3},$$

pour les combles couverts en tuiles creuses

$$\operatorname{tang}\alpha = 0{,}05, \qquad \operatorname{tang}\omega = 2{,}00, \qquad f = 0{,}0120\frac{PA^3}{Elh^3}.$$

Pour la ferme droite N° 8 qui a servi aux expériences qui seront rapportées dans le chapitre suivant, a, a', b, b' ont les valeurs ci-après, $a = 5{,}64$, $b = 5{,}66$, $a' = 0{,}56$, $b' = 3{,}66$, et l'on trouve pour la valeur de f

$$f = 7{,}408 \cdot \frac{P}{Elh^3}.$$

Or dans le cas particulier dont il s'agit ici $l = 0{,}075$, $h = 0{,}12$ et $h^3 = 0{,}001728$, d'où

$$f = 57716 \frac{P}{E}, \qquad E = 57716 \frac{P}{f}.$$

Si l'on voulait exprimer f en fonction du rayon A des cintres qui doivent être assemblés avec la charpente droite N° 8, on aurait, en se rappelant que ce rayon est égal à $6^m{,}06$ et sa troisième puissance à $222^m{,}45$,

$$f = 0{,}033318 \frac{PA^3}{Elh^3}.$$

§ V.

Les charges que l'on fait supporter aux fermes de charpente, n'ont pas seulement pour unique effet de les faire fléchir. Elles produisent aussi des compressions dirigées parallèlement à la longueur des fibres, et dont le résultat est de diminuer les dimensions des différentes parties du système. Ainsi, lorsque le sommet d'une ferme de charpente s'abaisse sous l'action d'un certain poids, cela provient en partie des flexions, et en partie des compressions directes éprouvées par les pièces de la ferme.

Il serait assez difficile de diriger des expériences faites sur la résistance des charpentes, de manière à démêler dans les changements de figure qu'elles éprouvent, ce qui est dû à la flexion et ce qui provient de la compression directe. Mais il est à remarquer que la théorie et l'expérience s'accordent pour démontrer que les changements de figure dus aux compressions directes sont toujours assez petites relativement à ceux que produit la flexion, pour qu'on les néglige ou plutôt pour qu'on les confonde avec ces données.

Par exemple., on verra dans le paragraphe III du chapitre suivant, qu'un cintre en bois plié de $12^m{,}12$ de diamètre, $0^m{,}075$ sur $0{,}135$ d'écarrissage, chargé au sommet de 296^k a fléchi de $1^m{,}22$. La théorie indiquerait que sur ces 122 centimètres d'abaissement du sommet, $0^m{,}0175$ proviennent de la compression directe. Comme cette fraction, qui est de $\frac{1}{30}$ environ, rentre dans les limites des erreurs possibles de l'observation, on n'a pas tenu compte de la compression, et on a supposé que toute la flèche de courbure était due à la flexion. Il n'est donc question ici que pour mémoire, de cette manière d'agir des forces extérieures appliquées aux fermes de charpente, et dans le chapitre suivant on calculera le coëfficient d'élasticité des

prenait la pièce. Un instrument pareil à celui-là pouvait se mouvoir le long de la pièce, il était armé d'une pointe attachée au sommet de l'angle que faisaient entr'elles les deux équerres. Cette pointe, par la disposition des deux équerres, traçait très-exactement sur la planche la projection de la face supérieure de la pièce à tous les degrés de flexion. On a rapporté sur la figure 1, planche 12, les courbes obtenues par ce moyen.

De temps en temps on relevait le plateau pour observer si la pièce ne conservait pas une courbure permanente, même après avoir été soulagée de l'action de la charge. On s'est assuré de cette manière qu'elle a conservé son élasticité toute entière, jusqu'au moment où elle portait les deux tiers du poids qui a produit la rupture. A cette époque de l'expérience, l'élasticité s'est altérée brusquement et d'une manière sensible; il est probable que si on eût laissé la pièce pendant un temps assez long sous l'action du poids de 515 kilog. qui correspond au moment où l'altération de l'élasticité s'est manifestée, ce poids aurait suffi pour la rompre.

Le tableau ci-après résume les résultats de cette expérience d'après laquelle je me suis cru fondé à admettre que le coëfficient d'élasticité du bois de sapin dont je devais me servir, n'était que de 1 000 000 000 et le coëfficient de résistance à la rupture 5 000 000. C'est ce que l'on peut vérifier en substituant les résultats de l'expérience dans la formule qui donne la flexion des pièces droites placées dans les mêmes circonstances que la barre d'épreuve. Cette formule est $f = \frac{P}{4ab^3} \cdot \frac{X^3}{E}$ (N° 23 de l'Appendice), dans laquelle f est l'abaissement vertical du milieu de la pièce sous l'action du poids P, X la longueur, *b* l'épaisseur et *a* la largeur de la pièce. E est le coëfficient d'élasticité. On a fait d'ailleurs abstraction du poids de la barre qui est négligeable par rapport aux grandes charges qu'elle a supportées.

Le coëfficient de résistance à la rupture sera donné par la formule $R = \frac{5PX}{2ab^2}$ (N° 23 de l'Appendice) dans laquelle on substituera pour P le poids qui a causé la rupture.

POIDS porté par la pièce en kilogrammes.	ABAISSEMENT du milieu de la pièce en millimètres.	ABAISSEMENT des points sur lesquels elle s'appuie en millimètres.	FLÈCHE de courbure produite par la charge.	FLÈCHE permanente de courbure conservée par la pièce en millimètres.	VALEUR du coëfficient d'élasticité à différentes époques de l'expérience.	ÉPOQUES auxquelles les courbures de la pièce ont été relevées sur la planche.
5,85	1,25					
10,75	2,50					Courbe N° 1.
15,55	3,25					
20,42	4,70					
25,10	5,80					
29,90	7,80					
34,70	9,00					

POIDS porté par la pièce en kilogrammes.	ABAISSEMENT du milieu de la pièce en millimètres.	ABAISSEMENT des points sur lesquels elle s'appuie en millimètres.	FLÈCHE de courbure produite par la charge.	FLÈCHE permanente de courbure conservée par la pièce en millimètres.	VALEUR du coëfficient d'élasticité à différentes époques de l'expérience.	ÉPOQUES auxquelles les courbures de la pièce ont été relevées sur la planche.
39,50	10,20					
44,20	11,20					
49,08	12,20	1,30	10,90		879 017 454	Courbe Nº 2.
53,[illegible]3	13,50					
58,63	14,40					
63,75	15,70					
68,65	17,00					
73,53	18,20					
78,49	19,50					
84,46	20,20	1,40	18,80	0,30	986 299 972	Courbe Nº 3.
89,39	21,50					
94,19	22,20					
99,19	23,50					
103,96	24,70					
108,73	26,00					
113,85	27,30					
118,60	28,50	2,30	26,00		996 569 378	Courbe Nº 4.
123,45	29,10					
128,25	30,20					
132,95	31,40					
137,85	33,00					
142,95	34,10					
147,95	35,50					
152,65	36,70					
168,50	37,40	3,00	34,40		1 070 203 204	Courbe Nº 5.
178,49	40,40					
187,99	42,00					
197,72	45,60	3,50	42,10		102 606 608	Courbe Nº 6.
204,54	47,80					
227,87	52,00					
247,63	56,80					
267,02	61,50	4,00	57,50		1 015 427 242	Courbe Nº 7.
296,12	68,50					
315,56	75,00					
317,00	86,50	4,50	82,50	7,00	800 576 672	Courbe Nº 8.
336,65	94,00	4,60	89,40	8,40	822 734 970	Courbe Nº 9.
365,61	110,50	4,70	105,80	9,00	758 950 590	Courbe Nº 10.
375,38	114,50					
385,29	120,50					Courbe Nº 4.
394,99	126,00					Courbe Nº 11 bis.
404,74	131,00	5,00	127,00	10,00	696 134 628	
414,24	145,00				Rupture.	Courbe Nº 12.

§ II.

TABLEAU *récapitulatif des expériences faites sur le cintre en bois plié N° 1.*

MODE de réception de la charge.	POIDS porté par le cintre.	ABAISSEMᵗ du sommet ou du point de suspension de la charge.	VALEUR de $\frac{P}{f}$.	VALEUR de E calculée sur la moyenne des valeurs de $\frac{P}{f}$.	OBSERVATIONS (a).
Le poids suspendu en entier au sommet.	405k	0,235	1723	182 800 000	Ici la formule à employer est $E = 0{,}222 \frac{PA^3}{fab^3}$, ou en faisant $A = 6{,}06$, $A^3 = 222{,}45$, $a = 0{,}15$, $b = 0{,}135$, $b^3 = 0{,}002460375$, $ab^3 = 0{,}000369$, $E = 135800 \frac{P}{f}$. (Voir le Tableau du § II, chap. VI.)
	429	0,325	1320		
	609	0,575	1405		
Moyenne des valeurs de $\frac{P}{f} =$			1367		
Le poids suspendu en un point qui correspond verticalement au quart du diamètre.	605k	0,60	1000	212 000 000	La formule à employer ici est $E = 0{,}348 \frac{PA^3}{fab^3}$ ou $E = 211\,691 \frac{P}{f}$. (Voir le Tableau du § 11, chap. VI.)
Le poids réparti uniformément par rapport à l'horizontale.	1064k	1,32	806	41 000 000	La formule à employer ici est $A = 0{,}084 \frac{PA^3}{fab^3}$ ou $E = 51000 \frac{P}{f}$. (Voir le Tableau du § II, chap. VI.)

La dernière expérience ne peut pas servir à déterminer la valeur du coëfficient E d'élasticité du cintre ; parce que la charge de 1064k qui a suffi pour amener la rupture au bout d'une heure environ, avait nécessairement altéré l'élasticité du bois.

D'après les deux premières expériences, il paraît que, pour un cintre en bois plié composé de 5 lames de $0^m{,}027$ d'épaisseur et $0^m{,}15$ de largeur, reliées par des frettes et des boulons, le coëfficient d'élasticité peut être évalué à 200 000 000k environ, c'est-à-dire un cinquième environ du coëfficient d'élasticité du bois de sapin.

Les figures des planches 4, 5 et 6, représentent les diverses figures qu'a prises le cintre pendant ces expériences, on voit que l'expérience confirme pleinement la théorie par rapport au mode de flexion *.

Le point qui se déplace le plus dans le sens vertical est le sommet, ou le point

* Voir le paragraphe I du chapitre VI, pages 37 et 38.

de suspension de la charge. Celui qui se déplace le plus dans le sens horizontal est un point situé sur le cintre à 30 ou 32 degrés de l'horizon. Ce déplacement qui est égal à la moitié de l'abaissement du sommet, quand la flexion est petite, n'en est guères que le tiers au moment de la rupture.

§ III. *Expériences faites sur l'arc en bois plié N° 2.*

J'avais observé dans les expériences précédentes, que le cintre se pliait dans les deux sens et que les joints des lames s'ouvraient un peu dans l'intervalle des frettes de manière à produire un gonflement sensible dans les parties du cintre voisines du sommet. De plus il s'était opéré un glissement des lames les unes sur les autres, de telle sorte qu'une ligne, primitivement normale à la courbe de l'arc, présentait, après la flexion, la figure tracée planche 2 figure 9.

Il était naturel de penser que la faible résistance du cintre à la flexion, venait de ces deux effets; pour m'en assurer, je cherchai à les rendre plus sensibles en diminuant la largeur des lames et la force des ferrures qui la réunissaient. Je fis construire dans ce but le cintre N° 2 dont les lames n'avaient plus que 0075 de largeur. (Voir le § I du chapitre II et la planche 7.)

Ce cintre chargé de neuf caisses vides formant un poids 288 kilog. ne put conserver sa forme quelque soin que l'on prît de bien espacer les caisses également, et se jetait constamment à gauche (Fig. 1, Pl. 7). Le point qui s'est déplacé le plus dans le sens vertical était descendu de près de 0m,80.

Le cintre N° 2 chargé d'un poids suspendu à son sommet et augmenté graduellement, a donné les résultats ci-après.

TABLEAU *des expériences faites sur le cintre en bois plié N° 2.*

POIDS SUSPENDU au sommet du cintre.	ABAISSEMENT du sommet.	VALEURS de $\frac{P}{f}$.	VALEUR DE E CALCULÉE sur la valeur moyenne de $\frac{P}{f}$.	*OBSERVATIONS.*
32k	0,160	200	La valeur moyenne de $\frac{P}{f}$ est 211, d'où $E = 57000000$.	La formule à employer ici est $E = \frac{0,222 P A^3}{f . ab^3}$ (§ II, Chap. VI)*. $A = 6,06$. $A^3 = 222,45$. $a = 0,075$. $b = 0,135$. $b^3 = 0,00246$. $ab^3 = 0,001845$. $\frac{A^3}{ab^3} = 1205000$. $E = 270000 \frac{P}{f}$.
44	0,200	220		
56	0,270	205		
68	0,340	200		
70	0,385	181		
82	0,420	195		
104	0,475	220		
116	0,540	215		
128	0,580	220		
224	0,970	230		
296	1,220	242		

On voit que, dans ces expériences, les flèches de courbure ont été proportionnelles aux charges, puisque le rapport $\frac{P}{f}$ est demeuré à peu près constant. D'où l'on peut conclure que les cintres en bois plié se comportent à peu près comme des corps homogènes.

Le coëfficient d'élasticité des cintres formés de lames de $0^m,027$ d'épaisseur et de $0^m,075$ de largeur, n'est, d'après les expériences précédentes, que de 58 000 000, c'est-à-dire à peu près le seizème de celui du bois de sapin, et le quart de celui des cintres dont les lames ont une largeur double. Les figures de la planche 7 représentent les figures du cintre pendant les expériences.

§ IV. *Expériences faites sur l'arc en bois plié N° 7.* (Voyez les Pl. 12 et 13.)

Le cintre N° 2 composé de lames de $0^m,027$ d'épaisseur faiblement reliées entr'elles me parut avoir donné la valeur minimum de E pour ce genre de cintres. Je voulus avoir un maximum, et pour cela je fis composer l'arc N° 7 de 5 lames de $0^m,054$ d'épaisseur et de $0^m,15$ de largeur. Pour le mettre dans les conditions de résistance les plus favorables, on plaça à l'intrados et à l'extrados de l'arc deux lames pleines sans joints, de plus on mit un boulon en avant et un boulon en arrière de chacun des joints qui se trouvaient dans les trois autres lames au nombre total de six seulement, et on ajouta deux autres boulons à l'extrémité gauche, ce qui porta leur nombre à 14. Enfin on relia les lames par cinq gros étriers en fer. Les précautions apportées à la construction de cet arc lui procurèrent une résistance incomparablement plus grande que celle du cintre N° 2, comme on peut en juger par le détail des expériences auxquelles il fut soumis.

Tableau *des flèches de courbure de l'arc N° 7, chargé d'un poids suspendu à son sommet.*

<table>
<tr><th>POIDS porté par le cintre.</th><th>FLEXION de courbure observée.</th><th>VALEUR de $\frac{P}{f}$.</th><th>OBSERVATIONS.</th></tr>
<tr><td>544k</td><td>0,020</td><td>27200</td><td rowspan="8">La formule au moyen de laquelle on peut calculer le coëfficient d'élasticité, si on suppose que la flexion de l'arc s'opère comme celle d'un solide homogène, est
$E = 0,0469 \frac{PA^3}{ab^3}$ (Voir le § II, Chap. VI),
dans laquelle P est le poids total suspendu au sommet de l'arc, R sa demi-corde, a et b la largeur et la hauteur de sa section normale, ici
$A = 6^m,06$, $a = 0^m,15$, $b = 0^m,28$,
d'où $E = 32000 \frac{P}{f}$.</td></tr>
<tr><td>664</td><td>0,028</td><td>23700</td></tr>
<tr><td>814</td><td>0,044</td><td>18500</td></tr>
<tr><td>904</td><td>0,056</td><td>16143</td></tr>
<tr><td>1034</td><td>0,056</td><td>16000</td></tr>
<tr><td>1144</td><td>0,090</td><td>12710</td></tr>
<tr><td>1264</td><td>0,094</td><td>13400</td></tr>
<tr><td colspan="3">La valeur moyenne de $\frac{P}{f}$ est 18235,
d'où E = 580 000 000.</td></tr>
</table>

Cette valeur moyenne du coëfficient d'élasticité d'un cintre en bois plié est près de trois fois plus forte que celle du cintre N° 1 dont les lames avaient une épaisseur moitié moindre, et neuf fois plus grande que celle du cintre N° 2 dont les lames étaient moitié moins larges et moitié moins épaisses. Je n'essaierai pas d'établir une relation entre la grandeur du coëfficient d'élasticité et les épaisseurs et largeurs des lames dont on compose les cintres en bois plié. Il me paraît seulement évident d'après les faits que je viens de rapporter, que :

1° Les arcs en bois plié ont une résistance à la flexion moindre que celle qu'aurait un solide homogène de même figure et de mêmes dimensions, ce qui s'explique facilement par la facilité qu'ont les lames de glisser les unes sur les autres.

2° Cette résistance à la flexion est d'autant plus grande que les lames ont plus de largeur et d'épaisseur, qu'elles sont plus fortement reliées entr'elles et que les joints des lames d'extrados et d'intrados sont moins nombreux.

3° Le minimum des coëfficients d'élasticité peut, dans la pratique, être considéré comme égal à 60 000 000 et le maximum comme égal à 600 000 000, car il n'est pas probable qu'on fasse des arcs plus faibles que le cintre N° 2, et il n'est pas possible d'en faire de plus résistants que le N° 7. Il est déjà bien difficile en effet de plier des lames de sapin de 0^{m},054 d'épaisseur sur des cintres de 15^{m} de diamètre, et il faut remarquer qu'il n'y avait aucun joint dans les lames d'extrados et d'intrados du cintre N° 7.

Il résulte aussi de là que les arcs en bois plié ne doivent être employés que pour la construction des charpentes d'une grande portée, et à la confection d'arcs d'un rayon assez grand pour qu'on puisse plier sur leur circonférence des lames de 0^{m},054 au moins d'épaisseur.

§ V. *Expériences sur des arcs composés de planches de champ découpées, et assemblées, dans le genre des arcs à la Philibert de l'Orme.*

La grande flexibilité que j'avais trouvée dans les arcs en bois plié m'inspira le désir de leur comparer les arcs en planches de champ dits à la Philibert de l'Orme. Avant de transcrire le tableau du résultat des expériences faites sur ces arcs, je crois nécessaire de présenter quelques observations sur le mode de résistance qu'ils opposent à l'action du poids qu'on leur fait supporter.

Si l'on considère d'abord un arc formé d'une suite de morceaux de planches de peu de longueur se touchant par des joints normaux à la courbe, qui interrompent le cours des fibres de distance en distance; on concevra aisément que cet arc ne peut offrir aucune résistance à la flexion par l'extension de ses fibres, et qu'il ne peut résister que par l'effet des compressions qui s'exercent aux arêtes intérieures des joints des différents morceaux.

Mais si, à ce premier rang de planches, on en ajoute un deuxième et un troisième, en les disposant de manière que les joints se recoupent d'un rang à l'autre; puis qu'au moyen de clous et de chevilles, on établisse une certaine solidarité entre ces trois rangs de planches, il est clair qu'outre la résistance due aux compressions, il s'en développera qui seront dues à l'extension des fibres, puisque la continuité de ces derniers sera en partie rétablie. Mais toutefois la résistance à la flexion ne pourra jamais être aussi grande que celle d'un solide homogène, elle s'en rapprochera d'autant plus que la réunion des trois rangs de planches aura été faite d'une manière plus efficace.

La résistance due aux forces moléculaires développées par la compression des fibres situées dans le voisinage de l'intrados de l'arc, est également moindre que celle d'un solide homogène de même figure et de même dimension, et cela par deux causes différentes.

La première cause vient de l'ouverture des joints, qui se produit aux naissances et au sommet de l'arc, à l'intrados; et à l'extrados en un point situé à 30° au 32° de l'horizon d'une manière absolument analogue à ce qui se passe dans une voûte en plein cintre. De cet effet, il résulte que les morceaux de planches ne portent les uns sur les autres que par leurs arêtes, et qu'il n'y a qu'un petit nombre de fibres qui résistent à la compression.

Il y a une deuxième cause qui s'oppose à ce que les résistances à la compression se développent avec toute leur énergie; en effet, si l'on considère deux morceaux contigus *ma* et *mb* (Fig. 10, Pl. 2), reliés avec un morceau *cf* d'une autre couche de planche par deux chevilles *c* et *c'*, on voit que si le joint *mn* tend à s'ouvrir en *n*, il s'exerce au point *m*, un effort dont la tendance est de faire tourner les morceaux *am* et *bm* autour du poids *m*, effort qui n'est contrebalancé que par la résistance du morceau *cf* à la flexion. Mais ce morceau *ef* n'est lié aux deux autres que par les chevilles *c* et *c'*. L'effort exercé en *m* se reporte sur les deux points *c* et *c'*, et tend à la fois à faire plier le morceau *cf* et à le fendre dans sa longueur, car si ce dernier effet vient à se produire, alors les chevilles *c* et *c'* sont dégagées, et les morceaux *am* et *bm* peuvent librement tourner autour du point *m*.

Or, l'expérience prouve que c'est presque toujours ce mode de rupture qui a lieu, en sorte que les morceaux de planches résistent moins par l'extension de leurs fibres ou par leur compression, que par l'adhérence de ces fibres dans le sens parallèle à leur longueur. Mais comme il suffit pour la rupture totale de l'arc, que sur les trois rangs de planches contigus, un seul vienne à se rompre, il s'ensuit que plus les morceaux seront épais, plus l'arc aura de force, et qu'il vaut mieux composer l'épaisseur d'un arc de deux rangs de planches que de trois, et même d'un seul rang que de deux, si on peut trouver un mode d'assemblage convenable.

Lorsqu'on emploiera plusieurs rangs, il faudra disposer les chevilles de manière qu'elles s'opposent efficacement à l'ouverture des joints entre les morceaux, et qu'elles contribuent le moins possible à produire le déchirement des planches dans le sens de leur longueur.

Il convient donc de les placer dans des entailles faites à l'extrados au sommet de l'arc et aux naissances, et à l'intrados vers les reins, et de leur donner une certaine épaisseur dans le sens normal à l'arc, afin que le contact des morceaux ait toujours lieu sur quelques centimètres de longueur, lorsque les joints tendent à s'ouvrir (Pl. 2, Fig. 11).

Afin d'étudier l'influence du mode de réunion des trois rangées de planches entr'elles et celle du nombre des joints répartis sur la circonférence de l'arc, je fis construire l'arc en planches de champ N° 5 dont les trois couches n'étaient réunies que par des pointes de Paris. Dans le cintre N° 6, on ajouta des chevilles de chêne aux pointes qui reliaient les planches. Enfin le cintre N° 4 fut composé de morceaux de $1^m,30$ de longueur au lieu de $0^m,70$ qu'ils avaient dans les arcs Nos 5 et 6 (Voir le § Ier, chap. II).

§ VI. Tableau *des flexions des cintres Nos 5, 6 et 4 en planches de champ, opérées par l'action de poids suspendus à leur sommet.*

DÉSIGNATION DES CINTRES. (Voyez le § Ier, Chap. II.)	POIDS porté par le cintre.	FLÈCHES OBSERVÉES.	VALEUR de $\frac{P}{f}$.	VALEUR DU COEFFICIENT D'ÉLASTICITÉ CALCULÉE d'après les résultats ci-contre.
Cintre N° 5 formé de trois couches de planches de 0,027 d'épaisseur, posées de champ et simplement clouées l'une sur l'autre. (Voyez la Pl. 9.)	k 32 56 68 80*	0,08 0,13 0,22 »	400 430 300 »	La formule à employer ici est $E = 0{,}222\,\frac{A^3}{ab^3}\,\frac{P}{f}$. Ici $a = 0{,}081$, $b = 0{,}15$, $A = 6{,}06$, $b^3 = 0{,}003375$, $ab^3 = 0{,}000273375$, $E = 180000\,\frac{P}{f}$ d'où $E = 67\,680\,000$. * Sous l'action de ce poids, le cintre s'est désorganisé, quelques planches se sont déclouées et fendues.
Moyenne.			376	
Cintre N° 6 composé comme le précédent, mais les trois couches sont traversées par des chevilles en chêne espacées de (Voyez la Pl. 10.)	32 44 56 68 80 92 104*	0,272 0,105 0,140 0,220 0,265 0,302 0,330	444 420 400 327 302 304 300	$E = 180000\,\frac{P}{f}$. La valeur moyenne de $\frac{P}{f}$ est ici 357 à peu près, d'où $E = 64\,260\,000$. * Ce poids de 104k n'a pas suffi pour opérer la rupture du cintre, qui, après avoir été déchargé, a repris, en partie, sa figure primitive.
Moyenne des valeurs de $\frac{P}{f}$.			357	
Cintre N° 4 formé de cinq couches de planches de 0,027 d'épaisseur, mises de champ, chaque morceau ayant 1m,30 de longueur. (Voyez la Pl. 8.)	120 360 464 512 564	0,04 0,095 0,110 0,150 0,210	3000 3800 4218 2413 2685	La formule à employer ici est $E = 0{,}222\,\frac{A^3}{ab^3}\,\frac{P}{f}$. $A = 6{,}06$, $a = 0{,}135$, $b = 0{,}15$, $b^3 = 0{,}003375$, $ab^3 = 0{,}003645$, $E = 108800\,\frac{P}{f}$, et, d'après la valeur moyenne de $\frac{P}{f}$, $E = 371\,000\,000$.
Moyenne des valeurs de $\frac{P}{f}$.			3423	

En comparant entre eux les cintres Nos 4, 5 et 6, on voit que le nombre des joints exerce une grande influence sur la résistance à la flexion, puisque le cintre

N° 4 dans lequel ce nombre est moitié moindre seulement de ce qu'il est dans les deux autres, a un coëfficient d'élasticité six fois plus grand.

§ VII. *De la résistance à la rupture des arcs en charpente, et de la limite des charges permanentes à leur faire supporter.*

On a vu par ce qui précède, que la résistance à la flexion des arcs en charpente, ne dépassait guères la moitié de celle que présenterait une courbe homogène, de même forme et de mêmes dimensions. Les expériences faites sur leur résistance à la rupture comparée à celle d'une pièce homogène prouvent que sous ce rapport, ils ont encore une plus grande infériorité.

En effet, par des raisonnements développés dans l'Appendice N°s 15 et 48, on arriverait à trouver que la résistance spécifique à la rupture d'une pièce courbe est proportionnelle au poids qui produit la rupture, multiplié par le rayon moyen de l'arc et divisé par le produit de la largeur de la section normale par le quarré de la hauteur de cette section :

Pour les arcs demi-circulaires dont le rayon moyen est A ; a et b la largeur et la hauteur de la section normale ; et qui sont chargés d'un poids P suspendu à leur sommet ; le coëfficient de rupture R est égal à $0,5456\frac{PA}{ab^2}$ (N° 48 de l'Appendice).

Voici le tableau de quelques expériences sur la rupture des arcs en planches de champ et en bois plié, avec les valeurs de R qui en résultent et le rapport de ce coëfficient à celui d'une pièce homogène.

DÉSIGNATION des cintres mis en expérience.	RAYON moyen.	ÉCARRISSAGE.	POIDS qui a fait rompre.	VALEUR de R.	RAPPORT de R au coëfficient d'une pièce homogène.
Cintre N° 1 en bois plié	6,06	$a = 0,150$; $b = 0,155$	754k	959500	0,1875
Cintre N° 2 id.	6,06	$a = 0,075$; $b = 0,158$	346	825000	0,1550
Cintre N° 3 en planches de bout.	6,06	$a = 0,081$; $b = 0,150$	200	583550	0,0744
Cintre N° 4 id. .	6,06	$a = 0,100$; $b = 0,150$	554	880000	0,1760
Cintre éprouvé par M. Reibell..	4,00	$a = 0,120$; $b = 0,250$	4000	1275515	0,2546

On voit donc que pour les arcs en charpente même solides et bien assemblés comme l'étaient paticulièrement ceux qu'a éprouvés M. l'ingénieur en chef Reibell, le coëfficient de rupture de ces arcs ne dépasse guères le quart de celui d'une pièce homogène.

Si on adoptait cette conclusion, la limite des charges permanentes à faire supporter à chaque unité de surface de la section transversale d'un arc en charpente, limite qui est comprise, d'après l'usage des ingénieurs et des praticiens, entre le cinquième et le dixième du poids qui produit la rupture par traction, devrait être ici fixée, d'après l'expérience qui a donné le résultat le plus fort, à 1275315 kilog. au plus par mètre carré; mais, comme nous concevons qu'il soit possible, en prenant de grandes précautions dans la construction d'un arc et en le renforçant par des frettes et des boulons, de lui donner une résistance supérieure à celle des arcs mis en expérience, nous supposerons qu'on peut porter le coëfficient R la résistance à la rupture des arcs en charpente à 1500000 kilog. par mètre carré, et nous fixerons encore la limite des charges permanentes au cinquième de ce nombre, c'est-à-dire à 300000 kil., ce qui nous paraît devoir être une limite qu'il serait dangereux de dépasser.

La liaison plus ou moins intime entre les rangées de planches, augmente ou diminue beaucoup la résistance à la rupture, car le cintre N° 5, dont les couches de planches n'étaient que clouées, s'est désorganisé sous une charge de 80 kilog., et un poids de 104 kilog. était encore loin de produire cet effet, après l'addition des chevilles en chêne qui traversaient les trois couches de planches.

Si l'on compare l'emploi d'un mètre cube de bois façonné en cintres en bois plié, ou en cintres en planches de champ, on trouvera que sous la forme de ces derniers, il résiste mieux à la flexion et moins bien à la rupture, c'est ce qu'indique le tableau ci-après.

DÉSIGNATION DES CINTRES.	CUBE du bois des cintres.	VALEUR moyenne de $\frac{P}{f}$.	POIDS SUSPENDU au sommet du cintre et qui a produit la rupture.	OBSERVATIONS.
	m.cub.		k	
Cintre N° 1 en bois plié.	0,3846	1367	700	On a pris le cintre N° 5 pour le comparer au cintre N° 2, parce qu'il est à peu près dans les conditions des cintres à la Philibert de l'Orme, employés dans les constructions.
Cintre N° 4 en planches de champ.	0,3800	3423	564	
Cintre N° 2 en bois plié.	0,162	211	296	
Cintre N° 5 en planches de champ.	0,200	357	Plus de 104 Peut-être 150	

On verra plus tard que lorsqu'il s'agit de construire une ferme de charpente en arc, c'est plutôt de la raideur que de la résistance à la rupture qu'il importe de donner à l'arc, attendu que ces fermes ne doivent et ne peuvent éprouver que des flexions très-faibles. Sous ce rapport, les arcs en planches de champ mériteraient la préférence sur les arcs en bois plié.

Pour continuer jusqu'au bout l'étude des cintres en planches de champ, il aurait fallu éprouver l'influence du nombre et de l'épaisseur des couches de planches dont on peut les composer. J'ai cru pouvoir me dispenser de faire les expériences nécessaires pour cet objet, en recourant de nouveau au travail de M. Reibell, directeur des travaux maritimes à Lorient, dont j'ai déjà extrait divers résultats sur la poussée des cintres. (Annales Maritimes et Coloniales, 22ᵉ année, 2ᵉ série, tome XI.)

§ VIII. *Extrait des expériences de M. Reibell sur la flexion des arcs en planches de champ.*

Épreuve N° 1, troisième série (page 1033 du numéro cité des Annales maritimes), faite sur une ferme cintrée en arc de cercle à la Philibert de l'Orme, formé de deux plans de planches resciées dans des billes courbes de pin du pays ; chaque plan avait $0^m,09$ d'épaisseur et $0^m,30$ de hauteur normale au cintre ; les planches de l'un des plans se croisaient par leurs joints avec les planches de l'autre plan, la liaison des deux plans était faite par des chevilles en chêne et des clous dans le voisinage des joints. Les pieds étaient arrêtés dans leur écartement, au moyen d'un cordage tendu par des poids ; la demi-corde de l'arc était de $7^m,90$, sa montée de $3^m,50$

POIDS porté par l'arc suspendu au sommet.	ABAISSEMENT du sommet observé.	VALEURS de $\frac{P}{f}$.	CALCUL DE LA VALEUR DU COEFFICIENT d'élasticité d'après la moyenne de celles de $\frac{P}{f}$.
150^k	0,002	75000	La formule à employer ici est
300	0,005	60000	$E = 0,046 \frac{X^3}{ab^3} \frac{P}{f}$. (§ II, chap. VI)
450	0,009	50000	Ici $a = 0,18$, $b = 0,30$, $X = 7,90$,
600	0,011	54545	$X^3 = 493,409$, $ab^3 = 0,00486$.
Valeur moyenne de $\frac{P}{f}$.		60000	$E = 4689 \cdot \frac{P}{f} = 4700 \frac{P}{f}$, d'où $E = 282\,000\,000$.

L'épure qui accompagne les expériences de M. Reibell indique que l'arc dont il s'agit ici était formé de morceaux de planches de $3^m,22$ à $4^m,25$ de longueur, et qu'il n'y avait que trois joints dans chacun des plans du cintre.

Deux autres cintres de même figure et de mêmes dimensions que celui-ci se sont cassés sous un poids de 611 kilog., suspendu à leur sommet. M. Reibell attribue cette rupture à des défauts dans le bois.

Le même cintre a été soumis à l'action de poids uniformément répartis par rapport à une ligne horizontale. Pour tirer de ces expériences une autre valeur du coëfficient E d'élasticité, on peut supposer le poids réduit aux $\frac{5}{8}$ et suspendu en entier au sommet de l'arc ; la formule alors deviendra $E = 2937 \frac{P}{f}$.

POIDS PORTÉ par le cintre et réparti uniformément.	ABAISSEMENT du sommet observé.	VALEURS de $\frac{P}{f}$.	OBSERVATIONS.
2314^k	0,011	210000	
2064	0,014	147000	La valeur moyenne de $\frac{P}{f}$ est 178000,
3164	0,019	166000	
4264	0,023	186000	d'où $E = 322\,700\,000$.
4914	0,027	182000	

Deuxième extrait des expériences de M. Reibell. — *Epreuve N° 2*, première série (page 1009), faite sur un cintre presque demi-circulaire de $4^m,40$ de demi-corde, et $3^m,74$ de flèche, formé de deux plans resciés dans des billes courbes de pin du pays, chaque plan ayant $0^m,06$ d'épaisseur et $0^m,25$ de hauteur normale au cintre. Les pieds du cintre étaient arrêtés dans un entrait.

POIDS PORTÉ par le cintre.	FLÈCHES d'abaissement du sommet observées.	VALEUR de $\frac{P}{f}$.	COEFFICIENT d'élasticité calculé.	*OBSERVATIONS.*
93^k suspend. au som.	0,003	31000	La moyenne des valeurs de $\frac{P}{f}$ est 43000, d'où $E = 337500000$.	On a fait $A = 4^m$, moyenne entre $4^m,40$ et $3^m,74$.
336 id.	0,006	56800		La valeur de $\frac{P}{f}$, les poids étant suspendus au sommet de la ferme, a été substituée dans la form^{le} $E = 0,222 \frac{PA^3}{f.ab^3}$, qui, d'après les données, revient à $E = \frac{P}{f} . 7500$.
486 id.	0,011	44182		
648 id.	0,014	46283		
864 id.	0,018	48222		
430^k répartis uniform.	0,003	130000	La moyenne des valeurs de $\frac{P}{f}$ est environ 130000, d'où $E = 371410000$	Celle relative à des poids répartis uniformément sur le cintre, a été substituée dans la formule $E = 0,084 \frac{PA^3}{f.ab^3}$, qui, d'après les données, revient à $E = 2837 \frac{P}{f}$.
900 id.	0,007	128362		
1334 id.	0,011	123090		
1800 id.	0,014	128371		$a = 0,12$, $b = 0,25$, $b^3 = 0,015625$,
2304 id.	0,017	109423		$ab^3 = 0,00187306$, $A = 4,00$,
2734 id.	0,021	133100		$A^3 = 64,00$, $\frac{A^3}{ab^3} = 34133$.
3204 id.	0,023	139363		
3634 id.	0,028	140338		

Les valeurs du coëfficient E d'élasticité des arcs en planches de champ, obtenues par le calcul appliqué aux expériences de M. Reibell, sont donc :

Pour des arcs chargés à leur sommet........................	E = 282 000 000 E = 337 000 000
Pour des arcs supportant un poids uniformément réparti..	E = 583 000 000 E = 371 000 000
La moyenne de ces quatre valeurs est..........................	E = 378 000 000

Elle ne diffère pas beaucoup de celle qui résulte des expériences faites sur le cintre N° 4, et qui est égale à 371 000 000. (Voir le § VI de ce chapitre.)

§ IX. *Des déplacements horizontaux des points situés sur les reins des arcs.*

On a vu dans le chapitre VI, paragraphe III, qu'en supposant que les arcs n'éprouvassent que de petites flexions, la théorie indiquait, pour les points situés sur le cintre à 60° de la verticale, des déplacements horizontaux à peu près égaux à la moitié de l'abaissement du sommet; mais cette relation n'a lieu que pour des changements de figure très-peu considérables. A mesure que l'arc fléchit davantage, les points d'intersection de sa nouvelle courbe avec sa figure primitive, descendent toujours, et les déplacements horizontaux du milieu de la portion de courbe comprise entre le point de rencontre M et le pied de l'arc, s'éloignent toujours de plus en plus d'être égaux à l'abaissement du sommet; il est évident que la limite à laquelle le rapport de $\frac{D}{f}$ tend à arriver, est [illegible]; ce qui aurait lieu si l'arc était aplati sur la ligne horizontale et replié à droite, à gauche de manière que les pieds restassent fixés sur les extrémités du diamètre. Il suit de là que dans l'établissement des cintres des charpentes en arc, on est sûr de calculer au maximum, en supposant que le déplacement horizontal du sommet des poteaux sera la moitié de l'abaissement du sommet.

Pour confirmer cette règle, il aurait peut-être fallu mesurer les déplacements horizontaux des reins en même temps que les abaissements du sommet de chacun des grands arcs mis en expérience : mais ces mesures étaient pénibles à prendre, parce qu'il était malaisé de s'approcher latéralement des cintres quand les poids y étaient suspendus. On s'est borné à les prendre une seule fois pour chacun des arcs quand leur flexion était à son maximum et qu'on relevait la courbe qu'affectait leur extrados.

Afin de suppléer à cette omission, j'ai fait avec soin une expérience en petit sur un arc formé d'une seule lame de bois d'orme pliée suivant une courbe représentée par la figure de la planche 23. Cet arc a été chargé au sommet de différents poids, et à chaque augmentation de la charge on relevait la figure que prenait le cintre (Voyez la planche 23).

J'ai calculé la valeur du coëfficient d'élasticité E pour ce petit arc, et je l'ai trouvé peu différent de celui qu'on obtiendrait par les expériences faites sur une lame rectiligne. S'il est plus faible, c'est que l'élasticité de la lame avait nécessairement été un peu altérée par la flexion qu'on lui avait fait prendre ; malgré cette circonstance, l'absence des joints parallèles ou transversaux ne s'en fait pas moins sentir par une grande augmentation de résistance à la flexion.

TABLEAU *des expériences faites sur une lame en bois d'orme de* 0,009 *de largeur et* 0,0035 *d'épaisseur, pliée en forme d'un arc dont la demi-corde était de* 0,26.

POIDS porté par l'arc et suspendu à son sommet.	ABAISSEMENT du sommet.	VALEUR de $\frac{P}{f}$.	DÉPLACEMENT horizontal maximum.	RAPPORT entre le déplacement horizontal des reins et l'abaissement du sommet.
k 1,927	0,014	137	0,008	4/7.
3,909	0,049	80	0,028	4/7
4,231	0,075	56	0,043	4/7.

Pour calculer le coëfficient d'élasticité E, je prendrai la formule $E = 0,222 \frac{A^3}{ab^3} \cdot \frac{P}{f}$ comme si l'arc était demi-circulaire $A = 0,26$, $A^3 = 0,017576$, $a = 0,009$, $b = 0,0035$, $b^3 = 0,000\,000\,042875$, d'où $E = 1\,011\,000 \frac{P}{f}$.

La valeur moyenne de $\frac{P}{f}$ est 84, d'où $E = 86\,000\,000$ au lieu de $1\,000\,000\,000$ qu'on obtiendrait avec une lame rectiligne homogène.

Je donne maintenant, comme renseignements, les déplacements des points situés à 30° degrés de l'horizon dans les grands arcs en bois plié et en planches de champ de $12^{m},12$ de diamètre, pour les flexions voisines de celles qui produisent la rupture.

DÉSIGNATION DES CINTRES.	POIDS porté par le cintre.	ABAISSEMENT du sommet.	DÉPLACEMENT horizontal en mètres.	DÉPLACEMENT horizontal moyen.	RAPPORT du déplacement horizontal des reins à l'abaissement du sommet.
Cintre N° 1 en bois plié.	605k suspend. au sommet.	0,62	0,275 0,000	0,275	0,44
Cintre N° 1 id.	1127k répartis uniformément.	0,62	0,50 0,10	0,30	0,48
Cintre N° 2 id.	128k suspend. au sommet.	0,58	0,28 0,28	0,28	0,48
Cintre N° 2 id.	224k répartis uniformément.	0,30	0.70 0,32	0,19	0,63
Cintre N° 5 en planch. de champ.	605k suspendus au sommet.	0,21	0,11 0,15	0,13	0,62
Cintre N° 6 id.	68k suspendus au sommet.	0,24	0,11 0,15	0,13	0,54
Cintre N° 6 id.	288k répartis uniformément.	0,66	0,45 0,32	0,38	0,57

§ X. *Résumé des résultats des expériences relatives à la flexion des arcs.*

Les faits observés dans les expériences relatives à la flexion des arcs en charpente qui paraissent le plus utiles pour l'établissement de ces arcs, sont les suivants :

1° Les arcs en bois plié fléchissent comme des solives homogènes, et on peut calculer les déplacements verticaux et horizontaux d'un quelconque de leurs points en employant les formules théoriques rapportées chapitre VI, paragraphe II.

2° La valeur du coëfficient d'élasticité de ces arcs est d'autant plus faible que l'épaisseur des lames dont ils sont composés est plus petite ; que les boulons et les frettes qui les réunissent sont moins forts et moins multipliés. Cette valeur est au plus la moitié de celle qui conviendrait à un solide homogène. Son maximum est 500 000 000.

3° La rupture a lieu par l'extension des fibres à l'intrados en un point distant de la verticale de 60° à 65° ; il faut donc éviter d'avoir des joints à l'extrados en ce point. Le coëfficient de rupture est au plus les trois cinquièmes de celui d'une pièce homogène.

4° La flèche de courbure au sommet peut devenir égale au dixième du diamètre dans les arcs en plein cintre. Ainsi, en calculant leur écarrissage de manière que la flèche qu'ils prendront sous la charge qu'ils doivent porter, soit égale au 100e du diamètre ; on aura une solidité suffisante.

5° Le déplacement horizontal des points situés sur un cintre demi-circulaire à

60° ou 65° de la verticale, est égal à la moitié de l'abaissement vertical du sommet pour la même charge.

Pour les arcs à la Philibert de l'Orme ou en planches de champ :

1° La flexion se fait d'une manière continue et comme pour un solide homogène. On peut également leur appliquer la formule du chapitre VI, paragraphe II.

2° La valeur du coëfficient d'élasticité croît avec la longueur et l'épaisseur des morceaux dont l'arc est composé, et avec la solidité des assemblages à leur point de jonction. Le coëfficient d'élasticité des arcs les mieux construits ne dépasse pas 500 000 000.

3° La rupture se fait à la fois par la compression des morceaux de planches situés à l'intrados à 65° de la verticale, qui s'écrasent en portant les uns sur les autres par leurs arêtes, et en même temps par la déchirure longitudinale de ces mêmes morceaux qui cèdent à l'action qu'exercent les chevilles ou les liernes pour les fendre dans leur longueur. Le coëfficient de rupture est également les trois cinquièmes au plus de celui d'une pièce homogène.

4° La flèche de courbure des cintres, au moment de la rupture, est double du déplacement horizontal des reins, elle ne s'élève pas à plus d'un trentième du diamètre. Il faut donc calculer ces cintres pour que l'abaissement du sommet ne soit, s'il est possible, que le trois-centième du diamètre ou le cent cinquantième au plus.

CHAPITRE HUITIÈME.

EXPOSÉ ET RÉSULTATS DES EXPÉRIENCES FAITES SUR LA FLEXION DES SYSTÈMES DE CHARPENTE EN ARC.

§ Ier. *Expérience sur la flexion de la charpente droite simple, N° 8.*

Avant de soumettre aux épreuves sur la flexion, des systèmes complets de charpente en arc, je crus convenable d'éprouver d'abord la ferme droite simple N° 8 qui devait entrer dans leur composition, afin d'arriver, s'il était possible, à démêler le rôle que jouent les cintres dans la résistance totale des fermes dont ils font partie.

La ferme N° 8 avait à peu près le même écarrissage que les cintres Nos 2 et 3, mais beaucoup plus de rigidité, ce qui a permis de lui faire porter des poids uniformément répartis sur la longueur des arbalétriers, disposition qui est identique avec la manière dont le poids des couvertures se distribue sur les fermes des combles.

On a vu à la fin du paragraphe IV du chapitre VI que la formule qui doit donner les abaissements du sommet de la ferme N° 8 est $f = 57716 \frac{P}{E}$, d'où

$$E = 57716 \frac{P}{f}.$$

Cette formule obtenue par des considérations tout-à-fait identiques avec celles d'où les formules relatives aux cintres ont été tirées, doit donner pour le coëfficient d'élasticité E de la ferme N° 8, de valeurs comparables à celles du coëfficient d'élasticité des arcs en charpente. Or, si l'on se rappelle l'influence considérable que le nombre des lames dans les arcs en bois plié, et le nombre des joints ou la grandeur des morceaux dans les arcs en planches de champ, exerce sur la flexion de ces arcs, on ne sera pas surpris de voir que les fermes composées de pièces droites aient un coëfficient d'élasticité de beaucoup supérieur à celui des arcs les plus solides.

C'est le résultat que le tableau ci-après va fournir d'après l'expérience; mais, pour le rendre plus sensible et pour aller au devant des doutes que l'on pourrait avoir sur l'identité de l'origine des coëfficients d'élasticité et sur le droit que j'ai cru avoir de les comparer entr'eux, je ferai remarquer que l'on peut juger de la différence qui existe entre la résistance des cintres et celle de la charpente droite au même effet de traction ou de pression en comparant seulement les valeurs de $\frac{P}{f}$ fournies par des expériences faites sur des arcs et des fermes dont l'écarrissage et la charge seraient les mêmes.

On voit par les formules du paragraphe II, chapitre VI que les abaissements du sommet d'un même cintre, chargé du même poids, d'abord réparti uniformément par rapport à une ligne horizontale, puis suspendu en entier au sommet, seraient entre eux comme 0,84 est à 0,222, ou comme 3 est à 8 à peu près. Si donc on prend les résultats d'expériences, relatifs à la flexion des arcs N°s 1 et 4, rapportés chapitre VII, paragraphes II et III, et que l'on multiplie par $\frac{8}{3}$ les valeurs de $\frac{P}{f}$ que l'on en a tirées, on aura entre les cintres et la charpente droite, des termes de comparaison exempts de toute supposition sur la rigueur des formules qui donnent les coëfficients d'élasticité, et dont la signification sera d'autant plus immédiate que les cintres, comparés à la charpente droite, ont un écarrissage un peu plus fort, et un cube à peu près égal. En effet,

Le cintre N° 1 a $0^m,15$ et $0^m,135$ d'écarrissage et cube $0^m,38$.

Le cintre N° 4 a $0^m,135$ sur $0^m,15$ d'écarrissage et cube $0^m,38$.

La charpente droite a $0^m,75$ sur $0^m,12$ d'écarrissage et cube $0^m,31$.

§ II. Tableau *des abaissements du sommet de la ferme N° 8 pour des charges distribuées uniformément sur la longueur de l'arbalétrier, et comparaison de sa résistance à la flexion, avec celle des arcs circulaires en charpente.*

POIDS TOTAL réparti uniformément sur les arbalétriers.	ABAISSEMENT vertical du sommet observé.	VALEUR de $\frac{P}{f}$.	COMPARAISON entre la moyenne des valeurs de $\frac{P}{f}$ fournies par ce tableau et celle qu'on tire des expériences faites sur les cintres N°s 1 et 4.	OBSERVATION relative à la conservation de l'élasticité de la ferme N° 8.
288^k	0,001	288000	La moyenne des valeurs de $\frac{P}{f}$ pour la ferme N° 8 est 17000	Après que la ferme N° 8 a été déchargée du poids de 1692^k, le sommet est remonté à sa position primitive, à quelques millimètres près.
404	0,020	25200		
720	0,040	18000		
828	0,050	16560	Pour le cintre N° 1, elle est 3655	
936	0,060	15716		
1368	0,100	13680	Pour le cintre N° 4, elle est 9128	
1692	0,140	12085		

En ne s'occupant d'abord que de la ferme N° 8, on remarquera que si on lui applique la formule $E = 57716 \frac{P}{f}$ du paragraphe IV, chapitre VI, on trouve, en substituant pour $\frac{P}{f}$ la valeur moyenne 17000, $E = 981172000$, valeur qui diffère peu de 1000000000 que l'expérience directe (§ I chap. VII) a donné pour le bois de sapin qui a servi à la construction des charpentes d'épreuve.

Maintenant je compare les valeurs de $\frac{P}{f}$ fournies par les cintres N°s 1 et 4 d'une part et la ferme N° 8 de l'autre, et j'en conclus que sous l'action de charges égales, le cintre N° 4 s'affaissera deux fois autant, et le cintre N° 1 de quatre à cinq fois autant que la ferme N° 8, en sorte que la résistance relative à la flexion de cette dernière, sera respectivement double et quadruple au moins de celle des cintres N°s 4 et 1 avec un même cube de bois employé et une dépense beaucoup moindre.

§ III. *Résultats des expériences sur la flexion des charpentes composées.*

Cette différence de flexibilité des arcs et des charpentes droites a des résultats importans pour la composition des fermes de charpente et arc. Le tableau ci-après va les faire ressortir.

Tableau *des flexions de différents systèmes de charpente composés pour des charges uniformément réparties sur la longueur des arbalétriers.* (Voyez les planches 14 à 22 inclus).

POIDS PORTÉ par les charpentes et uniformément répartis sur les arbalétriers.	ABAISSEMENT DU SOMMET DE LA FERME DANS LES SYSTÈMES						
	de charpente droite simple N° 8.	de charpente avec arc en bois plié, les moises verticales N° 9.	de charpente avec arc en bois plié, les moises normales N° 11.	de charpente avec arc en planches de champ N° 12.	de charpente avec arc en planches de champ et chevillées N° 13.	de charpente droite composée N° 14.	de charpente droite composée N° 15.
288k	0,000	0,01	0,005	0,01	0,007	0,009	0,002
504	0,020	0,02	0,027	0,024	0,016	0,017	0,006
720	0,040	0,038	0,034	0,038	0,023	0,024	0,013
828	0,050	»	»	»	»	»	»
936	0,060	0,055	0,045	0,054	0,025	0,032	0,019
1368	0,100	0,085	0,083	0,086	0,055	0,053	0,031
1692	0,140	0,145	Une rupture qui a eu lieu par accident a empêché de continuer l'expérience.	0,130	0,068	0,064	0,036
2016		0,195		0,155	0,080	0,078	0,044
2232		0,230		0,170	0,108	0,088	0,051
2448		0,320		0,188	0,130	0,097	0,055
2664		et rupture.		0,220	0,155	»	»
2880				Rupture au bout d'une demi-heure.	La rupture n'a pas eu lieu entièrement	0,124	0,065
3312						0,144	0,078
3528						0,160	0,088
3744						Puis rupture	0,090
3960							0,105
							Puis rupture
Valeurs moyennes de $\frac{P}{f}$, depuis P = 504 k jusqu'à P = 1692.	17000	17800	19300	17200	27600	27900	33800

Ce tableau indique un fait tout simple, très-facile à concevoir, mais qui n'est pas pour cela moins intéressant; c'est que la résistance d'une charpente composée d'une ferme simple et d'un arc, ou d'une ferme simple et d'un système de pièces droites, est d'autant plus grande que le cintre est plus rigide; ou que le système des pièces droites additionnelles s'oppose plus efficacement à la flexion de la ferme droite simple qui reçoit immédiatement le poids de la charge.

En effet, on voit que les charpentes en arc de bois plié Nos 9 et 11 et l'arc en planches de champ N° 12, dont les cintres sont très-flexibles, n'ont pas une résistance sensiblement plus grande que la ferme droite simple; l'arc en planches de champ N° 13 ajoute sensiblement à la force du système, parce qu'il est plus raide que les précédents. L'augmentation de résistance est également très-grande dans la charpente droite composée N° 14.

Enfin le système N° 15 dans lequel les arbalétriers de la ferme simple sont soutenus par des aisseliers qui s'opposent efficacement à leur flexion, l'emporte tellement sur tous les autres systèmes, que les abaissements du sommet ne sont plus que le tiers environ de ceux observés pour les mêmes poids dans la charpente droite simple, et la moitié de ceux de la charpente en arc de planches de champ N° 13, qui est celle qui résiste le mieux.

§ IV. *Manière dont le poids se répartit entre le cintre et les arbalétriers, d'après le rapport qui existe entre les écarrissages de ces deux parties principales des charpentes en arc.*

Le tableau des valeurs de $\frac{P}{f}$, prises pour toutes les fermes entre les mêmes limites $P = 504^k$ et $P = 1692^k$, peut servir à donner la mesure du degré de résistance que l'addition d'un cintre ajoute à la résistance d'une ferme simple.

Par exemple, on voit que pour la ferme N° 13, dont le cintre était l'arc N° 6 à la Philibert de l'Orme, bien construit et consolidé par des chevilles en chêne, la valeur de $\frac{P}{f}$ est 27 600 ; tandis que pour la ferme droite simple N° 8, $\frac{P}{f} = 17\,000$. Or, il suit de là que pour produire des flèches de courbure égales, dans la ferme N° 13 et dans la ferme N° 8, il fallait des poids qui fussent respectivement entre eux comme 276 est à 170, ou comme 10 est à 6 ; ce qu'on peut encore exprimer en disant que le cintre supportait les $\frac{4}{10}$ du poids dont la ferme complète était chargée. Pour ne pas faire entrer l'écarrissage dans l'énoncé de ce fait, il faudrait pouvoir ramener cette augmentation de résistance à ce qu'elle aurait été si le cintre avait eu, comme dans les charpentes N°s 9, 11 et 12, le même écarrissage que les arbalétriers de la ferme droite ; or il est assez naturel de supposer que l'augmentation de résistance fournie par le cintre est proportionnelle au cube de la hauteur de sa section transversale et à la première puissance de la largeur de cette section. D'après l'écarrissage du cintre et celui de la ferme N° 8, il résulterait de cette hypothèse que l'augmentation de résistance, au lieu d'équivaloir à une diminution de charge de $\frac{4}{10}$, se réduirait à $\frac{3}{10}$ lorsque l'écarrissage du cintre serait égal à celui des arbalétriers.

En admettant cette hypothèse, on pourrait poser cette règle : Lorsque dans une charpente en arc le cintre et les arbalétriers ont un même écarrissage, le premier porte une charge qui est à celle que supporte le second, comme 7 est à 3. Et par suite, si on désigne par P' la partie de la charge dont le concours du cintre décharge l'arbalétrier, par P ce que celui-ci a encore à porter, par h et par b les épaisseurs de ces pièces, on aura entre ces quatre quantités la relation :

$$\frac{7}{3} : \frac{P}{P'} :: 1 : \frac{h^3}{b^3};$$

car si on fait $h = b$, on aura $P' : P :: 7 : 5$.

Mais quel est le rapport le plus avantageux à la stabilité d'une ferme en arc, que l'on puisse établir entre h et b? Evidemment c'est un rapport tel que la rupture tende à se faire en même temps dans l'arbalétrier et dans l'arc. En effet, si la tendance à la rupture était forte dans l'une des pièces et faible dans l'autre, la première résisterait seule et romprait isolément, ce qui entraînerait immédiatement la rupture de l'autre, en sorte que la résistance du système serait réduite à celle de l'une des deux pièces. A mesure que l'égalité dans la tension sera plus près de se rétablir, la résistance augmentera ; et enfin, quand cette égalité existera, la résistance sera au maximum.

Or, on trouve par un calcul assez simple (Voir l'Appendice N° 49) qu'un poids P uniformément réparti sur la longueur de l'arbalétrier d'une ferme droite simple (Pl. 14), qui fait avec la verticale un angle ω, dont la longueur est X, la section transversale $l.h$ et le coëfficient d'élasticité E; opère sur les fibres de cette pièce un accourcissement égal à

$$\frac{P}{E}\left(\frac{\cos\omega}{2lh} + \frac{0{,}75\,X\sin\omega}{lh^2}\right) \text{ par unité de longueur.}$$

Les fibres de cette pièce sont donc dans les mêmes circonstances que si elles étaient comprimées directement par une force P $\left(\frac{\cos\omega}{2lh} + \frac{0{,}75\,X\sin\omega}{lh^2}\right)$ (§ II, chapitre VI) appliquée à chaque unité de surface de la section transversale; désignons cette force par F.

Si un poids P' est réparti sur un cintre demi-circulaire, de manière à ce que des poids égaux répondent à des longueurs égales de la projection horizontale, et qu'on désigne par A le rayon du cintre, par a et b les côtés de la section transversale, par E' le coëfficient d'élasticité, il accourcira les fibres, par unité de longueur, d'une quantité égale à

$$\frac{P'}{E'}\left(\frac{1{,}36}{ab} + \frac{0{,}51\,A}{ab^2}\right). \qquad \text{(Appendice N° 47.)}$$

Les fibres de l'arc pourront donc être considérés comme sollicitées directement par une force qui, rapportée à l'unité de surface, sera ;

$$P'\left(\frac{1{,}36}{ab} + \frac{0{,}51\,A}{ab^2}\right). \qquad \text{(§ II, chap. VI.)}$$

Soit F' cette force; désignons comme ci-dessus (§ II, chap. VI) par R et R, les coëfficients de rupture, c'est-à-dire les poids qui font rompre un prisme dont la section transversale est l'unité; il est clair que la tendance à la rupture sera la même dans l'arbalétrier et dans le cintre si les forces F et F′ qui agissent sur chacune de ces pièces, sont une même fraction des poids R et R_1, c'est-à-dire si on a

$$\frac{P}{R}\left(\frac{\cos\omega}{2lh}+\frac{0{,}75\,X\sin\omega}{lh^2}\right)=\frac{P'}{R_1}\left(\frac{1{,}36}{ab}+\frac{0{,}51\,A}{ab^2}\right). \qquad (A)$$

Cette relation jointe à celle-ci $\frac{P}{P'}=\frac{7h^3}{3b^3}$ permet de calculer le rapport $\frac{h}{b}$ le plus favorable à la résistance totale du système.

Appliquons ceci à l'exemple de la ferme en arc N° 13 (Pl. 20). Dans ce système $a=l$, $\cos\omega=0{,}544$, $X\sin\omega=0{,}92\,R$, $\frac{A}{h}=50$. Posons $b=nh$, d'où $\frac{P}{P'}=\frac{7}{3n^3}$, et remarquons que d'après les expériences du chapitre VII, paragraphe VII, on a, pour les arcs de charpente $R_1=1\,500\,000$ kilogrammes. Il est évident d'ailleurs que, pour l'arbalétrier d'une ferme droite, le coëfficient de rupture ne doit pas différer de celui d'une pièce homogène et que par conséquent R est égal à 5 000 000[k].

En substituant ces valeurs dans l'équation (A) ci-dessus, on en tire

$$n=-9{,}375\pm\sqrt{111{,}69}.$$

La valeur positive de n égale à 1,202 est le rapport le plus favorable à établir entre l'épaisseur du cintre et celle de l'arbalétrier. En d'autres termes, celle du premier doit être d'un cinquième à un quart plus forte que celle du second.

Il est remarquable que ce rapport ait été observé dans plusieurs charpentes anciennes et aussi dans celle du manége de Chambière à Metz, construite en 1819.

Les faits d'expérience d'après lesquels la règle empirique précédente a été établie, ne se rapportent qu'à des arcs en planches de champ. Mais comme on peut faire des arcs en bois plié où les boulons et les frettes soient assez multipliés, pour obtenir une résistance à la flexion, à peu près égale à celle des autres arcs, je proposerai, à défaut d'expériences spéciales sur ce genre de cintres, de leur appliquer cette même règle et de leur donner une épaisseur qui soit d'un quart en sus plus forte que celle des arbalétriers des fermes droites avec lesquels ils doivent être assemblés.

§ V. *Comparaison entre la résistance des charpentes en arc et celle des charpentes droites composées.*

Il est inutile de s'étendre sur des faits que le tableau du paragraphe IV met complétement en évidence. On voit que la charpente N° 15 dont le cube est de $0^{m.cub},405$ et qui coûterait 45 à 50[f], résiste deux fois mieux à la flexion que la ferme en arc N° 13 qui est la plus solide de toutes celles qui ont été mises en expérience, dont le cube est de $0^{m.cub},54$ et qui coûterait $92^{f},29$.

Il semble d'après cela que si les charpentes en arc conservent quelque avantage sur les fermes droites, c'est uniquement celui d'avoir une forme plus gracieuse, et que sous les rapports importants de la solidité et de l'économie, les premières sont très-inférieures aux autres.

§ VI. *Des circonstances les plus remarquables et les plus essentielles de la flexion et de la rupture des fermes droites simples.*

Un coup d'œil jeté sur la figure de la planche 14 suffit pour faire apercevoir que la manière dont s'opère la flexion des fermes droites simples, est tout-à-fait conforme aux indications de la théorie.

L'arbalétrier fléchit en prenant une courbure dont la convexité est tournée vers l'intérieur de la ferme; le poteau qui, dans le cas où son pied ne serait pas retenu à sa place, fléchirait dans le même sens que l'arbalétrier, est au contraire forcé de prendre une courbure en sens inverse, d'où il résulte que le point de jonction du poteau et de l'arbalétrier se déplace horizontalement et tendrait à se rapprocher du mur qui porterait la sablière et le pied des chevrons : il est facile de voir que ce déplacement sera toujours plus petit que l'abaissement du sommet de la ferme, et l'on calculera au plus haut en supposant que la première de ces deux quantités est double de la deuxième.

Si les assemblages des deux arbalétriers et de l'arbalétrier avec le poteau sont solidement établis, les angles en A et C restent constants, et l'arbalétrier résiste à la flexion comme une pièce encastrée en C et en A soumise à l'action d'un poids P sin α réparti uniformément sur sa longueur.

La jambe de force ou poteau, quand elle est verticale, supporte tout le poids de la demi-ferme qui agit sur elle pour la comprimer. De plus, elle est sollicitée à fléchir par une force égale à la poussée que la ferme exerce sur ses appuis et qui tend à la rompre au point où l'aisselier vient s'assembler avec elle. On peut donc l'assimiler à une pièce encastrée en C (Pl. 14), comprimée en M par la force $\frac{P}{2}$ et soumise au même point à l'action de la force Q, P étant le poids total de la ferme, et Q la poussée contre les appuis.

Quand la flexion de l'arbalétrier devient considérable, alors la plus grande partie du poids se reporte de l'arbalétrier sur l'aisselier et de cette pièce sur le poteau. Ce dernier est en outre tiré verticalement de bas en haut par l'action de l'arbalétrier qui tend à tourner autour de l'extrémité de l'aisselier; mais le poteau calculé de manière à résister aux efforts dont j'ai parlé ci-dessus, aura la force nécessaire pour supporter ces dernières actions que l'on ne cite que pour mémoire.

L'expérience prouve qu'en effet la ferme tend à se rompre simultanément en A, E, C et D (Fig. 8, Pl. 2); cette rupture s'est produite dans une expérience bien conduite où l'abaissement du sommet avait eu lieu à peu près exactement dans la verticale. Dans d'autres expériences où la ferme se jetait plus d'un côté que de l'autre, il n'y avait rupture qu'en C et D seulement (Fig. 8, Pl. 2).

§ VII. *Des circonstances les plus remarquables de la flexion et de la rupture des charpentes en arc et des charpentes droites composées.*

Lorsque le cintre a beaucoup plus de flexibilité que les arbalétriers, alors la ferme en arc composée de leur réunion ne résiste pas à la flexion ou à la rupture plus énergiquement que la ferme droite simple toute seule, et les circonstances de la flexion et de la rupture sont les mêmes que je viens de décrire dans le paragraphe précédent.

Si l'arc offre une assez grande rigidité pour soulager la ferme droite d'une partie du poids qu'elle supporte, alors l'arc plie et casse en même temps que la ferme droite. Les points de rupture de cette dernière sont néanmoins les mêmes que dans les cas précédents. L'arc casse aussi en deux points situés sur chacune des deux moitiés à 65° de la verticale du sommet, de la même manière que s'il était isolé de la charpente qui l'encadre. (Voir la planche 19.)

Les circonstances de la flexion et de la rupture des fermes droites composées sont les mêmes que celles qui se remarquent dans les expériences sur les fermes droites simples, et les points de cassure sont les mêmes. La résistance de ces charpentes soit à la flexion, soit à la rupture, est beaucoup plus énergique que celles des charpentes en arc les mieux construites. Elles ont donc sur ces dernières, l'avantage de l'économie et de la solidité. Enfin on peut les composer de telle manière qu'elles ne leur soient pas inférieures sous le rapport de l'élégance et de la régularité des formes apparentes. (Voir la planche 24.)

CHAPITRE NEUVIÈME.

RÉSUMÉ DES FAITS CONTENUS DANS LES CHAPITRES PRÉCÉDENTS, ET APPLICATION DES FORMULES RELATIVES A L'ÉTABLISSEMENT DES GRANDES CHARPENTES.

§ Ier. *Des poussées exercées par les fermes de charpente au niveau de leurs appuis.*

Parmi les résultats des expériences précédemment rapportées, les plus importants sont ceux qui établissent que, quelle que soit sa figure et le mode de sa construction, une ferme de charpente exerce toujours sur ses appuis des efforts dirigés horizontalement, et qu'elle tend à les renverser vers l'extérieur du bâtiment. Il n'y a que deux moyens de prévenir le renversement des murs qui soutiennent de grandes charpentes. Le premier est le plus efficace, c'est de réunir leurs pieds par un tirant en bois ou en fer. Le deuxième c'est de donner aux appuis une stabilité ou une résistance capable de faire équilibre à la poussée. La condition à remplir, c'est que le moment du poids du mur ou du pilier, pris par rapport à l'arête extérieure de sa base, soit égal au moment de la poussée de la charpente, pris par rapport à la même ligne.

Il n'est peut-être pas inutile d'ajouter que si le terrain est compressible, il faut que la résultante de la poussée horizontale, du poids du pilier et de la pression verticale qu'il supporte, passe par le centre de gravité de la base de la fondation et que par conséquent il est avantageux de donner à cette fondation des empatements à l'extérieur et non à l'intérieur comme on l'a fait quelquefois.

En jetant un coup-d'œil sur la figure 2, planche 5, on voit qu'en désignant par D l'espacement des fermes, par P le poids de chaque demi-ferme, par A la demi-largeur du bâtiment, par h la hauteur du mur depuis le niveau du pied des fermes jusqu'à la corniche, par e son épaisseur dans cette partie, par H la hauteur du mur depuis le sol jusqu'au pied des fermes et par E son épaisseur, par Q la poussée de la ferme, enfin par p le poids du mètre cube de maçonnerie, on doit avoir :

$$\frac{pD}{2}\left(e^2h+E^2H\right)+\frac{EP}{2}=QH, \quad \text{d'où} \quad E=-\frac{P}{2pDH}\pm\sqrt{\frac{P^2}{4p^2D^2H^2}+\frac{2Q}{pD}-\frac{e^2h}{H}}. \quad (A)$$

Il est à remarquer que h est fonction de l'angle que les arbalétriers de la ferme font avec la verticale. Si on désigne cet angle par ω, et par A le rayon du cintre supposé demi-circulaire; on aura

$$h = A \tan \tfrac{1}{2}\omega. \qquad \text{(Appendice N° 43.)}$$

L'égalité précédente (A) suppose, 1° que le mur se renversera tout d'une pièce entre deux fermes consécutives.

2° Qu'il n'y aura point de surcharge accidentelle, comme une chûte de neige, par exemple, ni de chocs comme ceux que le vent peut produire, et enfin avec ces deux conditions, elle ne donne que l'équilibre strict.

Or, l'expérience prouve qu'un mur pressé en un seul point par une force horizontale ne se rompt pas tout d'une pièce au tour de l'arête extérieure de sa base, mais suivant deux lignes inclinées, de manière qu'il se détache un triangle dont le sommet est sur le sol et la base au niveau du point d'application de la force, d'où il suit que le moment de la résistance du mur doit être à peu près divisé par 2. D'un autre côté, pour se mettre à l'abri des chocs et des charges accidentelles, il convient de doubler le moment de la poussée dans les calculs, et enfin il faut ajouter encore ce moment à lui-même pour que la résistance surpasse la poussée, car l'équilibre exact ne donnerait aucune sécurité.

Il convient donc d'écrire l'égalité précédente de cette manière :

$$\frac{pD}{4}\left(e^2h - E^2H\right) + \frac{EP}{2} = 3QH, \quad \text{on en tirera} \quad E = \frac{P}{pDH} \pm \sqrt{\frac{P^2}{p^2D^2H^2} + \frac{12Q}{pD} - \frac{e^2h}{H}}.$$

Pour faire quelques applications de cette formule, je supposerai des fermes dont les arbalétriers sont inclinés à trois de base sur deux de hauteur, et chargés de 400^{k} par mètre courant de leur projection horizontale, et j'admettrai que la maçonnerie pèse 2000^{k} le mètre cube, on aura alors :

$$p = 2000^{kil}, \quad \text{tang}\, \omega = 1,53, \quad \text{et par suite} \quad h = 0,61\,A.$$

On a d'ailleurs

$$P = 400\,A \quad \text{et} \quad Q = 0,42\,P = 168\,A.$$

Je prendrai, pour l'espacement des fermes, un terme moyen, et je ferai $D = 3,30$, et, par la substitution de ces nombres, la valeur de E deviendra

$$E = -0,06\,\frac{A}{H} \pm \sqrt{0,0036\,\frac{A^2}{H^2} + 0,3206\,R - 0,61\,\frac{Ae^2}{H}},$$

et donnera, à quelques centimètres près, attendu que les résultats ont été écrits en nombres ronds, le tableau suivant :

Tableau *des épaisseurs à donner aux murs d'enceinte des bâtiments d'une grande largeur, dont les combles sont portés par des fermes sans tirants.*

PORTÉE de la ferme en mètres. (1)	ESPACEMENT des fermes en mètres. (2)	HAUTEUR des pieds de la ferme au-dessus du sol. (3)	ÉPAISSEUR du mur depuis le sol jusqu'aux pieds de la ferme. (4)	ÉPAISSEUR du mur depuis les pieds de la ferme jusqu'à la corniche. (5)	LARGEUR de la fondation à un mètre au-dessous du sol. (6)	OBSERVATIONS.
m 24	m 3,30	m 3	m 1,62	m 0,60	m 2,01	
24	3,30	5	1,80	0,60	2,25	
20	3,30	3	1,40	0,50	1,75	
20	3,30	5	1,60	0,50	2,00	
16	3,30	3	1,35	0,40	1,70	
16	3,30	5	1,42	0,40	1,80	

On observera, relativement à l'emploi de la formule et de la table précédente, 1° que les épaisseurs qu'elles donnent pour les murs ne sont suffisantes que dans le cas d'un terrain à peu près incompressible. 2° Si le terrain est susceptible de céder sous le poids de la maçonnerie, il faudra, après avoir pris toutes les précautions convenables pour le raffermir, augmenter un peu la largeur de l'empatement de la fondation et peut-être même l'épaisseur du mur entre le sol et le pied des fermes; car pour peu que le pied du mur s'enfonce dans le terrain à l'extérieur, le bras de levier de la résistance diminuera considérablement. 3° Les épaisseurs données pour la partie du mur qui est au-dessus de la naissance des fermes jusqu'à la corniche, sont établies dans la supposition que cette portion du mur ne supportera aucune poussée. Il est donc tout-à-fait essentiel de diriger la construction de manière à éviter les efforts horizontaux ou obliques que la charpente peut exercer contre le sommet du mur, soit par suite du déplacement horizontal des points situés vers les reins du cintre, soit par suite de l'affaissement du sommet.

Pour se mettre en garde contre le premier effet, il faudra calculer d'avance approximativement la quantité dont les reins se déplaceront horizontalement, et incliner le poteau de la ferme droite vers l'intérieur du bâtiment, de manière qu'après que cet effet aura eu lieu complètement, le poteau se trouve à peu près vertical. Il sera toujours bon aussi de laisser du jour entre le parement intérieur du mur et l'extrémité des moises du poteau, et surtout il faudra bien se garder d'appuyer sur la maçonnerie l'extrémité inférieure de l'arbalétrier.

Pour empêcher que la charge de la couverture ne se porte en partie sur la corniche, et que les chevrons ne tendent à la pousser en dehors, je proposerai de poser d'abord la sablière d'une manière provisoire sur des cales d'une hauteur égale à la quantité dont on peut prévoir que s'abaissera le sommet de la ferme, à mesure que l'on posera la couverture et qu'on observera que la ferme s'affaisse, de retirer les cales et de laisser descendre la sablière de manière que les chevrons du comble portent en entier sur les pannes. Ces précautions sont essentielles à observer si l'on veut éviter le renversement de la partie supérieure du mur, accident qui s'est fait craindre dans trois occasions récentes venues à ma connaissance.

On trouvera, dans les paragraphes III et IV de ce chapitre, des formules et des tables d'où l'on pourra tirer les quantités dont les sommets des fermes droites ou des charpentes en arc s'abaissent par suite de la charge de la couverture, pendant leur construction. On doublera cette quantité pour parer aux surcharges accidentelles ou aux chocs imprévus. Le déplacement horizontal des reins de la ferme est d'ailleurs égal à la moitié de l'abaissement du sommet.

La formule relative aux poussées sur les appuis, et la table qui en est une application, peuvent servir aux fermes droites et aux fermes en arc. Le tableau suivant des épaisseurs des murs dans quelques bâtiments de 15^{m} à 25^{m} de largeur, aura sans doute par lui-même quelque intérêt. En le comparant à la table donnée ci-dessus, on verra que la formule que j'ai employée, fournit des résultats qui ne s'éloignent pas beaucoup des épaisseurs de mur adoptées dans la pratique.

DÉSIGNATION des bâtiments.	PORTÉE et espacement des fermes.	CHARGE par mèt. courant de la projecti. horizont. des arbalét.	HAUTEUR du pied des fermes au-dessus du sol.	ÉPAISSEURS du mur au niveau du pied des fermes	ÉPAISSEURS du pied des fermes à la corniche.	LARGEUR de l'empatement de la fondation	OBSERVATIONS.
	m	k	m	m	m	m	
Hangar de Marac. (Fig. 1, Pl. 26.)	P. 20,00 E. 5,00	456	5,00	1,20	0,60	0,05	
Manége de Libourne. (Voyez le N° 10 du Mémorial du génie.)	P. 21,00 E. 5,20	500	7,40	1,50	1,05	0,40	Vis-à-vis chaque ferme, il y a un contrefort en talus du sol à la corniche, dont l'épaisseur est 0,70 à moitié de la hauteur.
Manége de Saumur. (Fig. 1, Pl. 28.)	P. 25,00 E. 4,55	560	2,80	1,52	0,60	0,15	Les dimensions des murs n'ont pas suffi pour maintenir la poussée des fermes, mais il faut noter que le terrain était compressible.
Manége d'Aire. (Fig. 2, Pl. 27.)	P. 19,00 E. 3,25	390	1,80	1,80	1,00	0,10	A l'intérieur du manége d'Aire et de Saumur, la fondation des garde-bottes forme un empatement qui ne contribue pas à la stabilité du mur, autrement que par son poids.
Salle de manœuvres de l'école d'Application de l'artillerie et du genie à Metz. (Fig. 2, Pl. 26.)	P. 22,00 E. 6,50	650	5,00	les fermes portent s. des pil. de 1,20	0,50	0,00	Ces dimensions ayant paru insuffisantes, on a ajouté des contreforts vis-à-vis chaque ferme.
Bâtiment des forges de la marine, à l'arsenal de Cherbourg. (Fig. 1, Pl. 27.)	P. 17,00 E. 4,25	580	5,00	les fermes portent s. des pil. de 1,45 sur 1,40	0,65	0,00	Il y a eu quelques mouvements qui font présumer que les dimensions des murs et des piliers sont un peu faibles.
Manége de Chambière. (Fig. 5, Pl. 1.)	P. 18,00 E. 2,60	690	1,90	1,60	1,00	0,20	L'épaisseur de la fondation est de 2^{m},50.
Manége de l'école d'Application de l'artillerie et du génie (Fig. 2, Pl. 26).	P. 13,40 E. 0,70	60	5,00	0,70	0,50	0,00	Ce bâtiment est solide.

§ II. *Des différentes espèces de fermes que l'on peut employer pour la construction des grandes charpentes.*

Dans l'établissement d'une construction, il y a deux choses à considérer, d'abord la résistance ou la stabilité relative des différents systèmes, et secondement les frais de construction.

Les expériences rapportées dans le tableau du paragraphe II chapitre VIII, font voir qu'à égalité dans l'écarrissage, et par conséquent, déjà avec une moindre dépense, les fermes composées de pièces droites uniquement, comme les Nos 14 et 15, ont une grande supériorité de résistance sur les fermes de charpente en arc.

A la fin du paragraphe précédent, on a vu qu'il fallait donner au cintre un écarrissage d'un cinquième à un quart plus fort que celui des arbalétriers pour parvenir à établir une sorte d'homogénéité de résistance dans les deux parties de la ferme en arc. On sait d'ailleurs que le prix de la charpente ordinaire est à celui de la charpente de sciage comme 12 est à 19, il en résulte que les frais de construction sont à ceux d'une charpente droite de même force et de même grandeur, comme 93 est à 48, c'est-à-dire presque comme 2 est à 1.

On peut donc établir, d'après tout ce qui précède, que, sous le rapport de l'économie et sous celui de la solidité, ce n'est pas une combinaison heureuse que celle d'un cintre avec deux arbalétriers pour former une charpente en arc, et qu'il vaut mieux employer, soit une ferme ordinaire à la Palladio avec un tirant et des aiguilles pendantes en fer, soit une ferme composée de pièces droites, disposées si on le veut de manière à figurer à l'intérieur un intrados circulaire (Voyez Pl. 24). Ce sont les convenances de la construction qui doivent d'ailleurs décider du choix à faire entre ces deux derniers systèmes.

Je ne crois donc pas inutile de donner les formules au moyen desquelles on peut calculer les dimensions des parties en bois et en fer de la première des deux fermes dont je viens de parler ; je passerai ensuite à la deuxième ferme dont le calcul doit indispensablement précéder celui des charpentes en arc, par lequel je terminerai ce chapitre.

§ III. *Calculs des dimensions des parties en bois et en fer de la ferme droite à la Palladio.*

Les formules à employer pour les calculs des écarrissages des fermes droites ou en arc sont toutes très-simples, elles dérivent de considérations faciles à comprendre : on sait que dans un système de charpente, chaque pièce est en général exposée à deux genres d'efforts, les uns parallèles à la longueur de la pièce, les autres perpendiculaires à la longueur. Ces efforts quoique dirigés dans deux sens différents produisent cependant des effets du même genre ; car si les premieres compriment ou étendent directement les fibres de la pièce sur toute sa surface, les seconds en la faisant fléchir, allongent les fibres de la partie convexe et accourcissent celles de la partie concave, et quand la pièce se rompt en fléchissant, c'est encore par suite d'une compression ou d'une extension qui surpasse la résistance des fibres les plus étendues ou les plus comprimées.

Des expériences nombreuses ont été faites par divers ingénieurs pour déterminer exactement le poids qui, suspendu ou porté par une barre de différentes matières dont la section transversale est l'unité de surface, peut la rompre ou l'écraser, et ces poids sont bien connus. D'un autre côté, on admet que pour que les constructions offrent quelque sécurité, il ne faut les charger que d'une fraction du poids qui peut occasionner la rupture. Cette fraction n'est pas bien déterminée, quelques ingénieurs pensent que pour les constructions en charpente, on peut aller jusqu'au tiers de ce poids, d'autres, en plus grand nombre, veulent qu'on n'en prenne que le dixième. Un moyen terme entre ces deux limites, tel que le cinquième ou le septième paraît être le plus convenable.

En partant de ces données, pour arriver aux formules qui donnent l'écarrissage des pièces de charpente, on établit que le raccourcissement qu'éprouve la fibre la plus raccourcie par suite de la flexion, et de la compression directe, ne doit pas dépasser celui que produirait le plus grand effort auquel on veuille soumettre les fibres de la pièce, c'est-à-dire qu'en appelant s la section de la pièce, T la compression directe, F une force qui opérerait par compression directe sur la fibre de la pièce le même accourcissement que celui qu'éprouve la fibre la plus comprimée pendant la flexion, R' le plus grand effort de compression à faire supporter à chaque unité de la surface de la section transversale, E le poids capable de raccourcir la pièce d'une quantité égale à sa longueur, on doit avoir:

$$\frac{R'}{E} = \frac{T}{Es} + \frac{F}{E}.$$

De sorte que E disparaît de cette égalité, et qu'il n'y reste que la quantité R', qui soit relative à la nature de la substance de la pièce (voyez l'Appendice).

Il serait trop long d'entrer ici dans les calculs secondaires qui mènent aux formules que je vais rapporter, il me suffit d'en avoir indiqué les bases, je les transcrirai donc simplement en renvoyant, pour leur démonstration, aux N°s 38, 39 et 40 de l'Appendice.

Je désigne par P le poids total que supporte l'arbalétrier AM. (Fig. 1, Pl. 25), y compris le poids de la demi-ferme AMO, par P' et P'' les parties de ce poids que supportent respectivement les pièces AC et CM, par α l'angle que fait la droite AM avec la verticale, par a et b la largeur et l'épaisseur de la section normale, et par X la longueur de la projection horizontale de l'une ou de l'autre des pièces **AC** et **CM**, enfin par **R'** le plus grand effort de compression ou de traction qu'on veuille faire supporter par mètre carré, à la matière dont les diverses pièces de la ferme sont composées.

Cela posé, on aura pour calculer l'écarrissage de ces pièces, les formules suivantes dans lesquelles les deux dimensions sont supposées être en mètres.

Arbalétrier supérieur............. $ab^2 = \frac{P'}{R'}\left[\frac{5}{8}\left(\frac{1+\cos^2\alpha}{2\cos\alpha}\right)b + \frac{3X}{2}\right]$,

Arbalétrier inférieur.............. $ab^2 = \frac{1}{R'}\left[P.\left(\frac{1+\cos^2\alpha}{2\cos\alpha}\right)b + \frac{3P''X}{2}\right]$,

Pour le tirant on aura la formule $ab^2 = \frac{1}{R'}\left(\frac{5P\,\text{tang}\,\alpha}{4} + \frac{3}{4}p\,s\,X^2\right)$.

Dans cette dernière formule, p est le poids du mètre cube de fer. **X** la longueur **AB'** ou **OD** comprise entre deux points d'appui du tirant en fer. **P**, *s* et **R'** ont les mêmes significations que dans les deux autres.

La table suivante contient l'application de cette formule à des fermes inclinées à 3 de base sur 2 de hauteur, et dont les arbalétriers supportent une charge qui est de 400k par mètre courant de leur projection horizontale. **L'**entrait est toujours placé au tiers de la hauteur de la ferme à partir du faîte. (Voir la **Fig. 1**, **Pl. 25.**)

Table *des portées et des écarrissages des fermes à la Palladio, avec tirants et aiguilles pendantes en fer, représentées figure* **1**, *planche* 25.

PORTÉE de la ferme en mètres.	ÉCARRISSAGE DES PIÈCES EN BOIS EXPRIMÉ EN MÈTRES.				DIMENSIONS DES PARTIES EN FER EXPRIMÉES EN MÈTRES.	
	L'arbalétrier supérieur	L'arbalétrier inférieur.	L'entrait.	Les contrefiches.	Écarrissage du tirant.	Diamètre des aiguilles pendantes.
24	0,20 0,26	0,30 0,44	0,30 0,30	0,15 0,15	0,025 0,061	0,025
22	0,18 0,25	0,30 0,42	0,30 0,30	0,14 0,14	0,025 0,057	0,025
20	0,17 0,24	0,27 0,38	0,27 0,27	0,13 0,13	0,021 0,061	0,021
18	0,16 0,23	0,26 0,36	0,26 0,26	0,12 0,12	0,021 0,058	0,021
16	0,15 0,21	0,24 0,33	0,24 0,24	0,11 0,11	0,015 0,063	0,015
14	0,14 0,19	0,22 0,30	0,22 0,22	0,10 0,10	0,015 0,059	0,015

Il y a quelques observations à faire au sujet de l'établissement de cette ferme.

1° Les écarrissages donnés par la table sont assez forts pour être suffisants dans la plupart des cas, à moins qu'on n'ait à craindre une surcharge considérable.

2° On peut composer l'arbalétrier inférieur de deux morceaux réunis par des crans à crémaillères tracés comme l'indique la figure 3, planche 25, ou simplement par des boulons.

3° En montant la ferme, il faudra donner une certaine tension au tirant en fer et aux aiguilles. Les contrefiches maintiendront bien ces dernières, mais le tirant doit être serré fortement, et si on le met en place, par un temps froid, il faut la raccourcir à mesure que la température s'élève. C'est ce qu'on pourra faire facilement en ménageant dans un ou deux points de cette pièce en fer, un anneau mobile dit *touret* représenté par la figure 4, planche 25, ou un mouffle.

La formule suivante, due à M. Navier, Leçons sur l'application de la mécanique à la stabilité des constructions, deuxième édition, N° 341, page 214 (voyez aussi le N° 40 de l'Appendice), donne le moyen de calculer le maximum de la tension à laquelle sont exposées les pièces en fer employées comme tirants, par suite des variations de la température; cette tension maximum ne doit pas dépasser 12 000 000^k par mètre carré.

Si on appelle s la section transversale d'une pièce en fer, T la plus petite tension qu'elle doit supporter pour faire la fonction à laquelle elle est destinée, t la tension qu'on lui fait éprouver quand on la met en place, V la plus haute et V' la plus basse température à laquelle elle puisse être exposée, v la température au moment de la mise en place, $\delta = 0{,}00112$, la dilatation linéaire du fer pour un degré centigrade de chaleur, $E = 20\,000\,000\,000$, le coëfficient d'élasticité du fer; $R' = 6\,000\,000^k$ le plus grand effort de traction qu'on puisse lui faire supporter avec sécurité par mètre carré de surface; la tension t doit être comprise entre les deux valeurs suivantes :

$$t = T + \delta(V - v)Es, \qquad t = R's - \delta(v - V')Es,$$

d'où

$$s = \frac{T}{R' - \delta(V - v')E}. \qquad (A)$$

(s sera exprimé en mètres carrés.)

Il faudra que s, calculé d'après la formule donnée ci-dessus pour le tirant (page 83), ou pris dans la table, soit tel, que si on substitue cette valeur dans la formule (A) et qu'on en tire la valeur de R', on ne trouve pas R' plus grand que 12 000 000^k. (Voir l'Appendice N° 40.)

4° Il sera nécessaire de contreventer solidement les fermes pour les contenir dans leur plan vertical primitif. C'est là l'objet des liernes indiquées dans le profil (Fig. 2, Pl. 25.)

§ IV. *De l'écarrissage à donner aux fermes droites simples sans tirants, représentées planche* 14. (Voir l'Appendice N° 49.)

Je supposerai d'abord qu'on veuille faire le projet d'une ferme droite simple comme celles dans lesquelles on encadre les cintres pour composer une charpente en arc, et je renverrai au paragraphe VI du chapitre VIII pour les indications sur la manière dont s'opèrent la flexion et la rupture dans ce genre de ferme.

En partant de ces données, on arrive aux formules suivantes qui servent à déterminer l'écarrissage des arbalétriers AN et du poteau CN.

En appelant P le poids total porté par l'arbalétrier, ω l'angle que cette pièce fait avec la verticale, X sa longueur, l la largeur et h la hauteur de la section transversale ; X′ la longueur en mètres du poteau ; l' et h' les côtés de sa section ; Q la poussée exercée par les pieds de la ferme sur chacun de ses appuis ; R′ le plus grand effort de compression qu'on veuille faire supporter au bois par unité de surface ; on aura pour calculer l'écarrissage de l'arbalétrier et du poteau, les deux formules suivantes :

Pour l'arbalétrier.. $$lh^2 = \frac{P}{R'}\left(h\cos\omega + \frac{3X\sin\omega}{4}\right), \qquad (m)$$

X, l et h seront exprimés en mètres, P et R′ en kilogrammes ;

Pour le poteau..... $$l'h'^2 = \frac{Ph' + 6QX'}{R'}, \qquad (n)$$

X′, l' et h' seront exprimés en mètres, P et R′ en kilogrammes.

Les valeurs de Q ont été données dans le paragraphe V du chapitre III.

Tant que tang ω reste compris entre 1 et 2 on peut, en nommant A la demi-ouverture de la ferme, faire $Q = 0{,}42\,P$, $X\sin\omega = 0{,}97\,A$, $X' = 0{,}55\,A$.

On peut supposer aussi que $l = \frac{5}{7}h$, et admettre que $h\sin\omega$ soit négligeable devant $\frac{3X\sin\omega}{4}$, et qu'il en est de même de h' par rapport à $\frac{6Q}{P}X'$. Enfin pour des fermes en charpente de sapin on peut faire $R' = 700\,000$. Les formules précédentes se réduisent alors, en nombres ronds, à

Celle relative à l'arbalétrier à $h^3 = 0{,}000001\,PA$;
Celle relative au poteau à $h^3 = 0{,}000003\,PA$.

On peut appliquer ces formules au calcul de l'écarrissage des fermes simples dont l'inclinaison sur l'horizon est comprise entre deux de base sur un de hauteur, et un de base sur un de hauteur.

Je vais, pour exemple, calculer (au moyen des formules m et n) l'écarrissage des fermes de ce genre, dont l'arbalétrier est chargé de 200 kilogrammes par mètre courant de sa projection horizontale et dont la portée est de 14 à 24 mètres.

PORTÉE de la ferme exprimée en mètres.	ÉCARRISSAGE EXPRIMÉ EN MÈTRES		
	de l'arbalétrier.	de chacune des deux moitiés du poteau moisé.	de l'aisselier et de l'entrait.
24	0,23 et 0,33	0,125 et 0,42	0,18 et 0,18
22	0,22 et 0,32	0,125 et 0,39	0,18 et 0,18
20	0,21 et 0,31	0,125 et 0,38	0,16 et 0,16
18	0,20 et 0,30	0,125 et 0,38	0,16 et 0,16
16	0,19 et 0,29	0,125 et 0,36	0,14 et 0,14
14	0,19 et 0,28	0,125 et 0,35	0,12 et 0,12

§ V. *De l'écarrissage des fermes droites composées comme celle représentée planche 22 et planche 24.*

Je me suis servi des mêmes formules pour calculer les écarrissages des pièces des fermes droites composées, dont les arbalétriers sont inclinés à 3 de base sur 2 de hauteur, et chargés de 400^k par mètre courant de leur projection horizontale, en partageant l'épaisseur trouvée pour l'arbalétrier, entre cette pièce et le renfort qui la double en M. (Pl. 24). J'ai de même appliqué les dimensions de la section donnée pour le poteau à l'ensemble de cette pièce et de la jambe de force. Il serait possible de diminuer quelque chose des dimensions de ces pièces, en raison de ce que le poteau, et la jambe de force écartés l'un de l'autre et moisés, résisteront mieux que s'ils étaient jointifs; mais, comme des flexions très-faibles peuvent altérer l'élasticité du bois et que l'on ne peut jamais compter assez sur la perfection des assemblages pour être assuré que toute la ferme résistera dès les premiers instants à l'action du poids qui la charge, il convient, pour prévenir les effets du tassement, de donner à l'arbalétrier et au poteau, un peu plus de solidité qu'il n'est strictement nécessaire.

TABLE *des écarrissages des fermes droites composées comme celle que représentent les figures des Pl. 22 et 24, les arbalétriers étant inclinés à 3 de base sur 2 de hauteur, et chargés de 400^k par mètre courant de leur projection horizontale.*

PORTÉE de la ferme en mètres.	ÉCARRISSAGE EN MÈTRES			
	de l'arbalétrier.	des sous-arbalétriers et aisseliers.	de chacune des moises des poteaux.	de la jambe de force.
24	0,20 et 0,25	0,20 et 0,20	0,125 et 0,25	0,20 et 0,25
22	0,20 et 0,22	0,20 et 0,20	0,125 et 0,22	0,20 et 0,25
20	0,20 et 0,20	0,20 et 0,20	0,125 et 0,20	0,20 et 0,25
18	0,15 et 0,20	0,15 et 0,20	0,125 et 0,18	0,15 et 0,15
16	0,15 et 0,18	0,15 et 0,15	0,120 et 0,16	0,15 et 0,15
14	0,15 et 0,15	0,15 et 0,15	0,120 et 0,15	0,15 et 0,15

Les précautions à observer dans l'établissement de ces fermes sont en petit nombre, elles se réduisent à adopter des modes d'assemblage qui n'affaiblissent pas les pièces. Je crois qu'il conviendrait de restreindre au strict nécessaire les entailles à mi-bois, de substituer aux tenons et aux mortaises de simples *embrèvements* consolidés par un ou deux forts boulons, et de faire passer les moises sur ces assemblages. Il est bon d'intercaler des feuilles de plomb entre les joints de deux pièces qui doivent être pressées l'une contre l'autre par un effort considérable, afin d'éviter l'écrasement des fibres du bois.

§ VI. *Des calculs relatifs à l'établissement des arcs en charpente.*

Pour faire le projet d'un arc en charpente destiné à porter un fardeau distribué d'une manière quelconque, il faut connaître 1° l'écarrissage qu'il devra avoir pour résister aux efforts qui agiront sur lui ; 2° la flèche de courbure qu'il prendra par l'action de la charge.

Les deux tables suivantes contiennent les valeurs de toutes ces quantités ; voici la signification des lettres qui entrent dans les formules qu'elles contiennent. A est le rayon moyen du cintre demi-circulaire ; X la moitié de la corde et Y la montée d'un arc surbaissé. P est le poids total porté par l'arc entier ; Q la poussée horizontale sur les appuis au niveau des naissances ; f l'abaissement vertical du point où la charge est suspendue, quand elle est réunie en un seul point, ou l'abaissement au sommet, quand elle est uniformément répartie sur l'arc. *a* et *b* sont la largeur et la hauteur de la section du cintre, quand elle est rectangulaire ; *r* le rayon de cette section, quand elle est circulaire ; R' le plus grand effort de compression que l'on puisse faire supporter, par unité de surface, à la matière dont le cintre ou l'arc doivent être composés ; E le module d'élasticité spécifique des arcs ou des charpentes. (Voir § VII, chap. VII.)

$$\text{Pour les arcs en charpente on fera} \begin{cases} R' = 500\,000^{k} \\ E = 500\,000\,000^{k} \end{cases}$$

$$\text{Pour les arcs en fer fondu ou forgé} \begin{cases} R' = 5\,000\,000^{k} \\ E = 12\,000\,000\,000^{k} \end{cases}$$

TABLEAU *des formules relatives aux cintres demi-circulaires.*

MODE de répartition de la charge.	VALEUR de la poussée au niveau des naissances.	ABAISSEMENT du sommet ou du point de suspension du poids en mètres.	ÉCARRISSAGE EN MÈTRES DES CINTRES dont la section est rectangulaire.	dont la section est circulaire.
Répartie uniformément sur la circonférence du cintre.	0,16P	$0,051\frac{PA^3}{Eab^3}$	$ab^2=\frac{P}{R'}(0,599b+0,27A)$	$r^3=\frac{P}{R'}(0,124r+0,062A)$
Répartie uniformément par rapport à une ligne horizontale.	0,22P	$0,084\frac{PA^3}{Eab^3}$	$ab^2=\frac{P}{R'}(0,680b+0,25A)$	$r^3=\frac{P}{R'}(0,200r+0,044A)$
Suspendue au sommet.	0,32P	$0,222\frac{PA^3}{Eab^3}$	$ab^2=\frac{P}{R'}(0,597b+0,55A)$	$r^3=\frac{P}{R'}(0,200r+0,212A)$
Suspendue au-dessus du milieu du rayon.	0,28P	$0,174\frac{PA^3}{Eab^3}$	Comme la précédente.......	Comme la précédente.

TABLEAU *des formules relatives aux arcs surbaissés.*

MODE de répartition de la charge.	VALEUR de la poussée au niveau des naissances.	ABAISSEMENT du sommet en mètres.	ÉCARRISSAGE des arcs en mètres.	OBSERVATIONS communes aux deux tables.
Le poids suspendu au sommet.	$0,39\frac{PX}{Y}$	$0,0469\frac{PX^3}{Eab^3}$	$ab^2=\frac{PX}{2R'}\left(\frac{b}{Y}+3,50\right)$ $\pi r^3=\frac{PX}{2R'}\left(\frac{r}{Y}+2,33\right)$	ab est la surface du rectangle et πr^2 la surface du cercle de la section transversale. A, X, Y doivent être exprimés en mètres, P et R' en kilog. a, b et f seront des nombres de mètres, Q un nombre de kilogrammes.
Le poids réparti uniformément sur la circonférence de l'arc.	$0,25\frac{PX}{Y}$	$3,60\frac{PY^2X}{Eab^3}$ *	$ab^2=\frac{PX}{2R'}\left(\frac{b}{Y}+3,00\right)$ $\pi r^3=\frac{PX}{2R'}\left(\frac{b}{Y}+2,00\right)$	P est le poids total porté par l'arc ou par le cintre. π le rapport de la circonférence au diamètre $=3,1415$.

Comme application de ces formules, on trouvera ici une table des dimensions à donner à des arcs demi-circulaires en charpente chargés de 200[k] par mètre courant de leur diamètre, avec les flèches de courbure qu'ils prendront sous cette charge.

* Y ne doit pas dépasser $\frac{X}{10}$.

DIAMÈTRE de l'arc en mètres.	ÉCARRISSAGE de l'arc en mètres.	ABAISSEMENT vertical du sommet en mètres.	DÉPLACEMENT horizontal des reins en mètres.	OBSERVATIONS.
24	$0,29^{m}$ et $0,41^{m}$	$0,070^{m}$	$0,040^{m}$	Les nombres compris dans les deux dernières colonnes ne représentent que les abaissements du sommet que produirait la flexion dans un arc composé d'une seule pièce, mais il y aura un abaissement produit par le resserrement des assemblages qu'il est difficile d'évaluer à priori.
22	0,26 et 0,37	0,055	0,027	
20	0,25 et 0,33	0,040	0,020	
18	0,22 et 0,32	0,030	0,015	
16	0,22 et 0,31	0,024	0,012	
14	0,21 et 0,29	0,020	0,010	

§ VII. *De l'écarrissage à donner aux différentes pièces des fermes de charpente en arc.*

Si on se rappelle que dans le paragraphe IV du chapitre VIII, on a fixé le meilleur rapport à établir entre les dimensions de la section des arbalétriers et de celle du cintre, on n'éprouvera aucune difficulté à établir le projet d'une ferme de charpente en arc. La marche à suivre se réduira en effet : à calculer les dimensions de la ferme droite simple comme si elle devait porter un poids égal à la moitié de la charge totale que la ferme en arc doit supporter, puis à donner à l'arc une épaisseur qui surpasse d'un quart celle de la section transversale de l'arbalétrier ; la largeur étant d'ailleurs supposée égale dans l'un et dans l'autre.

On peut de cette manière dresser facilement une table des dimensions des diverses pièces qui entrent dans la composition d'une ferme de charpente en arc, dont les arbalétriers sont inclinés à trois de base sur deux de hauteur, et chargés de 400^{k} par mètre courant de leur projection horizontale.

PORTÉE des fermes en mètres.	ÉCARRISSAGE EN MÈTRES					ABAISSEMENT vertical du sommet de la ferme en mètres.	DÉPLACEMENT horizontal du sommet du poteau en mètres.
	de l'arc.	de l'arbalétrier.	de la moitié des moises du poteau.	de l'aisselier ou entrait.	de la moitié d'une moise pendante.		
24	0,20 et 0,40	0,20 et 0,32	0,12 et 0,41	0,16 et 0,16	0,15 et 0,12	0,04	0,020
22	0,20 et 0,37	0,20 et 0,30	0,12 et 0,35	0,16 et 0,16	0,15 et 0,12	0,03	0,015
20	0,20 et 0,35	0,20 et 0,28	0,12 et 0,32	0,16 et 0,16	0,15 et 0,10	0,03	0,015
18	0,15 et 0,33	0,15 et 0,28	0,12 et 0,30	0,12 et 0,12	0,15 et 0,10	0,03	0,015
16	0,15 et 0,30	0,15 et 0,26	0,12 et 0,27	0,12 et 0,12	0,12 et 0,08	0,02	0,010
14	0,15 et 0,27	0,15 et 0,22	0,12 et 0,22	0,10 et 0,10	0,12 et 0,08	0,02	0,010

On doublera les nombres contenus dans les deux dernières colonnes, pour tenir compte du tassement produit par le resserrement des assemblages.

La précaution la plus essentielle à observer dans la composition des fermes de charpente en arc, c'est de composer les arcs de manière qu'ils aient le plus de raideur possible, car leur flexibilité est une cause de destruction pour l'édifice, par suite des poussées qu'elle engendre. Si on adopte les arcs en bois plié, il faut employer les lames les plus longues et les plus épaisses que l'on pourra se procurer ; prodiguer les frettes et les boulons, éviter d'avoir des joints entre deux morceaux de lames consécutifs sur les reins à l'extrados, ou au sommet à l'intrados, et augmenter le nombre des lames vis-à-vis le point de la plus grande flexion qui est au tiers du demi-arc à partir du pied.

Si on construit des arcs en planches de champ, il faut adopter le système de M. Lacaze, se servir de madriers de chêne et renforcer les assemblages par des frettes et des boulons.

Si l'arc, quelle que soit sa construction, montre de la flexibilité, il faut le réunir aux arbalétriers par des moises normales à l'arc, parce que cette disposition donne plus de fixité aux assemblages et qu'elle fait porter le poids principalement sur les arbalétriers.

Si l'arc a de la raideur et de la solidité, on mettra les moises verticales, parce qu'alors le poids se partage à peu près également entre l'arc et les arbalétriers, et se répartit plus uniformément sur toute la ferme.

FIN DU MÉMOIRE.

APPENDICE AU MÉMOIRE

SUR LES

CHARPENTES A GRANDE PORTÉE.

THÉORIE DE LA FLEXION DES CORPS PRISMATIQUES DONT L'AXE MOYEN EST UNE DROITE OU UNE COURBE PLANE.

1. Nous ne reviendrons pas ici sur les notions générales et sur les définitions données dans le texte du Mémoire (chapitre VI, § II). Nous supposons donc que l'on sait ce que c'est que le coëfficient E d'élasticité, le coëfficient R de rupture et la limite R' des charges permanentes. Nous allons nous occuper de chercher les relations analytiques au moyen desquelles on peut : 1° connaissant les dimensions d'un corps prismatique, l'intensité, la direction et les points d'application des forces extérieures qui le sollicitent, *calculer les déplacements dans le sens vertical et dans le sens horizontal de l'un quelconque de ses points,* et 2° connaissant seulement la longueur du prisme, la figure de son axe et les efforts qu'il aura à supporter, *déterminer son écarrissage de manière qu'il puisse résister convenablement, et pendant un temps suffisamment long, à ces efforts.*

2. Les Forces *dirigées tangentiellement à la courbe de l'axe moyen, ne servent qu'à comprimer ou à allonger les fibres dans le sens de leur longueur et ne contribuent pas à la flexion.* Faisons d'abord une remarque essentielle relativement à l'action des forces extérieures sur le corps prismatique auquel elles sont appliquées.

Ces forces peuvent être parallèles à l'axe moyen, ou normales ou obliques à cet axe. Si elles sont obliques, on pourra toujours, quelque point de l'axe que l'on considère, ramener celles qui agissent en ce point à deux composantes, l'une parallèle à la direction des fibres, et l'autre perpendiculaire à la tangente en ce point.

La première de ces forces ne pourra produire qu'une compression, et il se développera des forces moléculaires capables de lui faire équilibre, la seconde seule agira pour produire la flexion ; en sorte que, quelle que soit la direction de la résultante des forces extérieures, les forces moléculaires, développées par la flexion, n'ont jamais à faire équilibre qu'à des efforts perpendiculaires à la direction des fibres.

Les compressions produites par les composantes parallèles à la tangente à l'axe moyen, ne sont jamais assez grandes pour altérer sensiblement la figure primitive du corps ; du moins, tant que les efforts que ceux-ci supportent, ne dépassent pas les limites indiquées précédemment pour la valeur de R′ (§ II, chap. VI du Mémoire). Nous ferons donc, dans ce qui va suivre, abstraction des accourcissements opérés par les forces tangentielles, et nous nous bornerons à considérer les variations de figures produites par la flexion et dues à l'action des forces normales aux fibres. Il est bien entendu toutefois que lorsqu'il s'agira de calculer les dimensions à donner à une pièce prismatique, pour qu'elle résiste convenablement aux efforts qui lui seront appliqués, nous tiendrons compte des compressions de toute espèce que ces efforts lui font éprouver.

3. Conditions de l'équilibre *entre les forces moléculaires et les forces extérieures qui tendent à opérer la flexion.* Considérons donc un solide prismatique MN (Fig. 1, Pl. 29) dont l'axe moyen est une droite, ou un arc de cercle, ou en général une courbe plane. Supposons-le 1° encastré par son extrémité M, de telle sorte, que pendant la flexion la tangente en M à l'axe moyen, reste toujours horizontale, 2° sollicité à fléchir par des poids répartis d'une manière quelconque de M en N, et égaux à p sur l'unité de longueur, et par deux forces P et Q verticale et horizontale appliquées à l'extrémité N de l'axe moyen.

Soit $ma'na$ (Fig. 2, Pl. 29) le rabattement d'une section quelconque mn faite dans le solide par un plan normal en o (Fig. 1) à l'axe moyen; et soit aa' (Fig. 2) la trace sur cette section de la surface cylindrique des fibres invariables. Pour l'équilibre de la partie oN (Fig. 1) du solide, il faut que les forces moléculaires développées dans la tranche mn (Fig. 1) du solide, fassent équilibre à la composante normale à la tangente en o de l'axe moyen, de toutes les forces extérieures; et par conséquent 1° que les extensions et compressions des fibres aient fait naître dans cette section des forces normales à la tangente ot (Fig. 1) dont la somme égale la composante des forces extérieures normales aussi à cette tangente ; 2° que la somme des forces parallèles à la tangente ot, produite par les tensions et compressions dues à la flexion soit nulle, puisque l'effet de la composante des forces extérieures, parallèle à la tangente ot, est de produire d'autres compressions qui lui font équilibre et qu'elle ne peut contribuer à la flexion ; 3° que la somme des moments des forces moléculaires pris par rapport à l'axe aa' (Fig. 2) des fibres invariables, soit égale à celle des moments des forces extérieures pris par rapport au même point.

Voyons d'abord ce que seront ces forces moléculaires, en admettant les hypothèses ci-après : 1° que les allongements et accourcissements des fibres seront directement proportionnels à la distance de chacune des fibres à l'axe d'élasticité, et à l'amplitude de l'angle de contingence; 2° que les résistances moléculaires sont proportionnelles aux allongements ou accourcissements des fibres, à la section transversale de chaque fibre et au module d'élasticité.

Rapportons les différents points de la section $ma'na$, à l'axe aa' pour ligne des abscisses u et à une perpendiculaire aV à cet axe pour ligne des ordonnées v. Une fibre quelconque située à la distance v de l'axe aa' aura pour surface $dudv$.

Or si on nomme :

E le module d'élasticité de la substance du corps,

φ et φ' les angles que font avec la verticale les normales au point o de l'axe moyen avant et après la flexion (Fig. 3),

s la longueur invariable de la courbe MN,

ds une partie infiniment petite de cette courbe,

la longueur de la fibre située à la distance v de l'axe moyen sera, avant la flexion

$$ds + vd\varphi,$$

après la flexion cette longueur sera devenue

$$ds + vd\varphi',$$

en sorte que l'allongement que subira la même fibre par l'effet de la flexion, sera par unité de longueur

$$v.\frac{d\varphi' - d\varphi}{ds + vd\varphi}$$

et par suite la résistance qu'elle opposera à la flexion dans le sens de la tangente ot sera

$$\mathrm{E}\frac{d\varphi' - d\varphi}{ds + vd\varphi}.v.dudv \quad \text{ou} \quad \mathrm{E}\frac{d\varphi' - d\varphi}{ds}.v.dudv,$$

en négligeant $vd\varphi$ par rapport à ds.

Par conséquent, si on désigne

par b la plus grande valeur de u,

par a la plus grande valeur de v, comptée au-dessus de aa',

par a' la plus grande valeur de v, comptée au-dessous de aa',

la somme des résistances des fibres étendues et des fibres comprimées sera

$$\mathrm{E}\frac{d\varphi' - d\varphi}{ds}\left(\int_0^b du \int_0^a vdv + \int_0^b du \int_0^{a'} vdv\right).$$

Or cette somme doit être nulle (N° 2), donc

$$\int_0^b du \int_0^a vdv + \int_0^b du \int_0^{a'} vdv = 0.$$

Cette condition indique que l'axe aa' est un des axes principaux de rotation de la section $ma'na$, il passe donc par le centre de gravité de cette section, ce qui détermine sa position.

4. Ce que c'est *que le moment d'élasticité de la section transversale d'un corps.* Les sommes des moments des forces moléculaires dirigées parallèlement à la tangente ot pris par rapport à l'axe aa' seront

$$\mathrm{E}\frac{d\varphi' - d\varphi}{ds}\left(\int_0^b du \int_0^a v^2dv + \int_0^b du \int_0^{a'} v^2dv\right);$$

la partie comprise entre la parenthèse n'est autre chose que le moment d'inertie de la surface $ma'na$ par rapport à l'axe aa'. Si le corps est prismatique le produit

$$\mathrm{E}\left(\int_0^b du \int_0^a v^2dv + \int_0^b du \int_0^{a'} v^2dv\right)$$

sera une quantité constante, quelle que soit la section transversale du corps que l'on considère. On représentera par ε ce produit, que l'on nomme improprement *moment d'élasticité*, de la section normale du solide.

L'expression de la somme des moments des forces moléculaires, parallèles à la tangente *ot*, sera donc simplement

$$\varepsilon \cdot \frac{d\varphi' - d\varphi}{ds}.$$

On négligera la somme des moments des forces moléculaires perpendiculaires à la tangente *ot*, parce que, comme il est aisé de le voir, tant que la flexion est très-petite, ce que nous supposerons toujours, et que la longueur du prisme sera considérable par rapport à la plus grande dimension de sa base, la somme des moments des forces moléculaires dirigées dans le plan de *ma'na* est très-petite par rapport à celle des moments des forces dirigées dans le sens perpendiculaire à ce plan.

5. Equations générales *de l'équilibre d'un corps fléchi par des forces extérieures.* Maintenant, nommons

x et y les coordonnées du point *o* de l'axe moyen par rapport au point **M** pris pour origine,

u l'abscisse d'un point m' pris quelque part entre *o* et **N**, sur le même axe,

X et **Y** les coordonnées du point **N**, extrémité libre de l'axe moyen, prises aussi par rapport au point **M** comme origine,

comptons les abscisses horizontalement et les ordonnées verticalement, la somme des moments des forces extérieures par rapport à l'axe des fibres invariables de la section *mn*, lequel se projette en *o* (Fig. 1), sera

$$P(X - x) + Q(Y - y) + \int_{u=x}^{u=X} p(u - x)\,ds$$

et d'après ce qui a été dit précédemment (Nos 3 et 4), l'équation d'équilibre, relative à la résistance à la flexion du solide **MN** sera

$$\varepsilon \frac{d\varphi' - d\varphi}{ds} = P(X - x) + Q(Y - y) + \int_{u=x}^{u=X} p(u - x)\,ds.$$

Dans le cas où le solide est un prisme droit, à arêtes rectilignes, φ sera nul ainsi que $d\varphi$, et en appelant r le rayon de courbure de l'axe moyen de la pièce après la flexion, on pourra poser

$$\frac{d\varphi'}{ds} = \frac{1}{r},$$

et d'après l'expression connue de la valeur du rayon de courbure,

$$\frac{d\varphi'}{ds} = \frac{\dfrac{d^2y}{dx^2}}{\left[1 + \left(\dfrac{dy}{dx}\right)^2\right]^{\frac{3}{2}}}.$$

Mais attendu que dans la pratique des constructions, on suppose toujours que la flexion des pièces de charpente reste très-petite, $\frac{dy}{dx}$ sera toujours assez petit pour qu'on puisse négliger son quarré, et écrire $\frac{d\varphi}{ds}=\frac{d^2y}{dx^2}$. L'équation d'équilibre relative à la résistance à la flexion devient alors, à cause que $ds = du$,

$$\varepsilon\frac{d^2y}{dx^2} = P(X-x) + Q(Y-y) + \int_{u=x}^{u=X} p(u-x)\,du.$$

6. Expression des moments d'élasticité *des diverses figures que l'on donne à la base des corps prismatiques employés dans les constructions.* Puisque la détermination de la valeur que prend le coëfficient ε se réduit à celle du moment d'inertie de la section normale du solide, pris par rapport à une ligne horizontale, passant par le centre de gravité, il est clair que cette détermination dépend de la mécanique rationnelle. Ce serait donc allonger inutilement l'exposé de la théorie de la flexion des solides prismatiques que d'entrer ici dans le calcul des valeurs que prend le coëfficient ε quand la base du prisme est un rectangle, un cercle ou toute autre figure. Nous allons donner ces valeurs toutes calculées, en renvoyant, pour plus de détails, au Cours de M. Persy sur la stabilité des constructions (quatrième édition, juillet 1834, lithographie de l'école d'Application de l'artillerie et du génie à Metz, pag. 79 et suivantes), où la théorie des axes et moments d'élasticité est exposée d'une manière complète.

7. Pour un rectangle dont la base est a et la hauteur b,

1° En supposant que le prisme soit posé de manière que la base a soit horizontale, (Fig. 4, Pl. 29), on a

$$\varepsilon = \tfrac{1}{12}Eab^3,$$

2° Si le côté a fait avec l'horizon un angle α (Fig. 5, Pl. 29)

$$\varepsilon = \frac{E}{12}ab(a^2\sin^2\alpha + b^2\cos^2\alpha).$$

8. Pour un carré $a = b$ alors quelle que soit la position du prisme ou quel que soit l'angle que les côtés de la section normale fassent avec l'horizon

$$\varepsilon = \tfrac{1}{12}Ea^4.$$

9. Pour un cercle dont le rayon est r, en désignant par π le rapport de la circonférence au diamètre, on a

$$\varepsilon = \tfrac{1}{4}E\pi r^4.$$

10. Pour une ellipse dont l'un des demi-axe a est horizontal et l'autre demi-axe b vertical

$$\varepsilon = \tfrac{1}{4}E\pi ab^3.$$

11. Pour un triangle qui peut se décomposer en deux autres triangles rectangles dont la base est b et la hauteur a, on a 1° quand les bases a sont placées verticalement (Fig. 6, Pl. 29)

$$\varepsilon = \frac{Ea^3b}{6},$$

2° Quand la hauteur b est verticale (Fig. 7, Pl. 29)

$$\varepsilon = \frac{\mathrm{E}ab^3}{18}.$$

12. Le moment d'un tuyau est la différence des moments de deux cylindres concentriques; r' et r'' étant les rayons extérieur et intérieur du tuyau, ce moment sera

$$\varepsilon = \mathrm{E}\frac{\pi(r'^4 - r''^4)}{4}.$$

Celui d'un tuyau elliptique dont les demi-axes extérieur et intérieur horizontaux sont a et a' et dont les demi-axes verticaux sont b et b', il sera

$$\varepsilon = \tfrac{1}{4}\,\mathrm{E}\pi(ab^3 - a'b'^3),$$

13. Si la figure est une couronne rectangulaire ou un rectangle échancré sur les côtés, en nommant

b la hauteur extérieure,
b' la hauteur intérieure,
a la largeur extérieure,
a' la somme des largeurs des vides enlevés au rectangle,
on aura pour la position indiquée par les figures 8 et 9, planche 29

$$\varepsilon = \frac{\mathrm{E}}{12}(ab^3 - a'b'^3).$$

14. L'expression de E se complique un peu quand, au lieu de considérer les figures 8 et 9 entières, on en considère seulement la moitié, ce qui donne les figures 10 et 11, planche 29.

Nommant toujours
b et a la hauteur et la largeur extérieure,
b' et a' les hauteur et largeur totales des parties enlevées au rectangle ab;
on trouve que l'axe d'élasticité contenant les fibres invariables, est situé à une distance **AO**, de la surface supérieure de la partie pleine horizontale **AB** du solide, égale à

$$\frac{1}{2}\,\frac{(a-a')b^2 + a'(b-b')^2}{(a-a')b + a'(b-b')},$$

et en nommant γ cette distance **AO**, on a

$$\varepsilon = \frac{\mathrm{E}}{3}\left[a\gamma^3 - a'(\gamma + b' - b)^3 + (a-a')(b-\gamma)^3\right].$$

DE LA RÉSISTANCE DES CORPS FIBREUX ÉLASTIQUES A LA RUPTURE QUI PROVIENT D'UN EFFORT TRANSVERSAL A LEUR LONGUEUR.

Pour arriver aux conditions analytiques de la résistance des corps fibreux à la rupture par flexion, nous sommes forcés d'admettre que le phénomène de la flexion que nous avons décrit (§ II, chap. VI du Mémoire) continue à avoir lieu de la même manière, jusqu'à ce que les fibres, de la surface du corps, les plus éloignées de l'axe d'élasticité, viennent à éprouver le maximum de tension ou de compression qu'elles soient susceptibles de supporter.

15. Formules relatives *à l'équilibre d'un corps au moment de la rupture ; ce que c'est que le moment de rupture de la section transversale d'un corps.* A cet instant, ces fibres se rompent, et la rupture se propage de proche en proche dans toute l'étendue du corps.

Soit R le coëfficient de rupture ou le poids capable de rompre un prisme dont la section est l'unité de surface, la résistance d'une fibre qui se rompt est évidemment $Rdudv$; ce sera celle des fibres situées à la surface concave ou convexe du prisme au moment de la rupture.

Celle des autres fibres, au même instant, sera proportionnelle au degré d'allongement ou de compression qu'elles éprouveront et par suite à leur distance à l'axe d'élasticité.

Soient V la distance à l'axe d'élasticité de la fibre la plus éloignée de cet axe, v celle d'une fibre quelconque, la résistance de cette dernière sera

$$\frac{Rvdudv}{V}$$

et par suite la résistance totale de la section mn du solide (Fig. 1, Pl. 29) sera

$$\frac{R}{V}\int_0^a du \int_0^b vdv + \frac{R}{V}\int_0^a du \int_0^{b'} vdv,$$

et la somme des moments de cette résistance sera

$$\frac{R}{V}\int_0^a du \int_0^b v^2dv + \frac{R}{V}\int_0^a du \int_0^{b'} v^2dv.$$

Il est aisé de voir que cette quantité est constante pour un même prisme, quelque section que l'on considère. On la désigne par ρ, et on la nomme *moment de rupture.*

Appelant x_1, y_1 les coordonnées du centre de gravité o de la section suivant laquelle se fait la rupture, et conservant toutes les autres notations du N° 3, on trouvera pour l'équation d'équilibre à la rupture

$$\rho = P(X - x_1) + Q(Y - y_1) + \int_{u=x_1}^{u=X} p(u - x_1)\,ds,$$

x_1 et y_1 seront déterminés par la condition que le moment des forces extérieures, pris par rapport au point o, soit un maximum.

16. Expression *du moment de rupture.* Le coëfficient ρ se déduit du coëfficient ε, en remplaçant le module E par le module R et en divisant ce dernier par l'ordonnée V de la fibre la plus éloignée de l'axe d'élasticité. Ainsi, par exemple, *le moment d'élasticité* d'un rectangle est $\frac{1}{12}Eab^3$, son *moment de rupture* sera $\frac{1}{6}Rab^2$. Le *moment d'élasticité* d'un cercle est $\frac{1}{4}E\pi r^4$, le *moment de rupture* sera $\frac{1}{4}R\pi r^3$, et ainsi des autres (voir les N°s 7 à 14). On aura soin d'ailleurs de ne pas confondre V avec la moitié de la plus grande dimension du corps ; ainsi, par exemple, pour un rectangle posé sur une arête, le moment d'élasticité est

$$\varepsilon = \frac{E}{12}ab(a^2\sin^2\varepsilon + b^2\cos^2\varepsilon).$$

Pour passer au moment de rupture, il faut diviser non pas par $\frac{b}{2}$ mais par $\frac{1}{2}b(\sin\varepsilon + \cos\varepsilon)$, qui est effectivement la valeur de V, pour ce cas particulier ; on trouve alors

$$\rho = \frac{R}{6}\cdot\frac{a^3}{\sin\varepsilon + \cos\varepsilon}.$$

...QUE ROYALE

17. Calcul des dimensions *de la section transversale des corps prismatiques soumis à des efforts qui tendent à les fléchir ou à les rompre.* Considérons d'abord un corps prismatique dont la longueur soit très-grande par rapport aux dimensions de sa base, composé de fibres extensibles et compressibles et sollicité à fléchir par des forces obliques à sa direction.

Quel que soit le point de l'axe moyen que l'on choisisse, ces forces extérieures pourront toujours y être ramenées à deux autres, l'une parallèle à la tangente à l'axe moyen, et l'autre normale à cet axe. Nommons

T la force tangentielle,

Ω la section normale du prisme,

E le module d'élasticité,

R' le plus grand effort de compression par unité de surface, auquel on veuille exposer une section transversale quelconque du corps prismatique dont il s'agit de calculer l'écarrissage (§ II, Chap. VI).

La force T exercera sur chaque unité de surface de la section transversale du prisme, un effort égal à $\frac{T}{\Omega}$, lequel produira un accourcissement des fibres exprimé par $\frac{T}{E\Omega}$ (§ II, chap. VI du Mémoire).

La fibre la plus comprimée par la flexion étant celle qui est située à la surface du corps à une distance V de l'axe d'élasticité, son accourcissement sera $V \cdot \frac{d\varphi' - d\varphi}{ds}$ (N° 3); comme elle supportera aussi l'effort de la force T, son accourcissement total sera

$$\frac{T}{E\Omega} + V\frac{d\varphi' - d\varphi}{ds}.$$

D'un autre côté l'accourcissement produit par l'effort R' sur les fibres du même corps serait $\frac{R'}{E}$, et cet accourcissement est, par hypothèse, le maximum de celui que l'on veut faire subir aux fibres du corps; on devra donc poser

$$\frac{R'}{E} = \frac{T}{E\Omega} + V \cdot \frac{d\varphi' - d\varphi}{ds} \qquad \text{(A)}$$

équation qui deviendra fonction des deux dimensions de la section transversale du prisme, quand on y aura substitué, pour $V\frac{d\varphi' - d\varphi}{ds}$, sa valeur tirée de l'équation d'équilibre de la résistance à la flexion donnée dans le N° 3, et pour x et y les nombres qui rendent cette valeur un maximum.

Lorsque l'on considère des prismes à arêtes rectilignes, $V\frac{d\varphi' - d\varphi}{ds}$ se réduit à $V\frac{d^2y}{dx^2}$ (N° 5), et la relation qui sert au calcul de l'écarrissage des pièces droites, est

$$\frac{R'}{E} = \frac{T}{E\Omega} + V\frac{d^2y}{dx^2}.$$

18. Nous allons terminer ces considérations générales en rapportant deux tableaux utiles aux personnes qui voudront faire des applications de la théorie que nous venons d'exposer, d'après M. Navier. On trouvera dans les numéros suivants quelques unes de ces applications toutes faites et étendues à l'établissement des charpentes des combles et de ponts en bois et en fer.

Les ouvrages de M. Navier, Leçons sur l'application de la Mécanique à la stabilité des constructions, de M. Poncelet, Introduction à la Mécanique industrielle, deuxième édition, et de M. Morin, Aide-Mémoire de Mécanique pratique, contiennent des tableaux pareils, beaucoup plus étendus et plus détaillés, on fera bien d'y avoir recours et de les consulter, nous nous sommes bornés à rapporter dans ceux qui suivent, les nombres indispensables aux applications que nous nous proposions de faire.

I. TABLEAU *de la résistance des corps à l'extension, ou à la compression, et à la rupture qui en provient* (le centimètre carré étant pris pour unité).

DÉSIGNATION DES SUBSTANCES.	E ou module d'élasticité.	R ou module de résistance à la rupture.	R' ou limite des charges permanentes rapportées à l'unité de surface.	
	kil	kil	kil	
Bois de chêne	120000	600	50 à 70	
Bois de sapin	130000	800	60 à 80	
Arcs en planches de charpente	50000	300	25 à 30	
Fil de fer en cables	1800000	3000	600 à 1000	selon la qualité.
Fer forgé au-dessus de $0^m,06$ de côté	1800000	4000	400 à 800	
Fer forgé au-dessous de $0^m,06$ de côté	2000000	6000	600 à 100	
Fonte grise qui n'est pas exposée à des chocs	1200000	1250	750 »	

II. TABLEAU *relatif à la résistance à l'écrasement des fers et des bois* (le centimètre carré étant pris pour unité).

DÉSIGNATION des substances.	POIDS du mètre cube.	POIDS qui produit l'écrasement d'un cube de $0^m,01$ de côté.	LIMITE DES CHARGES PERMANENTES par centimètre carré de la section transversale, le rapport de la hauteur au plus petit côté de la base étant au-dessous de 12.	12.	24.	48.	60.
	kil	kil	kil	kil	kil	kil	kil
Chêne fort	980	300	30,00	25,00	15,00	5,00	2,50
Chêne faible	900	190	19,00	8,40	5,60	»	»
Sapin jaune ou rouge	671	375	37,50	31,00	18,70	7,50	»
Sapin blanc	550	97	9,70	8,20	4,90	»	»
Fer forgé	7783	4900	1000,00	835,00	500,00	167,00	84,00
Fonte de fer	7202	10000	2000,00	1670,00	1000,00	333,00	167,00

APPLICATIONS DE LA THÉORIE DE LA RÉSISTANCE DES SOLIDES A L'ÉTABLISSEMENT DES CONSTRUCTIONS EN BOIS ET EN FER.

19. Reprenons l'équation générale de l'équilibre d'un prisme droit encastré par l'extrémité M, sollicité à l'autre par deux forces P et Q verticale et horizontale et portant des poids répartis d'une manière quelconque sur sa longueur; laquelle est d'après les N°s 3 et 4 dont nous conservons les notations

$$\varepsilon \frac{d^2y}{dx^2} = P(X-x) + Q(Y-y) + \int_{u=x}^{u=X} p\,(u-x)\,du,$$

et appliquons cette formule au calcul des pièces droites posées et chargées de différentes manières.

20. Pièce horizontale *encastrée à une extrémité, chargée d'un poids* **P** *suspendu à l'autre extrémité et d'une charge répartie uniformément sur sa longueur* (Fig. 12, Pl. 29).

Dans ce cas $Q=0$, p est constant, $p\int_{u=x}^{u=X}(u-x)\,du=p\left(\frac{X^2}{2}-Xx+\frac{x^2}{2}\right)$ et l'équation d'équilibre devient

$$\varepsilon\frac{d^2y}{dx^2}=P(X-x)+p\left(\frac{X^2}{2}-Xx+\frac{x^2}{2}\right),$$

d'où l'on tire en intégrant entre $x=0$, $x=x$

$$\frac{dy}{dx}=\frac{1}{\varepsilon}\left[P\left(Xx-\frac{x^2}{2}\right)+p\left(\frac{X^2x}{2}-\frac{Xx^2}{2}+\frac{x^3}{6}\right)\right],\quad y=\frac{1}{\varepsilon}\left[P\left(\frac{Xx^2}{2}-\frac{x^3}{6}\right)+p\left(\frac{X^2x^2}{4}-\frac{Xx^3}{6}+\frac{x^4}{24}\right)\right].$$

En faisant dans cette dernière équation $x=X$, on aura la valeur de la flèche f de courbure produite par la flexion, qui sera

$$f=\frac{1}{\varepsilon}\left(\frac{PX^3}{3}+\frac{pX^4}{8}\right).$$

Si l'on suppose que la pièce ne soit chargée que du poids P, et que l'on fasse abstraction de son propre poids

$$f=\frac{1}{\varepsilon}\cdot\frac{PX^3}{3}.$$

Si toute la charge portée par la pièce est répartie uniformément sur sa longueur

$$f=\frac{1}{\varepsilon}\cdot\frac{pX^4}{8}.$$

Et si $pX=P$

$$f=\frac{1}{\varepsilon}\cdot\frac{PX^3}{8}.$$

Donc, un même poids suspendu à l'extrémité de la pièce, ou réparti uniformément sur sa longueur, produit des flèches de courbure qui sont entre elles comme 8 est à 3.

21. Calculons l'écarrissage de la pièce pour qu'elle résiste convenablement à l'action du poids **P** et de la charge pX.

L'équation (A) du N° 17 qui est $\frac{R'}{E}=\frac{T}{E\Omega}+V\frac{d^2y}{dx^2}$ à cause de $T=0$, se réduit ici à

$$\frac{R'}{E}=\frac{V}{\varepsilon}\left[P(X-x)+p\left(\frac{X^2}{2}-Xx+\frac{x^2}{2}\right)\right]$$

Le point le plus sollicité à rompre est évidemment le point d'encastrement; le second membre sera donc un maximum pour $x=0$, donc,

$$\frac{R'}{E}=\frac{V}{\varepsilon}\left(PX+p\frac{X^2}{2}\right)$$

est la relation de laquelle on tirera la valeur des dimensions de la pièce, renfermées implicitement dans ε.

Pour un prisme à base rectangulaire, par exemple $V=\frac{1}{2}b$, $\varepsilon=\frac{E}{12}ab^3$ (N° 7), d'où

$$ab^2=\frac{6}{R'}\left(PX+\frac{pX^2}{2}\right);$$

relation qui donnera b quand on se sera donné a ou réciproquement.

Si l'on fait $p=0$,

$$ab^2=\frac{6PX}{R'},$$

si l'on fait à la fois $P=0$ et $pX=P$

$$ab^2=\frac{3PX}{R'}.$$

Donc la hauteur de la pièce restant la même, si elle doit avoir une largeur a pour résister au poids P suspendu à son extrémité, elle n'aura besoin que d'une largeur moitié moindre, lorsque le poids sera uniformément réparti sur sa longueur.

Dans les mêmes hypothèses, la largeur a restant constante, et l'épaisseur de la pièce étant 1 dans le premier cas, dans le second elle ne sera plus que $\frac{1}{\sqrt{2}}$ ou $0,71$.

22. De la résistance a la rupture *d'une pièce encastrée à une extrémité portant un poids P à son extrémité libre, et une charge répartie uniformément sur sa longueur.* D'après ce que nous avons vu dans le N° 16, le moment de résistance à la rupture de la pièce sera par rapport à un point quelconque de sa longueur

$$\rho=P(X-x)+p\left(\frac{X^2}{2}-Xx+\frac{x^2}{2}\right)$$

Mais le point où la rupture aura le plus de tendance à s'opérer, est évidemment le point d'encastrement pour lequel $x=0$, d'où

$$\rho=PX+\frac{pX^2}{2}$$

on a d'ailleurs (N° 16) $\rho=\frac{1}{6}Rab^2$, donc le coëfficient de rupture de la pièce que nous considérons, aura pour valeur

$$R=\frac{6}{ab^2}\left(PX+\frac{pX}{2}\right)$$

23. Pièce posée *sur deux appuis de niveau portant un poids suspendu en son milieu et une charge répartie uniformément sur sa longueur* (F. 13, Pl. 29). Désignons toujours par X la longueur totale de la pièce, par P le poids suspendu au milieu, par p la portion de la charge pX qui répond à l'unité de longueur.

Il est clair que chacun des appuis M et N (Fig. 13) aura à supporter une pression égale à $\frac{P+pX}{2}$, et que, d'après le principe de l'action égale et contraire à la réaction, la pièce sera pressée par chacun de ses appuis avec une force égale et contraire à l'effort qu'il supporte.

Comme d'ailleurs tout est symétrique par rapport au milieu o de la pièce, la tangente en ce point ne cessera pas d'être horizontale.

On ne changera donc rien à l'état d'équilibre, si on suppose que la pièce M N est encastrée en o, que l'on supprime les appuis et qu'on les remplace par des forces égales et contraires aux pressions qu'ils supportent.

Chaque moitié de la pièce peut donc être considérée comme encastrée en o, sollicitée de bas en haut par une force égale à $\frac{1}{2}(P+pX)$, et chargée en outre du poids p par unité de sa longueur qui devient $\frac{X}{2}$. La valeur de la flèche de courbure sera donc, d'après le N° 20

$$f=\frac{1}{24\varepsilon}\left(\frac{PX^3}{2}+\frac{5pX^4}{16}\right), \qquad (A)$$

l'écarrissage sera donné par la formule

$$\frac{R'}{E}=\frac{V}{\varepsilon}\left(\frac{PX}{4}+\frac{pX^2}{8}\right). \qquad (B)$$

Pour un prisme rectangulaire, ces deux valeurs deviennent

$$f=\frac{1}{4Eab^3}\left(\frac{8PX^3+5pX^4}{8}\right), \quad (A') \qquad ab^2=\frac{6}{R'}\left(\frac{PX}{4}+\frac{pX^2}{8}\right). \quad (B')$$

L'équation d'équilibre relative à la résistance à la rupture sera, d'après les N°s 15 et 16,

$$R=\frac{6}{ab^2}\left(\frac{2PX+PX^2}{8}\right)$$

et si l'on néglige la charge répartie uniformément sur la pièce

$$R=\frac{3}{2ab^2}PX$$

Exemple : Une poutre de sapin posée librement par ses extrémités, sur deux appuis éloignés de 7^m, doit porter indépendamment de son propre poids, mille kilogrammes posés sur son milieu, quel doit être son écarrissage et quelle flèche de courbure prendra-t-elle ?

$P=1000^{kil}$, $p=550^{kil}.ab$, $X=7^m,00$ $E=1\,200\,000\,000^{kil}$, $R'=600\,000^{kil}$ (N° 18), la substitution de ces valeurs, dans les équations A' et B', donne $ab^2=0,01750+0,05423\,ab$.

En supposant $a=\frac{5}{7}b$ et négligeant d'abord le deuxième terme de la valeur de b^3, on trouve $b=0^m,2904$. Cette valeur substituée dans le deuxième membre, donne pour plus grande approximation $b=0^m,30$, $a=0^m,21$, et par suite $f=0^m,031$.

24. Pièce encastrée *à ses deux extrémités, portant une charge répartie uniformément sur sa longueur et un poids* P *suspendu en son milieu.* Concevons d'abord une suite indéfinie de pièces (Fig. 14, Pl. 29) de longueur égale, placées en ligne droite, à des distances un peu moindres que la longueur de l'une d'elles; puis un deuxième système de pièces en tout égales aux premières, et placées sur elles de manière à recouvrir leurs intervalles. Appliquons au milieu de toutes ces pièces des forces égales et perpendiculaires à leur direction commune, mais agissant de haut en bas pour les pièces supérieures, et de bas en haut pour les inférieures. Supposons de plus des poids répartis uniformément sur leur longueur, de manière qu'en considérant l'ensemble de toutes ces pièces comme une pièce unique, la charge uniformément répartie sur cette dernière soit égale à p sur l'unité de longueur.

Chacune de ces pièces se pliera suivant une courbe semblable à celle que nous venons de considérer dans le N° 23. Or, on peut sans déranger l'équilibre, supposer qu'elles sont toutes liées invariablement entre elles à leur point de contact; elles formeront alors une pièce de longueur indéfinie, dont l'axe moyen sera une ligne ondulée composée de courbes égales et tournées alternativement dans un sens et dans l'autre.

Considérons maintenant une de ces courbes M'ON' (Fig. 14, Pl. 29), et les deux moitiés qui lui sont adjacentes MM' et NN' et concevons tout le reste absolument fixe, l'équilibre ne sera nullement troublé. Ce sera précisément le cas d'une pièce encastrée par les deux bouts portant un poids en son milieu et chargée uniformément sur sa longueur. Or, en menant deux tangentes horizontales qui comprennent entre elles la ligne ondulée MON, et remarquant que la droite passant par M et M′ sera parallèle à ces tangentes et également distante de l'une et de l'autre, on voit clairement que la flèche de courbure OF, sera égale à la somme des deux flèches partielles des deux pièces ou lames M′ON′ et M′MM″. Si on désigne encore par X la distance totale MN, $O'N' = OM' = \frac{X}{4}$.

Ainsi la flèche de courbure de la pièce totale MON, encastrée à ses deux extrémités, est égale au double de la flèche de la pièce M′ON′ dont la longueur est $\frac{X}{2}$, qui est chargée du poids p par unité de longueur et du poids P suspendu en son milieu.

Cette flèche de courbure et l'écarrissage de la pièce seront donc donnés immédiatement par les formules (A) et (B) du N° 23 dans lesquelles on fera $X = \frac{X}{2}$ ce qui donne

$$f = \frac{1}{64.\varepsilon} \cdot \left(\frac{PX^3}{3} + \frac{5pX^4}{48}\right), \qquad \frac{R'}{E} = \frac{v}{\varepsilon}\left(\frac{PX}{8} + \frac{pX^2}{32}\right).$$

On suivrait dans l'application de ces formules la même marche que celle qui est indiquée dans l'exemple traité ci-dessus (N° 23).

25. Pièce posée librement *sur deux appuis de niveau et chargée d'un poids suspendu en un point quelconque de sa longueur* (Fig 15, Pl. 29). Si les poids suspendus à la pièce considérée dans les N°s 23 et 24, étaient suspendus en un point de sa longueur autre que son milieu, on remplacerait toujours les appuis par les pressions qu'ils supportent et que l'on peut calculer immédiatement, puis on considérerait encore la pièce comme encastrée au point de suspension du poids, non plus horizontalement, mais de manière à faire avec l'horizontale, un angle dont la tangente serait déterminée par la condition d'être la même pour les deux portions de la pièce.

Nommant $\frac{X}{n}$ et $\frac{(n-1)X}{n}$, les deux parties dans lesquelles la longueur X de la pièce est divisée par le point de suspension du poids; f la flèche de courbure que prend la pièce au point de suspension du poids, on aura

$$f = \frac{P \cdot X^3}{24 \cdot \varepsilon}\left(\frac{n^4 - n^2 + 4n - 4}{n^4}\right) \qquad \text{et} \qquad \frac{R'}{E} = \frac{VPX}{\varepsilon} \cdot \left(\frac{n-1}{n^2}\right).$$

si la pièce portait en outre un poids p par unité de longueur, on aurait

$$\frac{R'}{E} = \frac{V}{\varepsilon} \cdot \frac{X}{n^2}\left(P(n-1) + \frac{pX^2}{2}\right).$$

26. De la résistance *à la flexion d'une pièce chargée verticalement, quand la direction du poids est distante de l'axe de la pièce.* Les pièces que l'on emploie dans les constructions comme soutiens verticaux, tels que poteaux, piliers ou colonnes, ont toujours des dimensions trop fortes pour que les poids qu'elles sont destinées à soutenir, puissent les faire plier. On calcule leur écarrissage par la résistance à l'écrasement, au moyen d'une formule très-simple. En effet si on désigne par

C la limite des charges permanentes dont nous avons donné les valeurs pour les bois et les fers dans la table II du N° 18,

Ω la surface de la section transversale du solide,

P le poids qu'il doit supporter,

on aura entre ces trois quantités la relation $\frac{P}{\Omega}=C$.

27. Mais lorsque le poids agit à une certaine distance de l'axe de la pièce (Fig. 16, Pl. 29) comme le fait une pierre que l'on élève au moyen d'un mât coiffé d'une pièce horizontale, alors la pièce verticale peut plier, et pour calculer son écarrissage, il faut tenir compte de la flexion. Nommons

X la hauteur d'une pièce verticale MN encastrée en M dans le sol,

l la longueur d'une autre pièce NO horizontale, liée invariablement à la pièce MN, de manière à faire toujours avec elle le même angle,

f la flèche de courbure que prendra la pièce MN par l'action du poids P suspendu en O,

comptons les X verticalement, nous aurons pour l'équation d'équilibre de la pièce MN, au moment où la flexion s'arrêtera

$$\frac{d^2y}{dx^2}=\frac{P}{\varepsilon}\left(l+f-y\right).$$

L'intégrale de cette équation qui doit donner $y=0$ et $\frac{dy}{dx}=0$, quand $x=0$ est

$$y=(l+f)\left(1-\cos x\sqrt{\frac{P}{\varepsilon}}\right)$$

On doit avoir $y=f$, quand $x=X$, d'où $f=l\left(\frac{1}{\cos X\sqrt{\frac{P}{\varepsilon}}}-1\right)$.

On aura pour calculer l'écarrissage de la pièce $\frac{T}{E\Omega}=\frac{P}{E\Omega}$ et $\frac{d^2y}{dx^2}=\frac{P}{\varepsilon}\left[l+f-y\right]$, dont le maximum correspond à $y=0$, et par suite

$$\frac{R'}{E}=P\left(\frac{1}{E\Omega}+\frac{V}{\varepsilon}(l+f)\right). \qquad \text{(A)}$$

Comme $\cos x\sqrt{\frac{P}{\varepsilon}}$ sera toujours très-près d'être égale à 1, on peut, en le remplaçant par sa valeur développée en fonction d'$x\sqrt{\frac{P}{\varepsilon}}$, négliger la puissance de x supérieure à la deuxième, ce qui donnera

$$f=l\left(\frac{1}{1-\frac{PX^2}{2\varepsilon}}-1\right)$$

et par suite l'équation A deviendra $\frac{R'}{E}=P\left(\frac{1}{E\Omega}+\frac{2Vl}{2\varepsilon-PX^2}\right)$

pour une pièce rectangulaire, cette équation donne $ab^2=\frac{P}{R'}\left(b+\frac{6l}{1-\frac{6PX^2}{Eab^3}}\right)$

et pour une pièce dont la section est circulaire, $r^3=\frac{P}{\pi R'}\left(r+\frac{4l}{1-\frac{2PX^2}{E\pi r^4}}\right)$ (A')

Généralement PX^2 est négligeable devant 2ε, on peut donc écrire:

$$f = l\cdot\frac{PX^2}{2\varepsilon}, \quad (B) \qquad f = \frac{6lPX^2}{Eab^3}, \qquad f = \frac{2lPX^2}{E\pi r^4}. \quad (B')$$

La flèche de courbure produite par un poids donné est donc porportionnelle au quarré de la longueur NO de la pièce, et le poids capable de faire prendre à la pièce une courbure donnée, est réciproque à ce quarré.

Exemple : Quel doit être le diamètre d'un mât de 15^m de hauteur, à l'aide duquel on se propose d'élever des fardeaux de 2500^{kil}; le cordage de suspension passe sur une poulie simple attachée à une pièce horizontale d'un mètre de longueur (Fig. 17, Pl. 29)?

En faisant abstraction des résistances passives, on voit que lorsque le fardeau montera, le mât portera un poids de 5000^{kil}. On fera donc dans les formules A' et B' du numéro précédent

$$P = 5000^{kil}, \qquad \varepsilon = \tfrac{1}{4}E\pi r^4 \text{ (N° 9)}, \qquad X = 15^m, \qquad l = 1^m,$$

d'ailleurs

$$R' = 600\,000^{kil} \text{ (N° 18)}, \qquad E = 1\,200\,000\,000^{kil} \text{ (N° 18)}, \qquad \pi = 3{,}1415,$$

on trouvera tous calculs faits

pour le diamètre de la pièce $0^m,49$, pour la flèche de courbure $0^m,16569$.

Si la pièce prend des flèches de courbure plus grandes, ce sera par l'effet des secousses brusques que pourront lui faire éprouver les forces appliquées au cordage.

28. **Pièce horizontale** *soumise à l'action de deux forces, l'une verticale et l'autre horizontale* (Fig. 18, Pl. 29). On considérera ici une pièce encastrée à l'une de ses extrémités et sollicitée à l'autre par une force P verticale et par une force Q horizontale qui peut ou étendre la pièce ou la comprimer.

Premier cas : *Celui où la force horizontale agit pour comprimer la pièce.* — En conservant toutes les notations des N°s 29 et suivants, et nommant de plus f, la flèche de courbure que prend le solide au moment de l'équilibre, y l'ordonnée d'un point quelconque de l'axe moyen dont l'abscisse est x; on aura pour l'équation d'équilibre

$$\varepsilon\frac{d^2y}{dx^2} = P(X-x) + Q(f-y).$$

Faisant pour abréger $\frac{P}{\varepsilon} = p^2$, $\frac{Q}{\varepsilon} = q^2$, $X - x = x'$, $f - y = y'$, l'équation précédente devient

$$\frac{d^2y'}{dx'^2} + q^2y' + p^2x' = 0,$$

dont l'intégrale complète est

$$y' = \frac{1}{q}\left(C\cos qx' + C'\sin qx' - \frac{p^2}{q^2}x'\right),$$

on en tire

$$\frac{dy'}{dx'} = -C\sin qx' + C'\cos qx' - \frac{p^2}{q^2}.$$

Or, si on remarque que pour $x = X$, on doit avoir $y = f$, ce qui revient à dire que pour $x' = 0$, on a $y' = 0$; et que pour $x' = X$, $y' = f$, on a $\frac{dy'}{dx'} = 0$; on trouvera par la substitution de ces valeurs

$$C=0, \qquad C'=\frac{p^2}{q^2 \cos qx'}, \qquad f=\frac{p^2}{q^3}\left(\operatorname{tang} qX - qX\right).$$

Mettant pour C, C' et f leurs valeurs et remplaçant x' par $X-x$, et y' par $y-f$, on arrive à l'équation

$$y=\frac{p^2}{q^3}\left[qx-\left(\frac{\sin qX-\sin q(X-x)}{\cos qX}\right)\right],$$

qui est celle de la courbe qu'affecte la pièce dans sa flexion.

Pour calculer l'écarrissage de la pièce, on remarquera que si on désigne par α l'angle que fait la tangente à la courbe avec l'axe des X, on a

$$T=P\sin\alpha+Q\cos\alpha, \qquad \text{d'ailleurs} \qquad V\frac{d^2y}{dx^2}=\frac{V}{\varepsilon}[P(X-x)+Q(f-y)].$$

Ces deux quantités deviennent évidemment des maxima pour $x=0$, $\alpha=0$ qui correspondent au point d'encastrement. On aura donc en définitive

$$\frac{R'}{E}=\frac{Q}{E\Omega}+\frac{V}{\varepsilon}(Qf+PX). \qquad (0)$$

29. Remarque *sur les simplifications dont les formules du N° 28 sont susceptibles.* Faisons tout de suite une remarque qui aura pour résultat de simplifier dorénavant les calculs; nous venons de trouver $f=\frac{p^2}{q^3}(\operatorname{tang} qX-qX)$. Or $qX=\operatorname{tang} qX-\frac{\operatorname{tang}^3 qX}{3}+\frac{\operatorname{tang}^5 qX}{5}$, d'ailleurs $qX=X\sqrt{\frac{Q}{\varepsilon}}$; cet angle sera donc toujours très-petit, puisque ε est très-grand par rapport à Q. On pourra donc négliger sans erreur sensible la cinquième puissance de qX et écrire

$$f=\frac{p^2}{q^3}\cdot\frac{\operatorname{tang}^3 qX}{3}=\frac{P}{3.\varepsilon}\cdot\left(\frac{\varepsilon}{Q}\right)^{\frac{3}{2}}\cdot\operatorname{tang}^3 qX,$$

et si, comme cela a nécessairement lieu dans la pratique des constructions, qX est assez petit pour ne pas différer sensiblement de sa tangente; on pourra supposer

$$f=\frac{P}{3.\varepsilon}\left(\frac{\varepsilon}{Q}\right)^{\frac{3}{2}}\left(\frac{Q}{\varepsilon}\right)^{\frac{3}{2}}X^3=\frac{PX^3}{3.\varepsilon},$$

ce qui est précisément la valeur de la flèche de courbure qu'on aurait trouvée pour une pièce encastrée horizontalement à une extrémité et sollicitée à l'autre par une force verticale P. La force Q n'influe donc pas sensiblement sur la flexion de la pièce dans les limites des valeurs que cette force peut avoir dans la pratique, à cause de sa petitesse par rapport à ε.

Si l'on fait abstraction de l'influence de la force Q, sur l'étendue de la flexion, l'équation qui sert à calculer l'écarrissage se réduit à

$$\frac{R'}{E}=\frac{Q}{\Omega}+\frac{V}{\varepsilon}PX. \qquad (A)$$

30. Deuxième cas : *Celui où la force Q tend à allonger la pièce* (Fig. 18, Pl. 29). — Dans ce cas, l'équation différentielle relative à l'équilibre, devient en conservant toutes les notations des N°s 20 et 29

$$\frac{d^2y'}{dx'}-q^2y'+p^2x'=0,$$

d'où l'intégrale complète est $\quad y'=\frac{p^2x'}{q^2}+Ce^{qx'}+C'e^{-qx'}. \qquad (A)$

En différentiant par rapport à x' il vient

$$\frac{dy'}{dx'}=\frac{p^2}{q^2}+qCe^{qx'}-qC'e^{-qx'};$$

mais pour $x'=0$ on a $y'=0$, et pour $y'=f$, $x'=X$ et $\frac{dy'}{dx'}=0$, d'où l'on tire

$$C'=-C,\qquad C=-\frac{p^2}{q^3(e^{qX}-e^{-qX})},\qquad f=\frac{p^2}{q^3}\left(qX-\frac{e^{qX}-e^{-qX}}{e^{qX}+e^{-qX}}\right),$$

et par suite, en remettant pour x' et y' leurs valeurs $X-x$ et $f-y$, et substituant celles de C', C et f dans l'équation (A), on trouve

$$y=\frac{p^2}{q^3}\left(qx-\frac{e^{qX}-e^{-qX}-e^{q(X-x)}+e^{-q(X-x)}}{e^{qX}+e^{-qX}}\right).$$

Pour composer l'équation, au moyen de laquelle on peut calculer l'écarrissage de la pièce, on différentiera deux fois l'équation précédente et on en tirera

$$\frac{d^2y}{dx^2}=\frac{p^2}{q^3}\left(\frac{e^{q(X-x)}-e^{-q(X-x)}}{e^{qX}+e^{-qX}}\right).$$

On aura d'ailleurs, en désignant par α, l'angle de la tangente en un point quelconque de l'axe moyen.

$$T=-P\sin\alpha+Q\cos\alpha.$$

Le maximum de ces deux termes est donné encore ici par $x=0$, $\alpha=0$; d'où

$$\frac{R'}{E}=\frac{Q}{E\Omega}+\frac{VP}{\varepsilon.q}\cdot\frac{e^{qX}-e^{-qX}}{e^{qX}+e^{-qX}}.$$

Supposons encore ici, ce qui a lieu réellement dans les applications à la pratique, que qX soit assez petit pour qu'on puisse négliger sa quatrième puissance, on trouvera, en développant e^{qX}, et e^{-qX} en fonction de qX, qu'on peut réduire les formules ci-dessus à

$$f=\frac{PX^3}{3E},\qquad \frac{R'}{E}=\frac{Q}{E\Omega}+\frac{V}{\varepsilon}PX.\qquad (B)$$

Nous avons ici à faire la même observation que dans le N° 29 : Les formules auxquelles on vient d'arriver, auraient été obtenues directement, si on avait à priori négligé la force Q par rapport à la flexion, et considéré celle-ci comme produite uniquement par la force transversale à la longueur.

31. Pièce horizontale *comprimée ou étendue par une force* Q *et chargée uniformément du poids* p *sur chaque unité de longueur.* Nous profiterons immédiatement de cette observation pour nous dispenser de soumettre au calcul, le cas où la force P serait remplacée par une charge répartie uniformément sur la longueur. En appelant toujours p le poids dont est chargée l'unité de longueur, on trouvera immédiatement

$$f=\frac{1}{\varepsilon}\cdot\frac{pX^4}{8},\qquad \frac{R'}{E}=\frac{Q}{E\Omega}+\frac{V}{\varepsilon}\cdot\frac{pX^2}{2}.\qquad (C)$$

32. Pièce horizontale *encastrée à une extrémité, sollicitée à l'autre par deux forces* P *et* Q *verticale et horizontale et chargée de poids uniformément répartis sur sa longueur.* En réunissant ces résultats à ceux des N°s 20 et 21, on trouve que, pour une pièce chargée du poids p par unité de sa longueur, et sollicitée à son extrémité par deux forces verticale

et horizontale **P** et **Q**, on a, selon que **P** agit dans le sens ou en sens contraire du poids p

$$f=\frac{1}{\varepsilon}\left(\frac{PX^3}{3}\pm\frac{pX^4}{8}\right),\qquad \frac{R'}{E}=\frac{Q}{E\Omega}+\frac{V}{\varepsilon}\left(PX\pm\frac{pX^2}{2}\right).$$

Ces formules ne donnent que des approximations, mais elles suffisent pour les applications dans la pratique.

33. Pièce inclinée *encastrée par une extrémité, et sollicitée à l'autre par deux forces, l'une horizontale et l'autre verticale* (Fig. 19, Pl. 29). Soient

α l'angle que fait la pièce avec un plan vertical,

P, **Q** une force verticale et une force horizontale, agissant toutes deux à son extrémité libre,

X la longueur **MN** de la pièce,

la résultante des deux forces **P** et **Q**, pourra être ramenée de nouveau à deux composantes, l'une

$$P'=P\sin\alpha\mp Q\cos\alpha$$

perpendiculaire à la longueur de **MN**, l'autre

$$Q'=P\cos\alpha\pm Q\sin\alpha$$

parallèle à la longueur des fibres.

Si au lieu des forces **P** et **Q**, on considère les forces **P'** et **Q'**, le problème se trouvera ramené au problème traité dans les Nos 28 et 30, et par conséquent en posant $\frac{P'}{\varepsilon}=p'^2, \frac{Q'}{\varepsilon}=q'^2$,

1° Si la force **Q'** tend à comprimer les fibres de la pièce, on aura, pour l'équation de la courbe

$$y=\frac{p'^2}{q'^3}\left(q'x-\frac{\sin q'X-\sin q'(X-x)}{\cos q'X}\right),$$

pour l'expression de la flèche de courbure

$$f=\frac{p'^2}{q'^3}(\tan q'X-q'X),$$

et pour calculer l'écarrissage de la pièce

$$\frac{R'}{E}=\frac{V}{\varepsilon}\left((Q'f+P'X)+\frac{Q'}{\varepsilon\Omega}\right),\qquad (P)$$

relations qui, pour les applications à la pratique, peuvent se simplifier et devenir

$$f=\frac{P'X^3}{3.\varepsilon},\qquad \frac{R'}{E}=\frac{Q'}{E\Omega}+\frac{VP'X}{\varepsilon}.$$

2° Si la force **Q'** tend à allonger les fibres de la pièce, on aura, en conservant les mêmes notations, pour l'équation de la courbe

$$y=\frac{p'^2}{q'^2}\left(q'x-\frac{e^{q'X}-e^{-q'X}-e^{q'(X-x)}+e^{-q'(X-x)}}{e^{q'X}+e^{-q'X}}\right),$$

pour la flèche de courbure

$$f=\frac{p'^2}{q'^3}\left(q'X-\frac{e^{q'X}-e^{-q'X}}{e^{q'X}+e^{-q'X}}\right),$$

et pour calculer l'écarrissage de la pièce

$$\frac{R'}{E}=\frac{Q'}{E\Omega}+\frac{V}{\varepsilon}\frac{P'}{q'}\left(\frac{e^{q'X}-e^{-q'X}}{e^{q'X}+e^{-q'X}}\right).$$

Pour les applications à la pratique, on peut réduire ces équations comme celles du N° 30 à

$$f=\frac{P'X^3}{3.\varepsilon}, \qquad \frac{R'}{E}=\frac{Q'}{E\Omega}+\frac{v}{\varepsilon}P'X,$$

qui, lorsqu'on y remplace P' et Q' par leurs valeurs, deviennent

$$f=\frac{P\sin\alpha\mp Q\cos\alpha}{3.\varepsilon}.X^3, \qquad \frac{R'}{E}=\frac{P\cos\alpha\pm Q\sin\alpha}{E\Omega}+\frac{V}{\varepsilon}(P\sin\alpha\mp Q\cos\alpha).X. \quad (A)$$

Si Q n'était pas déterminé d'une manière absolue, et qu'on pût en disposer pour faire $f=0$, sa valeur serait

$$Q=\pm P\tang\alpha, \qquad (S)$$

ce qui réduirait la formule relative au calcul de l'écarrissage à

$$R'=\frac{P}{\Omega\cos\alpha}.$$

34. Remarque *sur le signe du deuxième terme de la valeur de* $\frac{R'}{E}$ *dans les questions des N*^{os} *28 à 33.* Nous ferons au sujet des valeurs de $\frac{R'}{E}$ qui se rapportent aux pièces traitées dans les N°s 28 à 33, une remarque essentielle et qui s'applique d'ailleurs aux questions du même genre. Cette observation consiste en ceci : que quel que soit le signe que l'on trouve pour la quantité $\frac{V}{\varepsilon}\left(PX\pm\frac{pX^2}{2}\right)$, il faudra lui donner le signe positif et l'ajouter à $\frac{Q}{E\Omega}$ et jamais la retrancher. Le signe de cette quantité indique seulement si la pièce est fléchie dans le sens de la force P ou dans celui de la force pX; mais la compression ou l'extension des fibres n'en est pas moins une quantité à ajouter à la compression ou à la tension produite par la force Q.

35. Pièce inclinée *sollicitée à son extrémité par deux forces verticale et horizontale, et chargée de poids uniformément répartis sur sa longueur* (Fig. 19, Pl. 29). D'après les remarques qui terminent les N°s 29 et 30, nous nous croyons autorisés à calculer la flexion de cette pièce en faisant abstraction des composantes des forces extérieures parallèles à la longueur des fibres. Avec cette simplification, conservant les notations du N° 33, et désignant par p le poids réparti sur l'unité de longueur, on trouve que l'équation de la courbe est

$$y=\frac{1}{\varepsilon}\left[-(P\sin\alpha-Q\cos\alpha)\left(\frac{Xx^2}{2}-\frac{x^3}{6}\right)+p\sin\alpha\left(\frac{X^2x^2}{4}-\frac{Xx^3}{6}+\frac{x^4}{24}\right)\right],$$

pour la flèche de courbure, on a

$$f=\frac{1}{\varepsilon}\left(-(P\sin\alpha-Q\cos\alpha)\frac{X^3}{3}+p\sin\alpha\frac{X^4}{8}\right),$$

et pour calculer l'écarrissage de la pièce

$$\frac{R'}{E}=\frac{Q\sin\alpha-(pX-P)\cos\alpha}{E\Omega}+\frac{V}{\varepsilon}\left(-(P\sin\alpha-Q\cos\alpha)X+p\sin\alpha\frac{X^2}{2}\right).$$

Dans les cas les plus ordinaires de la pratique, on a $pX=P$, et Q est déterminé par la condition que l'extrémité M ne se déplace pas horizontalement, ce qui conduit à

$$f=0, \qquad Q=\tfrac{5}{8}P\tang\alpha, \quad (D) \qquad \frac{R'}{E}=P\left(\frac{1-\cos^2\alpha}{E\Omega\cos\alpha}+\frac{V}{\varepsilon}\frac{X\sin\alpha}{8}\right). \quad (E)$$

On remarquera, que bien que l'on ait posé $f=0$, le terme relatif à l'accourcissement de la pièce par l'effet de la flexion, ne doit pas disparaître de la valeur de $\frac{R'}{E}$. En effet, quoique la force Q soit capable d'empêcher le déplacement du point N, elle ne peut pas avoir pour effet d'arrêter la flexion produite par les poids répartis sur la longueur MN.

Si dans l'équation de la courbe, on fait $pX = P$, $Q = \frac{5}{8}P$, elle devient

$$y = -\frac{P \sin \alpha}{48 \cdot \varepsilon}\left(5x^3 - 3Xx^2 - \frac{2x^4}{X}\right).$$

Si l'on prend la différentielle du second membre et qu'on l'égale à o, on trouve pour la valeur de x qui correspond au maximum de y

$$x = 0{,}58X.$$

Le point de plus grande courbure est donc un peu au-delà de la moitié de la longueur de la pièce. La valeur de y est en ce point

$$y = 0{,}35175 \cdot \frac{P \sin \alpha\, X^3}{64},$$

c'est-à-dire en nombre rond et approché, trois fois plus grande que celle d'une pièce encastrée à ses deux extrémités et chargée du même poids réparti sur sa longueur.

36. Applications des formules *relatives aux pièces horizontales ou inclinées, à l'établissement des charpentes des combles, des ponts en bois, etc.* Les formules des N°s 29 à 35 trouvent de nombreuses et intéressantes applications dans l'établissement des systèmes de charpente destinés à porter les combles et les planchers des bâtiments, les tabliers des ponts en bois, etc. Nous allons en indiquer quelques-unes.

La forme de charpente la plus simple est celle qui est formée de deux arbalétriers AB et AC, assemblés en A dans un poinçon AP et maintenus dans leur écartement par un tirant BC (Fig. 20, Pl. 29). Le poids de la couverture peut toujours être considéré comme réparti uniformément sur la longueur des arbalétriers.

Ordinairement l'assemblage de l'arbalétrier et du poinçon est renforcé par un entrait ou des contre-fiches qui rendent invariable l'angle BAP, mais quand ces pièces ne se trouveraient pas dans la ferme, comme la flexion sera toujours très-petite, on pourra toujours regarder cet angle comme variant très-peu.

Le pied de l'arbalétrier exerce sur son appui une pression verticale égale à la charge P qu'il supporte, et sur le tirant une tension que nous représenterons par Q.

Réciproquement, il éprouve de la part du tirant et de l'appui B des efforts égaux et contraires à P et à Q.

Mais puisque nous admettons que l'angle BAP est invariable, on ne changera rien à l'équilibre de la pièce AB, si on la suppose encastrée en A. Elle se trouvera alors dans les mêmes circonstances que la pièce considérée dans le N° 33, et l'on aura pour calculer son écarrissage, à cause de $Q = \frac{5}{8} P \operatorname{tang} \alpha$, la formule (voyez la formule A du N° 33)

$$\frac{R'}{E} = P\left(\frac{5}{8} \cdot \frac{(1 + \cos^2 \alpha)}{E \cos \alpha} + \frac{V}{\varepsilon} \cdot \frac{X \sin \alpha}{8}\right).$$

S'il s'agit d'une pièce rectangulaire dont les deux côtés de la section normale sont a et b, cette formule donnera

$$ab^2 = \frac{P}{R'}\left(\frac{5}{8} \cdot \frac{(1 + \cos^2 \alpha)}{\cos \alpha} \cdot b + \frac{3}{2} X \sin \alpha\right).$$

37. Le tirant éprouve de chacun des arbalétriers une tension égale à $\frac{5 P \tang \alpha}{8}$ (N° 35); de plus il est sollicité à fléchir par son propre poids.

On calculera son écarrissage en le considérant comme encastré en son milieu, tiré à l'un des bouts par une force horizontale, et chargé de son propre poids qui est uniformément réparti sur sa longueur.

Il est alors dans les conditions du N° 31, et on aura pour établir ses dimensions la relation (voyez la formule C du N° 31)

$$\frac{R'}{E} = \frac{Q}{E\Omega} + \frac{v}{\varepsilon} \cdot \frac{pX^2}{8},$$

dans laquelle, en désignant par Π la densité de la matière dont il est formé, on devra faire $p = \Omega\Pi$; d'ailleurs $Q = \frac{5 P \tang \alpha}{4}$, puisque le tirant est tiré par chaque extrémité avec une force $\frac{5}{8} P \tang \alpha$, ce qui donnera

$$\frac{R'}{E} = \frac{5 P \tang \alpha}{4 . E\Omega} + \frac{V}{\varepsilon} \cdot \frac{\Pi \Omega X^2}{8},$$

et si le tirant est un solide prismatique rectangulaire, on aura

$$\Omega = ab, \qquad \varepsilon = \frac{E}{12} ab^3, \qquad \text{et} \qquad ab = \frac{1}{R'}\left(\frac{5 P \tang \alpha}{4} b + \frac{3 \Pi a X^2}{4}\right). \qquad (A')$$

Dans cette formule, X devra représenter la longueur entière du tirant s'il n'est appuyé qu'en B et C, ou bien la distance la plus grande entre deux points de suspension, s'il s'en trouve d'intermédiaire entre B et C.

38. Considérons maintenant un système composé de deux pièces inclinées AB, A'B' buttant contre un entrait AA' et maintenues aux pieds, soit par un tirant BB' (Fig. 21, Pl. 29), soit par des culées en maçonnerie BC, B'C' (Fig. 22).

Supposons que des poids P' égaux soient suspendus en A et A' et que les pièces AB, A'B' soient en outre chargées de poids uniformément répartis sur leur longueur.

Désignons toujours par X la longueur de la pièce AA', par X' celle de AB ou A'B', par p le poids, par unité de longueur dont est chargé AA', par α l'angle de AB avec la verticale, angle que nous supposerons rendu invariable par le système d'assemblage des pièces AB et AA'.

En remplaçant les appuis par les pressions qu'ils supportent, et supposant la pièce AB encastrée en A, on la mettra dans les mêmes circonstances que celle que l'on a considérée dans le N° 35. On fera donc dans la formule (E) de ce numéro $P = P' + pX$ et par suite $Q = \tang \alpha (P' + \frac{5}{8} pX)$ et on aura

$$\frac{R'}{E} = \frac{1}{E\Omega} \cdot \left(\frac{P'}{\cos \alpha} + \frac{5}{8} \frac{pX \sin^2 \alpha}{\cos \alpha}\right) + \frac{V}{\varepsilon} \cdot \frac{pX^2}{8} \sin \alpha.$$

Si la pièce est rectangulaire, on tirera de l'équation précédente

$$ab^2 = \frac{1}{R'}\left[\left(\frac{P'}{\cos \alpha} + \frac{5}{8} \frac{pX \sin^2 \alpha}{\cos \alpha}\right) b + \frac{3}{2} pX^2 \sin \alpha\right].$$

Si P' était égal à zero, cette formule deviendrait identique avec celle que nous avons donnée, dans le numéro précédent, pour le calcul de l'arbalétrier d'une ferme simple.

39. Le système BAA'B' (Fig. 22, Pl. 29) peut représenter l'ensemble d'une sous-poutre

et de deux contre-fiches portant le tablier d'un pont. Alors le poids P serait la moitié du poids du tablier et des surcharges qui peuvent se trouver accidentellement de A en A'. pX représenterait le poids des pièces AB, A'B'.

Le système BAA'B' peut aussi représenter la partie inférieure d'une ferme imitée de la ferme antique ou de Palladio, composée comme l'indique la figure 24, Pl. 29, d'un système en trapèze surmonté d'une ferme simple.

Alors pX serait la partie du poids de la couverture correspondante à la pièce AB, P représenterait la moitié du poids du système supérieur bab'.

40. Des dimensions *que doit avoir un tirant en fer pour pouvoir résister aux accroissements de tension provenant de l'abaissement de la température.* Si une ferme destinée à entrer dans la construction d'un bâtiment très-large, devait avoir un tirant en fer, on le calculerait comme un tirant en bois par la formule A' du N° 37; mais après avoir trouvé de cette manière ses dimensions, il faudrait s'assurer qu'il est capable de résister aux augmentations de tension que peut produire l'abaissement de la température.

Nommons

V et V' la plus haute et la plus basse température possibles dans le local où le tirant est placé,

T la tension absolue qu'il doit avoir au minimum, pour remplir la fonction à laquelle il est destiné,

T' la plus forte tension rapportée à l'unité de surface qu'il soit prudent de lui faire supporter temporairement,

E le module d'élasticité du fer,

$\delta = 0,000\,112$ la dilatation linéaire du fer pour chaque degré du thermomètre,

Ω la section transversale du tirant.

Supposons qu'on prenne pour poser le tirant, précisément le jour où la température est la plus élevée possible, à mesure que la température baissera, le tirant tendra à s'accourcir, et comme il doit conserver sa longueur, il faudra qu'il supporte la tension nécessaire pour l'allonger de la quantité dont il tendait à s'accourcir, et cela jusqu'à la température inférieure limite V'. Or, l'accourcissement sera par mètre,

$$\delta(V - V'),$$

et si t est la tension capable de produire cet allongement, on l'exprimera en posant

$$\frac{t}{E\Omega} = \delta(V - V').$$

Or, on doit avoir à la limite

$$T + t = T'\Omega \quad \text{ou} \quad T + \delta(V - V')E\Omega = T'\Omega,$$

d'où l'on tire

$$\Omega = \frac{T}{T' - \delta(V - V')E}, \qquad \text{(M)}$$

L'usage de cette formule demande à être expliqué par un exemple numérique.

Supposons qu'on veuille établir un tirant en fer, pour une ferme de 18 mètres d'ouverture, exerçant une poussée horizontale de 2000^{kil} contre chacun de ses appuis, et que ce tirant doive être soutenu entre ses extrémités par cinq points de suspension; en sorte que sa longueur X soit réduite à 3 mètres entre deux appuis consécutifs.

D'après la formule A' du N° 37 dans laquelle on fera

$$\frac{5\,P\,\tan g\,\alpha}{4}=6000^{kil},\qquad R'=6\,000\,000^{kil},\qquad \Pi=7\,500^{kil},\qquad X=3,$$

on aura, en supposant que l'on donne au tirant une section circulaire

$$6\,000\,000=\frac{42000}{22\,r^3}+\frac{1}{r}\cdot 33750,$$

d'où $r^2-0,000248\,r-0,0003181=0$ d'où enfin $r=0,018$.

Il suffirait donc que le tirant eût une section de $0^m,036$ de diamètre pour résister à la tension de 6000^{kil} et à la flexion due à son propre poids. Voyons maintenant d'après la formule M ci-dessus, quel devrait être ce diamètre.

On sait que, dans le nord de la France, les variations du thermomètre peuvent s'élever à 40°; nous ferons donc $V-V'=40$, d'ailleurs

$$E=20\,000\,000\,000\ (\text{N}^\circ\ 18),\qquad \delta=0,0000112,\qquad T=6000^{kil},\qquad \Omega=\tfrac{22}{7}r^2,$$

nous aurons donc

$$r^2=\frac{7}{22}\cdot\frac{6000^k}{T'-8960000}.$$

On voit tout de suite ici que, pour que r ait une valeur positive, il faut que l'on ait $T'>8960000$. Donc la tension maximum, rapportée à l'unité de surface, que le tirant supportera par suite des variations de la température, devra nécessairement dépasser 6 000 000 de kilogrammes indiqués par la table du N° 18, comme la limite des charges permanentes; mais toutefois elle ne doit pas s'élever jusqu'à la moitié du poids capable d'opérer la rupture, autrement le fer, soumis pendant quelques jours à cette tension, pourrait perdre de son élasticité. On peut fixer le tiers ou $12\,000\,000^{kil}$ comme une limite raisonnable. D'après cela, on aura

$$r^2=0,00063\qquad \text{d'où}\qquad r=0,025.$$

Le diamètre de la barre devra donc être porté à $0^m,05$, en raison des accroissements de tension qu'elle aura à supporter, par suite de l'abaissement de la température.

41. Autre application *des formules des Nos 29 et suivants, au calcul de l'écarrissage d'une ferme de pont en bois.* Pour troisième et dernier exemple, nous prendrons l'ensemble de deux pièces dont l'une AB horizontale, est chargée d'un poids uniformément réparti sur sa longueur, et d'un autre poids posé en un point quelconque de sa longueur, tandis que l'autre pièce CB, qui est inclinée, fait fonction de contre-fiche, pour soutenir la première (Fig. 25, Pl. 29). Les pièces AB et BC peuvent être encastrées à leurs extrémités A et C ou simplement posées sur des appuis, mais la pièce AB devra nécessairement être arrêtée solidement en A.

Nommons p la charge de la pièce AB sur l'unité de longueur, P un poids que nous supposerons placé en son milieu, X sa longueur; la pièce AB exercera sur la pièce BC, en B, une pression verticale qui, si AB est simplement fixée en A, sera

$$P_1=\frac{1}{2}(P+pX);$$

ou bien, si elle est encastrée en A, $P_1=\frac{5}{16}(P+pX)$.

Cette force tendrait à renverser en dehors la pièce BC ; mais l'extrémité B est maintenue par la pièce AB, qui supporte, à cause de cela, une tension longitudinale égale à la force nécessaire pour empêcher le point B de se déplacer horizontalement. Cette tension, si AB est posée simplement en A, sera

$$Q_1 = \tfrac{1}{2} P_1 \tan\alpha = \tfrac{5}{32} (P + pX) \tan\alpha ;$$

ou bien (formule D du N° 35) si AB est encastrée en A,

$$Q_1 = \tfrac{5}{8} P_1 \tan\alpha = \tfrac{25}{128} (P + pX) \tan\alpha .$$

C′ est une force qui agit à la fois sur AB et sur BC, et dont il faut tenir compte dans le calcul de l'écarrissage de l'une et de l'autre.

L'écarrissage de la pièce AB, en la considérant comme encastrée en A, se calculera par la formule du N° 32, celui de la pièce BC, si on fait abstraction de son poids par celle (P) du N° 33.

Achevons d'éclaircir ce qui précède par un exemple numérique.

Supposons que le système des deux pièces AB et BC représente un corbeau et une contre-fiche destinés à soutenir les longrines du tablier d'un pont en bois, comme la figure 25 le fait comprendre ; admettons que le poids du tablier qui repose sur AB, soit de 1000^{kil} par mètre courant, et que les voitures qui passent sur le pont puissent ajouter à cette charge un poids de 2500^{kil}.

On aura donc $p = 1000^{kil}$, $P = 2500^{kil}$. On a d'ailleurs $E = \frac{1}{12} Eab^3$ pour des pièces à base rectangulaire (N° 7). $E = 1\,200\,000\,000$, $R' = 600000$ (N° 18). Faisons $AB = X = 3^m,00$, $\tan\alpha = 1$, $BC = X' = 4^m,22$, et supposons que la pièce AB, se prolongeant également à droite et à gauche, doive être toujours horizontale en A, ce qui équivaut à l'encastrement, on aura pour AB, d'après la formule du N° 32

$$600\,000 = \tfrac{25}{128} \cdot \frac{2500 + 3000}{ab} + \frac{6 \cdot 3}{ab^2}\left(2500 + \frac{3000}{2}\right),$$

et pour BC, d'après la formule (P) du N° 33, dans laquelle on supposera f = 0,

$$\frac{R'}{E} = \frac{P_1 \cos\alpha + Q_1 \sin\alpha}{E\Omega} + \frac{vX}{\iota}(P_1 \sin\alpha - Q_1 \cos\alpha),$$

ou en mettant pour les lettres, leurs valeurs numériques

$$600\,000 = \frac{0,707 \cdot 5500}{128 \cdot ab^2}(65 \cdot b + 18 \cdot 15).$$

On tire de là, toutes réductions faites, pour AB, en faisant $a = \frac{5}{7} b$,

$$b = 0^m,31 , \qquad a = 0^m,22 ;$$

pour BC, en supposant, à priori $a = 0^m,22$; $b = 0^m,27$

La poussée, provenant de la contre-fiche contre la culée du pont, serait égale à la tension longitudinale exercée par cette pièce sur AB, c'est-à-dire à $\frac{25}{128}(P + pX)\tan\alpha$, qui est ici 1074^{kil}.

L'ensemble des deux pièces AB et BC, peut encore représenter la moitié d'une ferme de charpente de comble dite *avec croix de Saint-André* (Fig. 26 et 27, Pl. 29), dans laquelle AB serait un des arbalétriers, et BC un des sous-arbalétriers ; on suppose la demi-ferme encastrée à son sommet, de manière que AB soit horizontale.

Dans cet exemple, AB serait chargé, dans sa longueur, d'un poids $p \sin \alpha$ par mètre, courant, sollicité à l'extrémité par une force $P \sin \alpha - Q \cos \alpha$ perpendiculaire à sa longueur et agissant en sens contraire de p. On aurait

$$P = pX, \qquad Q = \tfrac{5}{8} pX;$$

α serait l'angle de l'arbalétrier dans sa position naturelle avec la verticale.

Le calcul du sous-arbalétrier ne présenterait point de difficulté, d'après l'exemple traité ci-dessus.

42. Pièce inclinée *encastrée à une extrémité, et sollicitée par deux forces, agissant sur elle au moyen d'un bras de levier.* Parmi les applications les plus importantes de la théorie de la résistance des solides prismatiques, on peut compter le calcul des dimensions d'une charpente à grande portée sans tirant. Nous allons nous occuper de ce problème.

Soit AB (Fig. 28) une pièce encastrée en A, faisant avec la verticale un angle α, dont la longueur est X et les projections horizontale et verticale a et b, et qui est chargée uniformément d'un poids p, par unité de longueur de sa projection horizontale. Soit BC une autre pièce, dont l'angle avec la verticale est α, les projections horizontale et verticale a' et b', la longueur X', qui est liée à la première, de manière que l'angle ABC est invariable. A l'extrémité C sont appliquées deux forces verticale et horizontale P et Q, qui tendent à fléchir les pièces AB et BC, en vertu de la liaison qui existe entre elles.

L'équation d'équilibre pour la résistance à la flexion de la pièce AB, sera

$$\varepsilon \frac{d^2y}{dx^2} = -P\left[(a+a') - x\right] + Q(b+b'-y) + p\left(\frac{a^2}{2} - ax + \frac{x^2}{2}\right),$$

les x et y étant rapportées au point a comme origine et à deux lignes, l'une verticale et l'autre horizontale passant par ce point.

Nous supposerons tout de suite que $pa = -P$, comme cela a lieu dans les charpentes auxquelles nous voulons faire l'application de ce calcul. Nous remarquerons d'ailleurs que $y = \frac{x}{\operatorname{tang} \alpha}$ à cause que AB est une droite, ce qui réduira l'équation précédente à

$$\varepsilon \frac{d^2y}{dx^2} = -\frac{P}{2a}(a^2 + 2aa' - x^2) + Q\left(b + b' - \frac{x}{\operatorname{tang} \alpha}\right) \qquad \text{(A)}$$

d'où l'on tire par une première intégration

$$\varepsilon \frac{dy}{dx} = -\frac{P}{2a}\left((a^2 + 2aa')x - \frac{x^3}{3}\right) + Q\left((b+b')x - \frac{x^2}{2 \operatorname{tang} \alpha}\right) + C.$$

L'intégrale doit être prise entre $x = 0$ et $x = x$. Or, pour $x = 0$, on doit avoir $\frac{dy}{dx} = \frac{1}{\operatorname{tang} \alpha} = \frac{b}{a}$; donc $C = \varepsilon \cdot \frac{b}{a}$. Intégrant de nouveau, il vient

$$\varepsilon \cdot \left(y - \frac{b}{a}x\right) = -\frac{P}{2a}\left(\frac{(a^2 + 2aa')x^2}{2} - \frac{x^4}{12}\right) + Q\left(\frac{(b+b')x^2}{2} - \frac{x^3}{6 \operatorname{tang} \alpha}\right).$$

Si, dans cette équation, on fait $x = a$, on devra avoir $y = b - f$, en désignant par f le déplacement vertical du point C, produit par la flexion de AB; donc

$$f = Pa^2\left(\frac{5a + 12a'}{24\varepsilon}\right) - Qa^2\left(\frac{3b' + 2b}{6\varepsilon}\right).$$

Le déplacement du point **C**, dans le sens horizontal, sera

$$\mathrm{f}\ \mathrm{tang}\,\alpha = \frac{\sin\alpha}{\cos\alpha}\left[\mathrm{P}\,a^2\left(\frac{5a+12a'}{24\varepsilon}\right) - \mathrm{Q}\,a^2\left(\frac{3b'+2b}{6\varepsilon}\right)\right].$$

Supposons maintenant que les pièces **AB** et **BC** étant toutes deux considérées comme flexibles, on cherche le déplacement horizontal et le déplacement vertical du point **C**, extrémité de la pièce **BC**.

Nous remarquerons, 1° que le déplacement du point **C** sera égal à la somme du déplacement du point **B**, calculé comme ci-dessus, et du déplacement du point **C** calculé en considérant la pièce **BC**, comme assujettie à faire, avec la verticale, un angle constant, que nous désignerons par α, et comme sollicitée par les deux forces **P** et **Q**. Or, l'équation d'équilibre pour la résistance à la flexion de cette pièce, sera évidemment

$$\varepsilon\,\frac{d^2y}{dx^2} = -\mathrm{P}(a'-x) + \mathrm{Q}\left(b' - \frac{x}{\mathrm{tang}\,\alpha}\right),$$

d'où, à cause que pour $x = 0$, on doit avoir $\frac{dy}{dx} = \frac{b'}{a'}$

$$\varepsilon\left(\frac{dy}{dx} - \frac{b'}{a'}\right) = -\mathrm{P}\left(a'x - \frac{x^2}{2}\right) + \mathrm{Q}\left(b'x - \frac{x^2}{2\,\mathrm{tang}\,\alpha}\right).$$

$$\varepsilon\left(y - \frac{b'}{a'}x\right) = -\mathrm{P}\left(\frac{a'x^2}{2} - \frac{x^3}{6}\right) + \mathrm{Q}\left(\frac{b'x^2}{2} - \frac{x^3}{6\,\mathrm{tang}\,\alpha}\right).$$

Si l'on fait $x = a'$, on devra avoir $y = b' - \mathrm{f}'$, d'où

$$\varepsilon\,\mathrm{f}' = \mathrm{P}\left(\frac{a'^3}{3}\right) - \mathrm{Q}\left(\frac{a'^2 b'}{3}\right),$$

en désignant par f' le déplacement vertical du point **C**, considéré comme appartenant seulement à la pièce **BC**; le déplacement horizontal sera

$$\mathrm{f}'\ \mathrm{tang}\,\alpha = \frac{1}{\varepsilon}\cdot\frac{\sin\alpha}{3\cos\alpha}\left[\mathrm{P}\,a'^3 - \mathrm{Q}(a'^2 b')\right].$$

Si l'on considère maintenant le système **ABC** tout entier, on aura pour les déplacements du point **C**, dans le sens vertical, en posant $\mathrm{F} = \mathrm{f} + \mathrm{f}'$

$$\mathrm{F} = \frac{1}{\varepsilon}\left(\frac{\mathrm{P}}{24}\left[a^2(5a+12a') + 8a'^3\right] - \frac{\mathrm{Q}}{6}\left[a^2(3b'+2b) + 2a'^2 b'\right]\right),$$

et dans le sens horizontal, en posant $h = \mathrm{f}\ \mathrm{tang}\,\alpha + \mathrm{f}'\ \mathrm{tang}\,\alpha$

$$h = \frac{1}{\varepsilon}\left[\frac{\mathrm{P}}{24}\left(\frac{a^2\sin\alpha}{\cos\alpha}(5a+12a') + 8\,\frac{\sin\alpha}{\cos\alpha}a'^3\right) - \frac{\mathrm{Q}}{6}\left(\frac{a^2\sin\alpha}{\cos\alpha}(3b'+2b) + 2\,\frac{\sin\alpha}{\cos\alpha}a'^2 b'\right)\right]$$

Supposons que **Q** n'ait pas été donné à priori, et que la grandeur de cette force doive être déterminée de manière à empêcher tout déplacement horizontal du point **C**. On devra écrire

$$\mathrm{Q} = \frac{\mathrm{P}}{4}\cdot\frac{a^2\,\mathrm{tang}\,\alpha(5a+12a') + 8\,\mathrm{tang}\,\alpha\,a'^3}{a^2\,\mathrm{tang}\,\alpha(3b'+2b) + 2\,\mathrm{tang}\,\alpha\,a'^2 b'},$$

et en substituant à Q sa valeur dans celle de F, cette dernière deviendra

$$F=\frac{P}{24\varepsilon}\left\{\begin{array}{l}[a^2(5a+12a')+8a'^3]\\ \quad-\dfrac{a^2\operatorname{tang}\omega(5a+12a')+8a'^3\operatorname{tang}\alpha}{a^2\operatorname{tang}\omega(3b'+2b)+2a'^2b'\operatorname{tang}\alpha}[a^2(3b'+2b)+2a'^2b']\end{array}\right\}$$

Si la pièce BC était verticale, a' serait nul, $\operatorname{tang}\alpha$ serait nulle également et l'expression de F se réduirait à zéro ; mais ce résultat n'est qu'apparent. En effet, dans le cas où a' serait vertical, le déplacement vertical du point C serait le même que celui du point B ou

$$F=\frac{5Pa^3}{24\cdot\varepsilon}-\frac{Qa^2}{6\varepsilon}(3b'+2b).$$

Le déplacement horizontal du point C, serait par rapport au point B, $f'=\dfrac{Qb'^3}{3\varepsilon}$ et par rapport au point A

$$h=\frac{\operatorname{tang}\omega}{\varepsilon}\left[Pa^2\left(\frac{5a}{24}\right)-4Qa^2\left(\frac{3b'+2b}{24}\right)\right]-\frac{8Qb'^3}{24\varepsilon};$$

la valeur de Q deviendrait alors

$$Q=\frac{5Pa^3\operatorname{tang}\omega}{4a^2(3b'+2b)\operatorname{tang}\omega+8b'^3};$$

et par la substitution de cette valeur, dans celle de F, on aurait

$$F=\frac{P}{24\varepsilon}\left(5a^3-\frac{5a^3\operatorname{tang}\omega(3b'+2b)}{a^2(3b'+2b)+2b'^3}\right).$$

43. On a souvent à considérer dans les constructions, un système composé, comme le précédent, de deux pièces inclinées et qui sont tangentes à une même demi-circonférence de cercle (Fig. 29).

Soit O le centre du cercle, m le point de tangence de la pièce AB, n celui de la pièce BC. Joignons O et m, O et n. En appelant A le rayon du cercle ; désignant toujours par ω l'angle de AB, par α l'angle de BC avec la verticale, par a et b les projections horizontale et verticale de la première pièce, par a' et b' celles de la deuxième, on aura : l'angle $mOC=\omega$, l'angle $nOC=\alpha$, et parce que $Bm=Bn$, l'angle $BOn=BOm=\frac{1}{2}(\omega-\alpha)$, d'où il résulte,

$$b=AO-KO=\frac{A}{\sin\omega}-\frac{A\sin\frac{1}{2}(\omega+\alpha)}{\cos\frac{1}{2}(\omega-\alpha)};$$

d'où enfin

$$b=A\left(\frac{1}{\sin\omega}-\frac{\sin\frac{1}{2}(\omega+\alpha)}{\cos\frac{1}{2}(\omega-\alpha)}\right),\qquad a=A\operatorname{tang}\omega\left(\frac{1}{\sin\omega}-\frac{\sin\frac{1}{2}(\omega+\alpha)}{\cos\frac{1}{2}(\omega-\alpha)}\right),$$

$$b'=A\,\frac{\sin\frac{1}{2}(\omega+\alpha)}{\cos\frac{1}{2}(\omega-\alpha)},\qquad a'=A\,\frac{\operatorname{tang}\alpha\sin\frac{1}{2}(\omega+\alpha)}{\cos\frac{1}{2}(\omega-\alpha)},$$

$\alpha=3^\circ$, $\quad \omega=63^\circ \begin{cases} a=0{,}9684\,A, \\ b=0{,}4334\,A, \end{cases} \quad \begin{matrix} a'=0{,}0316\,A. \\ b'=0{,}6289\,A. \end{matrix}$

$\alpha=3^\circ$, $\quad \omega=57^\circ \begin{cases} a=0{,}9718\,A, \\ b=0{,}6311\,A, \end{cases} \quad \begin{matrix} a'=0{,}0280\,A. \\ b'=0{,}5612\,A. \end{matrix}$

$\alpha=3^\circ$, $\quad \omega=45^\circ \begin{cases} a=0{,}9785\,A, \\ b=0{,}9785\,A, \end{cases} \quad \begin{matrix} a'=0{,}0218\,A. \\ b'=0{,}4357\,A. \end{matrix}$

En substituant ces valeurs dans celles de Q et de F données ci-dessus N° 42, on a

Pour $\tang\alpha=0{,}05$, $\quad \tang\omega=2{,}000$, $\quad Q=0{,}454\,P$, $\quad F=0{,}0020\,\dfrac{PA^3}{\epsilon}$.

Pour $\tang\alpha=0{,}05$, $\quad \tang\omega=1{,}539$, $\quad Q=0{,}441\,P$, $\quad F=0{,}0017\,\dfrac{PA^3}{\epsilon}$.

Pour $\tang\alpha=0{,}05$, $\quad \tang\omega=1{,}000$, $\quad Q=0{,}395\,P$, $\quad F=0{,}0006\,\dfrac{PA^3}{\epsilon}$.

Si la pièce BC était verticale, $\tang\alpha$ serait nulle, mais les valeurs de Q et de F ne différeraient pas des précédentes de quantités assez considérables pour qu'il fût nécessaire d'en tenir compte.

44. De la flexion *des pièces courbes* (Fig. 30, Pl. 29). Reprenons l'équation générale du N° 5 qui est

$$\epsilon\,\frac{d\varphi'-d\varphi}{ds}=P(X-x)+Q(Y-y)+\int_{u=x}^{u=X} p(u-x)\,ds,$$

pour l'appliquer à la recherche de la flexion des pièces dont l'axe moyen est une courbe dans son état ordinaire, ainsi qu'au calcul des poussées que les pièces exercent horizontalement contre leurs appuis.

En intégrant l'équation précédente, on en tire

$$\varphi'-\varphi=\frac{1}{\epsilon}\int dx\sqrt{1+\left(\frac{dy}{dx}\right)^2}\left(P(X-x)+Q(Y-y)+\int_{u=x}^{u=X} p(u-x)\,ds\right) \quad (1)$$

$\varphi'-\varphi$ est l'angle que fait la normale menée en un point quelconque de la courbe après la flexion, avec la normale menée au même point de la courbe avant la flexion. Comme on ne suppose possibles que des flexions très-petites, $\varphi'-\varphi$ sera nécessairement un angle très-petit. On peut donc, sans erreur sensible, le supposer égal à son *sinus* et faire son *cosinus* égal à l'unité.

Mais on sait que l'on a

$\cos\varphi'-\cos\varphi=-2\sin\tfrac{1}{2}(\varphi'+\varphi)\sin\tfrac{1}{2}(\varphi'-\varphi)$, $\quad \sin\varphi'-\sin\varphi=2\sin\tfrac{1}{2}(\varphi'-\varphi)\cos\tfrac{1}{2}(\varphi'+\varphi)$,

d'où l'on tirera en posant $\varphi'=\varphi$, $\quad \sin(\varphi'-\varphi)=\varphi'-\varphi$, $\quad \cos(\varphi'-\varphi)=1$,

$$\cos\varphi'-\cos\varphi=-(\varphi'-\varphi)\sin\varphi,\quad \sin\varphi'-\sin\varphi=(\varphi'-\varphi)\cos\varphi. \qquad (2)$$

D'un autre côté, $\dfrac{dy}{ds}=\sin\varphi$, $\dfrac{dx}{ds}=\cos\varphi$, les deux équations (2) deviendront donc, en y mettant pour $\varphi'-\varphi$, sa valeur tirée de l'équation (1),

$$dx' - dx = -\frac{1}{\varepsilon}\, dy \int dx \sqrt{1 + \left(\frac{dy}{dx}\right)^2} \left(P(X - x) + Q(Y - y) + \int_{u=x}^{u=X} p(u - x)\, ds\right), \quad (A)$$

$$dy' - dy = \frac{1}{\varepsilon}\, dx \int dx \sqrt{1 + \frac{dy^2}{dx^2}} \left(P(X - x) + Q(Y - y) + \int_{u=x}^{u=X} p(u - x)\, ds\right). \quad (A)$$

Les intégrales de ces équations donneront les déplacements dans le sens horizontal et dans le sens vertical, d'un point quelconque de la pièce courbe, et par suite la poussée qu'elle exerce contre ses appuis.

45. Applications des équations *d'équilibre des pièces courbes, à un arc de cercle chargé de poids uniformément répartis sur sa longueur, encastré à une extrémité et sollicité par deux forces verticale et horizontale* **P** et **Q** (Fig. 31, Pl. 29). Nous allons donner un exemple de la marche du calcul, en l'appliquant à un arc de cercle encastré à une extrémité, chargé de poids uniformément répartis, par rapport à sa projection horizontale, et sollicité à son extrémité libre par deux forces **P** et **Q** ; la première verticale et la deuxième horizontale.

Nous rapporterons ensuite les résultats du calcul appliqué à des arcs de cercle chargés de différentes manières.

Nommons

A le rayon de la circonférence dont l'arc **AC** fait partie,

Φ l'angle total que comprend l'arc,

φ la portion de cet angle comprise entre la verticale et le rayon passant par un point dont l'abscisse est x, rapporté au point d'encastrement comme origine,

X l'abscisse et **Y** l'ordonnée de l'extrémité libre de l'arc à laquelle sont appliquées les forces **P** et **Q**.

On aura : $x = A \sin\varphi$, $y = A(1 - \cos\varphi)$, $dx = A\cos\varphi\, d\varphi$, $dy = A\sin\varphi\, d\varphi$, $ds = A\, d\varphi$; et par suite

$$P(X - x) + Q(Y - y) = A\,[P(\sin\Phi - \sin\varphi) + Q(\cos\varphi - \cos\Phi)].$$

Pour avoir la valeur de l'intégrale $\int_{u=x}^{u=X} p(u - x)\, ds$, remarquons que, puisque la charge est uniformément répartie par rapport à une ligne horizontale, on doit écrire cette intégrale $\int_{u=x}^{u=X} p(u - x)\, du$, et que sa valeur est

$$p\left(\frac{X^2}{2} - Xx + \frac{X^2}{2}\right),$$

ou en exprimant **X** et x en fonction de Φ et φ

$$pA^2\left(\tfrac{1}{2}\sin^2\Phi - \sin\varphi\sin\Phi + \tfrac{1}{2}\sin^2\varphi\right).$$

L'équation d'équilibre sera donc

$$\varepsilon \,.\, d\varphi' - d\varphi = A^2\, d\varphi \begin{bmatrix} -P(\sin\Phi - \sin\varphi) - Q(\cos\varphi - \cos\Phi) \\ +pA\left(\tfrac{1}{2}\sin^2\Phi - \sin\varphi\sin\Phi + \tfrac{1}{2}\sin^2\varphi\right) \end{bmatrix},$$

intégrant il vient

$$\varepsilon(\varphi' - \varphi) = A^2 \left\{ \begin{array}{l} -P(\varphi\sin\Phi + \cos\varphi - 1) + Q(\sin\varphi - \varphi\cos\Phi) \\ \quad + pA\left[\varphi\left(\frac{1}{4} + \frac{\sin^2\Phi}{2}\right) + \sin\Phi(\cos\varphi - 1) - \frac{1}{4}\sin\varphi\cos\varphi\right] \end{array} \right\}.$$

Opérant sur cette équation comme sur l'équation générale (N° 44), on en tire

$$\epsilon(dx'-dx)=-A^3\sin\varphi\, d\varphi\left\{\begin{array}{l}-P(\varphi\sin\Phi+\cos\varphi-1)+Q(\sin\varphi-\varphi\cos\Phi)\\ \quad+pA\left[\varphi\left(\frac{1}{4}+\frac{\sin^2\Phi}{2}\right)+\sin\Phi(\cos\varphi-1)-\frac{1}{4}\sin\varphi\cos\varphi\right]\end{array}\right\},$$

$$\epsilon(dy'-dy)=A^3\cos\varphi\, d\varphi\left\{\begin{array}{l}-P(\varphi\sin\Phi+\cos\varphi-1)+Q(\sin\varphi-\varphi\cos\Phi)\\ \quad+pA\left[\varphi\left(\frac{1}{4}+\frac{\sin^2\Phi}{2}\right)+\sin\Phi(\cos\varphi-1)-\frac{1}{4}\sin\varphi\cos\varphi\right]\end{array}\right\}.$$

Ces deux équations intégrées entre $\varphi=\varphi$ et $\varphi=0$, donnent

$$\epsilon(x'-x)=-A^3\left\{\begin{array}{l}-P\left[\sin\Phi(\sin\varphi-\varphi\cos\varphi)+\frac{1}{2}\sin^2\varphi+\cos\varphi-1\right]\\ \quad+Q\left[\frac{1}{2}\varphi-\frac{1}{2}\sin\varphi\cos\varphi-\cos\Phi(\sin\varphi-\varphi\cos\varphi)\right]\\ \quad+pA\left[\begin{array}{l}\left(\frac{1}{2}+\sin^2\Phi\right)\left(\frac{\sin\varphi}{2}-\frac{\varphi\cos\varphi}{2}\right)\\ +\sin\Phi\left(\frac{1}{2}\sin^2\varphi+\cos\varphi-1-\frac{1}{12}\sin^3\varphi\right)\end{array}\right]\end{array}\right\} \qquad (A)$$

$$\epsilon(y'-y)=A^3\left\{\begin{array}{l}-P\left[\sin\Phi(\varphi\sin\varphi+\cos\varphi-1)+\frac{1}{2}\sin\varphi\cos\varphi+\frac{1}{2}\varphi-\sin\varphi\right]\\ \quad+Q\left[\frac{1}{2}\sin^2\varphi-\cos\Phi(\varphi\sin\varphi+\cos\varphi-1)\right]\\ \quad+pA\left\{\begin{array}{l}\left(\frac{1}{2}+\sin^2\Phi\right)\left(\frac{\varphi\sin\varphi}{2}+\frac{\cos\varphi}{2}-\frac{1}{2}\right)\\ +\sin\Phi\left[\sin\varphi\left(\frac{\cos\varphi}{2}-1\right)+\frac{1}{2}\varphi\right]+\frac{1}{12}\cos^3\varphi-\frac{1}{12}\end{array}\right\}\end{array}\right\}$$

En faisant dans ces expressions $\varphi=\Phi$, on aurait les déplacements dans le sens vertical et dans le sens horizontal de l'extrémité libre de l'arc.

Nous nous abstiendrons d'écrire les résultats de cette substitution à cause de leur longueur; mais nous remarquerons que si Φ est un angle assez petit pour qu'on puisse négliger sa sixième puissance, on aura, en développant $\cos\Phi$ et $\sin\Phi$ en fonction de Φ, et s'arrêtant à la cinquième puissance de Φ; nommant d'ailleurs
h et f ce que deviennent $x-x'$ et $y-y'$, pour $\varphi=\Phi$

$$-h=-\frac{PA^3}{\epsilon}\cdot\frac{5\Phi^4}{24}+\frac{QA^3}{2}\cdot\frac{2\Phi^5}{15}+\frac{pA^4}{\epsilon}\cdot\frac{9\Phi^5}{120}, \qquad f=\frac{A^3}{\epsilon}\left[-P\left(\frac{\Phi^3}{3}-\frac{3\Phi^5}{20}\right)+Q\frac{5\Phi^4}{24}+\frac{pA\Phi^4}{8}\right].$$

Nous allons supposer maintenant que la force **P** est égale à la charge répartie sur l'arc, c'est-à-dire qu'on a $P=pA\sin\Phi$. Mais si l'on considère un arc très-surbaissé, la somme des poids répartis uniformément sur la circonférence de l'arc, ne différera pas sensiblement de la somme des poids répartis uniformément sur sa projection horizontale; l'unité étant chargée dans les deux cas du poids p; pour simplifier, nous poserons donc $p\Phi A=P$, il viendra

$$-h=-\frac{A^3}{\epsilon}\left(-\frac{2P\Phi^4}{15}+\frac{2Q\Phi^5}{15}\right).$$

Pour avoir la poussée contre les appuis, il faut supposer que la force **Q** doit rendre nul tout déplacement horizontal du point **M** et faire $h=0$, d'où

$$Q=\frac{P}{\Phi}, \qquad \text{qui peut s'écrire} \qquad Q=\frac{PA}{X}=\frac{P(X^2+Y^2)}{2XY}.$$

ce qui donne ensuite

$$f = \frac{PA^3\Phi^3}{\varepsilon} \cdot \frac{3\Phi^2}{20}, \text{ ce qui peut s'écrire } f = \frac{PX^3}{\varepsilon} \cdot \frac{3X^2}{20A^2}.$$

Si l'arc Φ est très-petit, $\frac{A}{X} = \frac{X^2+Y^2}{2XY}$ pourra se réduire à $\frac{X}{2Y}$, en négligeant $\frac{Y}{2X}$. Les valeurs de f et de Q deviendront alors

$$f = \frac{6PXY^2}{10 \cdot \varepsilon}, \qquad Q = \frac{PX}{2Y}.$$

Ces formules sont applicables, dans la pratique, aux arcs surbaissés dont la flèche est le dixième de l'ouverture.

Si l'arc que l'on considère est un quart de circonférence de cercle, on fera $\varphi = \Phi = \frac{\pi}{2}$; pour avoir les déplacements vertical et horizontal f et h de son extrémité, on trouvera

$$-h = \frac{A^3}{\varepsilon}\left(-\frac{P}{2} + \frac{pA}{6} + Q\frac{\pi}{4}\right),$$

$$f = \frac{A^3}{\varepsilon}\left[-P\left(\frac{18\pi-48}{24}\right) + \frac{12Q}{24} + \frac{pA}{24}(15\pi-38)\right].$$

Lorsque $P = pA$ et que l'on détermine Q par la condition de donner $f = 0$, il vient

$$Q = \frac{4P}{3\pi} = 0{,}44P \qquad \text{et} \qquad f = \frac{PA^3}{\varepsilon}\left(\frac{3\pi^2-4\pi-16}{24\pi}\right) = 0{,}01379\frac{PA^3}{\varepsilon}.$$

46. Recherche des déplacements maxima *dans le sens horizontal, et calcul de l'écarrissage de l'arc.* Voyons maintenant, en supposant que le pied M de l'arc soit maintenu fixement dans la verticale MV, par l'action de la force Q, quel sera le point qui se déplacera le plus dans le sens horizontal ?

Dans la valeur de $x - x'$ (N° 45), faisons $P = pA$, $\Phi = \frac{\pi}{2}$, $Q = \frac{4P}{3\pi}$, elle deviendra

$$(\varphi - \sin\varphi\cos\varphi) - \sin^2\varphi - \sin\varphi + \varphi\cos\varphi,$$

dont la différentielle par rapport à φ, étant égalée à zéro, donne

$$\varphi = \frac{1}{\pi}(5\sin\varphi - 2\varphi\cos\varphi);$$

relation qui est satisfaite, quand on y fait

$$\varphi = 1{,}10 \quad \text{ou} \quad \varphi = 63^\circ, \quad \sin\varphi = 0{,}89, \quad \cos\varphi = 0{,}45.$$

Le point qui se déplace le plus, est donc l'extrémité du rayon qui fait un angle de 63° avec la verticale.

La grandeur D de ce déplacement horizontal sera donné en substituant pour φ sa valeur dans celle de $x' - x$ écrite ci-dessus, on trouvera de cette manière

$$D = 0{,}0053\frac{PA^3}{\varepsilon}.$$

Si l'on réduisait pareillement en chiffres la valeur de f écrite plus haut (N° 45), elle serait $f = 0{,}014\frac{PA^3}{\varepsilon}$ qui, pour un arc dont la section est un rectangle, devient en désignant toujours par a et b les côtés du rectangle

$$f=0,168\,\frac{PA^3}{Eab^3}, \qquad \text{donc} \qquad D=0,62\,f.$$

Pour calculer l'écarrissage de l'arc, il faut chercher les deux termes du deuxième membre de l'équation $\frac{R'}{E}=\frac{T}{E\Omega}+\frac{v}{\iota}\frac{d\varphi'-d\varphi}{ds}$ (N° 17),

1° Si on considère un point m quelconque de la courbe, la tension T en ce point sera égale à la somme des forces dont est chargé l'arc mM décomposé, suivant la tangente à la courbe, en m. Or φ étant l'angle de la tangente avec l'horizontale, on aura

$$T=-P\sin\varphi+Q\cos\varphi+pA\sin\varphi(\sin\Phi-\sin\varphi),$$

qui pour $pA\sin\varphi=P$, $Q=\frac{P}{\Phi}$, valeurs qui conviennent au cas où l'on considère un arc d'une petite amplitude, devient

$$T=-P\left(\sin^2\varphi-\frac{\cos\varphi}{\Phi}\right);$$

le maximum de cette expression est donné par la relation

$$2\sin\varphi\cos\varphi+\frac{\sin\varphi}{\Phi}=0, \qquad \text{d'où} \qquad \varphi=0,$$

$$\text{et} \qquad T=\frac{P}{\Phi}, \qquad \text{qui peut s'écrire} \qquad T=\frac{PA}{X}.$$

La valeur de $\frac{d\varphi'-d\varphi}{ds}$ pour un arc de cercle de peu d'amplitude, en faisant toujours $pA\sin\Phi=P$, $Q=\frac{P}{\Phi}$, est

$$\frac{d\varphi'-d\varphi}{ds}=A\left[-P\left(\sin\Phi-\frac{1}{2}(\sin^2\Phi+\sin^2\varphi)\right)-\frac{1}{\Phi}(\cos\varphi-\cos\Phi)\right].$$

Le maximum de cette expression est donné par la condition

$$\sin\varphi\cos\varphi+\frac{\sin\varphi}{\Phi}=0, \qquad \text{d'où} \qquad \varphi=0,$$

et par suite

$$\frac{d\varphi'-d\varphi}{ds}=PA\left(\sin\Phi-\frac{1}{2}\sin^2\Phi-\frac{1-\cos\Phi}{\Phi}\right).$$

On aura donc en définitive pour un arc surbaissé d'une certaine amplitude

$$\frac{R'}{E}=P\left[\frac{1}{\Phi E\Omega}+\frac{vA}{\iota}\left(\sin\Phi-\frac{1}{2}\sin^2\Phi-\frac{1-\cos\Phi}{\Phi}\right)\right],$$

qui, pour un arc très-surbaissé, peut s'écrire

$$\frac{R'}{E}=P\left(\frac{A}{XE\Omega}+\frac{V}{\iota}\frac{X}{2}\right)$$

et à cause que $\frac{A}{X}=\frac{X}{Y}$ en négligeant $\frac{Y}{2X}$

$$\frac{R'}{E}=PX\left(\frac{1}{YE\Omega}+\frac{iV}{2\iota}\right).$$

Si la section transversale de l'arc est un rectangle dont les côtés sont a et b, on aura pour calculer son écarrissage

$$ab^2 = \frac{PX}{R'}\left(3{,}00 + \frac{b}{Y}\right)$$

S'il s'agit d'un arc égal à un quart de circonférence, on aura, en faisant $P = pA$, $Q = \frac{4P}{3\Pi}$,

$$T = P\left(\frac{\sin^2\phi}{2} + \frac{4\cos\phi}{3\pi}\right) \qquad \text{et} \qquad v\frac{d\phi' - d\phi}{ds} = \frac{vPA}{\varepsilon}\left(\frac{4\cos\phi}{3\pi} - \frac{1}{2}\cos^2\phi\right),$$

d'où

$$\frac{R'}{E} = \frac{P}{E\Omega}\left(\sin^2\phi + \frac{4\cos\phi}{3\pi}\right) + \frac{vPA}{\varepsilon}\left(\frac{4\cos\phi}{3\pi} - \frac{1}{2}\cos^2\phi\right);$$

expression dans laquelle il faut faire $\phi = 1{,}10$, $\sin\phi = 0{,}89$, $\cos\phi = 0{,}45$, puisque c'est dans le point qui correspond à ces valeurs que la flexion est la plus grande. La substitution faite, on trouve

$$\frac{R'}{E} = P\left(\frac{1{,}36}{E\Omega} + \frac{vA}{\varepsilon}\cdot 0{,}085\right),$$

et si la section normale de l'arc est rectangulaire,

$$ab^2 = \frac{P}{R'}(1{,}36\,b + 0{,}51\,A).$$

47. Résultats du calcul *appliqué à la recherche des circonstances de la flexion d'un arc chargé de poids uniformément répartis sur le contour de la circonférence, encastré horizontalement à une extrémité et sollicité à l'extrémité libre par deux forces* **P** *et* **Q**. Dans ce cas, on trouve par une marche tout-à-fait pareille à celle que nous venons de suivre, et en conservant toutes les notations du Nr 45, observant que p ne représente plus le poids porté sur l'unité de longueur de la projection horizontale de l'arc, mais bien le poids par unité de longueur du développement de la courbe; en sorte que si **P** doit être égal à la charge totale portée par l'arc, on doit faire ici $p\Phi R = P$.

On trouvera :

1° pour un arc surbaissé

$$f = \frac{3PA^3\Phi^5}{20\varepsilon}, \qquad Q = \frac{P}{\Phi} = \frac{PA}{X},$$

$$\frac{R'}{E} = P\left\{\frac{1}{E\Omega\Phi} + \frac{v'A}{\varepsilon}\left[\sin\Phi - 2\left(\frac{1-\cos\Phi}{\Phi}\right)\right]\right\};$$

2° Pour un arc très-surbaissé,

$$f = \frac{3PXY^2}{10\varepsilon}, \qquad Q = \frac{PX}{Y}, \qquad \frac{R'}{E} = P\left(\frac{X}{YE\Omega} + \frac{vX}{2\varepsilon}\right);$$

3° Pour un quart de circonférence,

$$f = \frac{PA^3}{\varepsilon}\cdot\frac{5\pi^2 - 8\pi - 24}{8\pi} = 0{,}0088731\,\frac{PA^3}{\varepsilon}, \qquad Q = \frac{4P}{4\pi} = 0{,}3181\,P,$$

$$D = 0{,}0053\,\frac{PA^3}{\varepsilon} = 0{,}62\,f, \qquad \frac{R'}{E} = P\left(\frac{1{,}198}{E\Omega} + \frac{V}{\varepsilon}\cdot 0{,}093\,A\right);$$

Pour un arc dont la section est rectangulaire, cette dernière relation donne

$$ab^2 = \frac{P}{R'}(1{,}198\,b + 0{,}54\,A).$$

48. 2° Résultats du calcul *quand les forces appliquées à l'arc se réduisent aux deux forces* P *et* Q. Lorsqu'on fait abstraction du poids de l'arc, et qu'on pose $p = 0$, il vient :

1° Pour un arc surbaissé,

$$f = \frac{PX^3}{\varepsilon}\left(\frac{1}{128} - \frac{3X^2}{20A^2}\right), \qquad Q = \frac{25}{32}\cdot\frac{PA}{X},$$

$$\frac{R'}{E} = P\left\{\frac{1}{E\Omega\Phi} + \frac{v}{\varepsilon}\cdot A\left[\sin\Phi - \frac{25}{16}\left(\frac{1-\cos\Phi}{\Phi}\right)\right]\right\};$$

2° Pour un arc très-surbaissé,

$$f = \frac{PX^3}{128\,\varepsilon}, \qquad Q = \frac{25}{32}\cdot\frac{PX}{Y}, \qquad \frac{R'}{E} = PX\left(\frac{1}{YE\Omega} + \frac{V}{\varepsilon}\cdot\frac{7}{12}\right),$$

et si la section transversale de l'axe est un rectangle dont les côtés soient a et b, on aura pour calculer son écarrissage

$$ab^2 = \frac{PX}{R'}\left(\frac{b}{Y} + 3{,}50\right)$$

3° Pour un quart de circonférence,

$$f = \frac{PA^3}{\varepsilon}\left(\frac{3\pi^2 - 8\pi - 4}{4\pi}\right) = \frac{0{,}037\,PA^3}{\varepsilon}, \qquad Q = \frac{2P}{\pi} = 0{,}6363\,P,$$

$$D = 0{,}0074\,\frac{PA^3}{\varepsilon} = 0{,}45\,f, \qquad \frac{R'}{E} = P\left(\frac{1{,}185}{E\Omega} + 0{,}185\,\frac{vA}{\varepsilon}\right);$$

Lorsque la section transversale de l'arc est rectangulaire,

$$ab^2 = \frac{P}{R'}(1{,}185\,b + 1{,}110\,A).$$

49. Calcul de l'écarrissage *des fermes droites simples* (Pl. 14), *et des fermes droites composées* (Pl. 24). La manière la plus simple d'établir les formules, au moyen desquelles on puisse calculer l'écarrissage des diverses pièces de la ferme simple représentée Pl. 14, c'est de considérer l'arbalétrier comme posé sur deux appuis à ses deux extrémités et chargé d'un poids P réparti sur sa longueur, et le poteau comme encastré au point d'assemblage avec l'arbalétrier sollicité à fléchir par la force Q, qui est la poussée de la ferme, en même temps qu'il est comprimé par le poids P que porte la demi-ferme.

Désignant toujours par

X la longueur de la pièce,

α l'angle qu'elle fait avec la verticale,

Ω l'aire de la section transversale,

On voit que dans l'hypothèse que nous venons de faire sur la résistance de l'arbalétrier, cette pièce serait comprimée au milieu de sa longueur par un poids $\frac{P\cos\alpha}{2}$, et que le poids qui la solliciterait à fléchir serait $P\sin\alpha$, on aurait donc

$$T = \frac{P\cos\alpha}{2\Omega}\ (\text{N}^\circ\ 17), \qquad \frac{d^2y}{dx^2} = \frac{v}{\varepsilon}\cdot\frac{PX\sin\alpha}{8}\ (\text{N}^\circ\ 20),$$

et par suite l'accourcissement opéré sur les fibres, serait

$$\frac{R'}{E}=P\left(\frac{\cos\alpha}{2\Omega E}+\frac{vX\sin\alpha}{8\varepsilon}\right)\ (\text{N}^\circ\ 17).$$

Si la pièce est prismatique rectangulaire, et qu'on désigne par l la largeur et par h la hauteur de sa section, on aura, en remarquant que $X\sin\alpha=a$, d'après la notation du N° 42

$$lh^2=\frac{P}{R'}\left(\frac{l\cos\alpha}{2}+\frac{3}{4}a\right).$$

En faisant $l=\frac{5}{7}h$, $R'=700\,000$ et négligeant $\frac{l\cos\alpha}{2}$ qui est très-petit vis-à-vis de $\frac{3}{4}a$, sauf à ajouter un centimètre ou un centimètre et demi au résultat trouvé pour la valeur de h, il vient

$$h^3=\frac{0{,}15\,Pa}{100000}.$$

Les suppositions faites sur les efforts auxquels résiste le poteau, conduisent immédiatement, d'après la formule (A) du N° 29, à

$$\frac{R'}{E}=\frac{P}{E\Omega}+\frac{v}{\varepsilon}QX,$$

ici $X=b'$ du N° 42.

Si la pièce a pour section transversale un rectangle dont la largeur soit l et la hauteur h, on aura

$$lh^2=\frac{Ph+6Qb'}{R'}.$$

Or tant que α est compris entre 1 et 2, on ne s'éloigne pas beaucoup de la vérité en faisant $Q=0{,}42\,P$ (N° 43), et si on suppose $l=\frac{5}{7}h$, on aura

$$h^3=\frac{P}{R'}(h+2{,}52\,b')\cdot\frac{7}{5}.$$

Pour les fermes de charpente, on peut faire $R'=700\,000$; il viendra alors, en négligeant h devant $2{,}52\,b'$,

$$h^3=\frac{0{,}50\,Pb'}{100\,000}.$$

On ajoutera un centimètre ou un centimètre et demi au résultat du calcul.

Si dans les deux formules on met, pour a et b', les valeurs calculées dans le N° 43, on formera le tableau suivant

INCLINAISON DU TOIT SUR L'HORIZON.	VALEUR DE α	FORMULE QUI SERT A CALCULER L'ARBALÉTRIER.	LE POTEAU.
2 de base — 1 de hauteur	63°	$h^3=0{,}0000014526\,PA$	$h^3=0{,}000003145\,PA$
3 de base — 2 de hauteur	57	$h^3=0{,}0000014577\,PA$	$h^3=0{,}000002806\,PA$
1 de base — 1 de hauteur	45	$h^3=0{,}0000014678\,PA$	$h^3=0{,}000002179\,PA$

50. Application des formules *relatives à la résistance des arcs à la flexion*. Les formules relatives aux arcs de cercle, peuvent trouver leur application dans l'établissement des ponts en bois ou en fer dont le tablier est porté sur des pièces courbes (Fig. 31 et 32), ou suspendu à des cintres fixes qui s'élèvent au-dessus de la chaussée (Fig. 33, Pl. 29).

Dans ces constructions, le poids du tablier du pont est reporté sur les arcs par des moises pendantes (Fig. 31); lorsque ces moises sont normales aux arcs, le poids est à peu près réparti uniformément sur le contour des arcs; si elles sont verticales, le poids est uniformément réparti sur la corde de l'arc.

Souvent aussi, entre les arcs et les longerons, on place des cercles (Fig. 32) dont le diamètre va nécessairement en augmentant à partir du milieu de la travée, et par suite la répartition du poids n'est plus uniforme, il est reporté en plus grande partie sur les extrémités des arcs qu'au milieu.

C'est une disposition avantageuse à la résistance des arcs et qui diminue leur poussée.

Prenons pour exemple, un pont en bois dont chaque travée pèse $150\,000^{kil}$, et qui est porté par sept arcs de 24^{m} d'ouverture et $4^{m},00$ de flèche, ce qui donne 20^{m} pour le rayon de l'arc, et pour Φ, 57° environ, et par suite $\Phi = 0,65$, $\sin\Phi = 0,60$, $\cos\Phi = 0,80$. Si on admet que le poids se partage également entre les fermes, il sera pour chacune, en nombres ronds, de $21,000^{kil}$, que nous porterons à $24,000^{kil}$ pour tenir compte des surcharges accidentelles occasionnées par le passage des voitures. La moitié de ce poids porté par le demi-arc ab (Fig. 31) sera donc $12,000^{kil}$.

Supposons les moises normales à l'arc et le poids uniformément réparti sur sa circonférence, on aura pour calculer son écarrissage par les formules du N° 47

$$R' = 12000\left\{\frac{1}{0,65\,ab} + \frac{6,00\,.\,20,00}{ab^2}\left[0,60 - 2\left(\frac{1-0,80}{0,65}\right)\right]\right\},$$

en tirant de cette équation la valeur de ab^2, on trouverait

$$ab^2 = \frac{12000}{R'}\left(\frac{b}{0,65} - 2,60\right),$$

$\frac{12000}{R'}(-2,60)$ est le terme relatif à l'accourcissement des fibres produit par la flexion. D'après la remarque du N° 34, ce terme doit toujours être pris positivement quel que soit le signe avec lequel il se présente dans le calcul; nous écrirons donc

$$ab^2 = \frac{12000}{R'}\left(\frac{b}{0,65} + 2,60\right).$$

On tire de là, en négligeant d'abord le terme en b du second membre, faisant $a = 0,25$ et, à cause que l'arc est composé de plusieurs lames superposées, $R' = 300,000^{kil}$ (N° 18),

$$b = 0,65$$

puis par une seconde approximation

$$b = 0,7589$$

Les données que nous avons choisies diffèrent très-peu des dimensions d'une travée du pont d'Ivry sur la Seine, et du poids de cette travée. L'ingénieur, chargé de sa construction, a donné aux arcs $0^{m},75$ d'épaisseur, ce qui s'accorde d'une manière remarquable avec le résultat de notre calcul, et sert à prouver que la valeur donnée à R', est convenablement choisie.

La poussée contre la culée est $Q = 0,32 \cdot P = 8000^{kil}$ pour chaque arc, et pour les sept arcs 56000^{kil}, et comme le pont a 10^m de large, c'est 5600^{kil} par mètre courant.

La hauteur de cette culée est 10,25 au-dessus du plan des fondations : le point d'application de la poussée est à $5^m,80$ au-dessus de la base. Le moment de la poussée est donc, pour un mètre courant, $5,80 \cdot 5600^{kil} = 32480$, et en prenant 2, pour coëfficient de stabilité, on devra le faire égal à 64960, nommant e l'épaisseur de la culée, supposant que la maçonnerie pèse 2200^{kil} le mètre cube, le moment du poids de la culée sera pour un mètre de longueur

$$\frac{e^2}{2}\, 10,25 \cdot 2200^{kil} = e^2 \cdot 11275^{kil},$$

en égalant ces deux moments et tirant la valeur de e, on trouve $e = \sqrt{\frac{64960}{11275}} = 2^m,40$, ce qui diffère aussi très-peu de l'épaisseur des culées du pont d'Ivry.

FIN DE L'APPENDICE.

TABLE DES MATIÈRES.

Pag.

Avertissement. . . . . j

Rapport lu à l'Académie des sciences, par M. Poncelet. v

CHAPITRE PREMIER.

§ Ier. Notions générales sur les grandes charpentes. 1

§ II. Exposé sommaire du but et des résultats des expériences faites sur les arcs de charpente et les charpentes en arcs. 6

§ III. Remarques sur les faits résumés dans le paragraphe II. 9

CHAPITRE DEUXIÈME.

DESCRIPTION DES CHARPENTES MISES EN EXPÉRIENCE ET DE L'APPAREIL QUI A SERVI AUX ÉPREUVES.

§ Ier. Nomenclature et description succincte des cintres et charpentes mis en expérience. 11

§ II. Description de l'appareil employé pour mesurer la poussée. 17

CHAPITRE TROISIÈME.

CONSIDÉRATIONS THÉORIQUES SUR LA NATURE ET L'INTENSITÉ DES POUSSÉES, EXERCÉES CONTRE LEURS APPUIS PAR LES ARCS DE CHARPENTE, ET LES CHARPENTES DROITES SANS TIRANTS.

§ Ier. Les pieds des arcs de charpente exercent toujours une poussée horizontale contre leurs appuis. 20

§ II. L'intensité des poussées exercées par un arc en charpente contre ses appuis au niveau de ses naissances, est indépendante de la nature des matériaux employés à sa construction; elle est directement proportionnelle à sa portée et au poids qu'il supporte, et en raison inverse de sa montée. 22

§ III. Expressions théoriques des poussées exercées par les arcs sur leurs appuis, dans les cas les plus usuels de la pratique. *id.*

§ IV. Poussée des cintres demi-circulaires. 23

§ V. Valeur de la poussée exercée sur chacun de leurs appuis par les arcs surhaussés ou surbaissés. 24

§ VI. Des poussées exercées par les fermes des charpentes composées de pièces droites. *id.*

CHAPITRE QUATRIÈME.

EXPÉRIENCES SUR LES POUSSÉES DES ARCS EN CHARPENTE.

§ Ier. Des expériences faites antérieurement sur le même objet. 26

§ II. Résultats des expériences faites sur la poussée des arcs ou cintres demi-circulaires, ne portant que leur propre poids, ou chargés au sommet seulement. 27
§ III. Résultats des expériences faites sur les arcs surbaissés chargés à leur sommet. . 29
§ IV. Expériences sur la poussée des cintres en charpente, extraites d'un travail de M. Reibell. 30

CHAPITRE CINQUIÈME.

RÉSULTATS DES EXPÉRIENCES SUR LES POUSSÉES DES FERMES SANS TIRANTS.

§ Ier. Tableau des poussées que les charpentes en arc exercent sur leurs appuis par leur poids seulement, comparées à la poussée qu'exerce la charpente droite simple. 34
§ II. Tableau des poussées exercées par les charpentes en arc ou les charpentes droites sans tirant, en vertu de la charge qu'elles supportent, et déduction faite de celle qui est due à leur propre poids. 35

CHAPITRE SIXIÈME.

CONSIDÉRATIONS THÉORIQUES SUR LA FLEXION DES CINTRES, DES CHARPENTES EN ARC ET DES CHARPENTES DROITES SANS TIRANTS.

§ Ier. De la flexibilité des charpentes en arc et des effets qui en résultent pour la stabilité des murs sur lesquels elles s'appuient. 37
§ II. De la recherche des coëfficients d'élasticité et de rupture des arcs circulaires en charpente. 39
§ III. Déplacement, dans le sens horizontal, de la courbe des cintres situés vers les reins. 46
§ IV. De la flexion des fermes droites en charpente. . . . . *id.*
§ V. Résumé du chapitre. 49

CHAPITRE SEPTIÈME.

EXPOSÉ DES RÉSULTATS DES EXPÉRIENCES FAITES SUR LA FLEXION DES ARCS EN CHARPENTE.

§ Ier. Expérience préliminaire sur la résistance spécifique à l'allongement ou à la compression du bois de sapin employé à la construction des charpentes d'épreuve. 51
§ II. Tableau récapitulatif des expériences faites sur le cintre en bois plié N° 1. . . . 54
§ III. Expériences faites sur l'arc en bois plié N° 2. 55
§ IV. Expériences faites sur l'arc en bois plié N° 7. 56
§ V. Expériences sur des arcs composés de planches de champ découpées, et assemblées, dans le genre des arcs à la Philibert de l'Orme. 57
§ VI. Tableau des flexions des cintres Nos 5, 6 et 4 en planches de champ, opérées par l'action de poids suspendus à leur sommet. 60
§ VII. De la résistance à la rupture des arcs en charpente, et de la limite des charges permanentes à leur faire supporter. 61
§ VIII. Extraits des expériences de M. Reibell sur la flexion des arcs en planches de champ. 63

§ IX. Des déplacements horizontaux des points situés sur les reins des arcs. 65
§ X. Résumé des résultats des expériences relatives à la flexion des arcs. 67

CHAPITRE HUITIÈME.

EXPOSÉ ET RÉSULTATS DES EXPÉRIENCES FAITES SUR LA FLEXION DES SYSTÈMES DE CHARPENTE EN ARC.

§ Ier. Expérience sur la flexion de la charpente droite simple, N° 8. 68
§ II. Tableau des abaissements du sommet de la ferme N° 8 pour des charges distribuées uniformément sur la longueur de l'arbalétrier, et comparaison de sa résistance à la flexion, avec celle des arcs circulaires en charpente. 70
§ III. Résultats des expériences sur la flexion des charpentes composées. . . . . . . id.
§ IV. Manière dont le poids se répartit entre le cintre et les arbalétriers, d'après le rapport qui existe entre les écarrissages de ces deux parties principales des charpentes en arc. 72
§ V. Comparaison entre la résistance des charpentes en arc et celle des charpentes droites composées. 74
§ VI. Des circonstances les plus remarquables et les plus essentielles de la flexion et de la rupture des fermes droites simples. 75
§ VII. Des circonstances les plus remarquables de la flexion et de la rupture des charpentes en arc et des charpentes droites composées. 76

CHAPITRE NEUVIÈME.

RÉSUMÉ DES FAITS CONTENUS DANS LES CHAPITRES PRÉCÉDENTS, ET APPLICATION DES FORMULES RELATIVES A L'ÉTABLISSEMENT DES GRANDES CHARPENTES.

§ Ier. Des poussées exercées par les fermes de charpente au niveau de leurs appuis. . 77
§ II. Des différentes espèces de fermes que l'on peut employer pour la construction des grandes charpentes. 81
§ III. Calculs des dimensions des parties en bois et en fer de la ferme droite à la Palladio. . . . . id.
§ IV. De l'écarrissage à donner aux fermes droites simples sans tirants, représentées planche 14. 85
§ V. De l'écarrissage des fermes droites composées comme celle représentée planche 22 et planche 24. 86
§ VI. Des calculs relatifs à l'établissement des arcs en charpente. 87
§ VII. De l'écarrissage à donner aux différentes pièces des fermes de charpente en arc. 89

APPENDICE.

THÉORIE DE LA FLEXION DES CORPS PRISMATIQUES DONT L'AXE MOYEN EST UNE DROITE OU UNE COURBE PLANE.

1. Questions qui seront traitées dans l'appendice. 91
2. Les forces dirigées tangentiellement à la courbe de l'axe moyen, ne servent qu'à comprimer ou à allonger les fibres dans le sens de leur longueur et ne contribuent pas à la flexion. . . . . id.

3. Conditions de l'équilibre entre les forces moléculaires et les forces extérieures qui tendent à opérer la flexion.. 92
4. Ce que c'est que le moment d'élasticité de la section transversale d'un corps. . . 93
5. Equations générales de l'équilibre d'un corps fléchi par des forces extérieures. . 94
6 à 14. Expressions des moments d'élasticité des diverses figures que l'on donne à la base des corps prismatiques employés dans les constructions. 95

DE LA RÉSISTANCE DES CORPS FIBREUX ÉLASTIQUES A LA RUPTURE QUI PROVIENT D'UN EFFORT TRANSVERSAL A LEUR LONGUEUR.

15. Formules relatives à l'équilibre d'un corps au moment de la rupture; ce que c'est que le moment de rupture de la section transversale d'un corps. 97
16. Expression du moment de rupture. . . . . *id.*
17. Calcul des dimensions de la section transversale des corps prismatiques soumis à des efforts qui tendent à les fléchir ou à les rompre. 98
18. I. Tableau de la résistance des corps à l'extension, ou à la compression, et à la rupture qui en provient. II. Tableau relatif à la résistance à l'écrasement des fers et des bois. 99

APPLICATIONS DE LA THÉORIE DE LA RÉSISTANCE DES SOLIDES A L'ÉTABLISSEMENT DES CONSTRUCTIONS EN BOIS ET EN FER.

19 20 et 21. Pièce horizontale encastrée à une extrémité, chargée d'un poids suspendu à l'autre extrémité et d'une charge répartie uniformément sur sa longueur. 100
22. De la résistance à la rupture d'une pièce encastrée à une extrémité portant un poids à son extrémité libre, et une charge répartie uniformément sur sa longueur. . 101
23. Pièce posée sur deux appuis de niveau portant un poids suspendu en son milieu et une charge répartie uniformément sur sa longueur.. . . . . *id.*
24. Pièce encastrée à ses deux extrémités, portant une charge répartie uniformément sur sa longueur et un poids suspendu en son milieu. 102
25. Pièce posée librement sur deux appuis de niveau et chargée d'un poids suspendu en un point quelconque de sa longueur. 103
26 et 27. De la résistance à la flexion d'une pièce chargée verticalement, quand la direction du poids est distante de l'axe de la pièce. . . . . *id.*
28. Pièce horizontale soumise à l'action de deux forces, l'une verticale et l'autre horizontale. Premier cas : Celui où la force horizontale agit pour comprimer la pièce. 105
29. Remarque sur les simplifications dont les formules du N° 28 sont susceptibles. . . 106
30. Deuxième cas : Celui où la force tend à allonger la pièce. . . . . *id.*
31. Pièce horizontale comprimée ou étendue par une force et chargée uniformément d'un poids sur chaque unité de longueur. 107
32. Pièce horizontale encastrée à une extrémité, sollicitée à l'autre par deux forces verticale et horizontale et chargée de poids uniformément répartis sur sa longueur. . . . . *id.*

33. Pièce inclinée, encastrée par une extrémité, et sollicitée à l'autre par deux forces, l'une horizontale et l'autre verticale. 108

34. Remarque sur le signe du deuxième terme de la valeur de $\frac{R'}{E}$ dans les questions des Nos 28 à 33.. 109

35. Pièce inclinée sollicitée à son extrémité par deux forces verticale et horizontale, et chargée de poids uniformément répartis sur sa longueur. . . . . *id.*

36 à 39. Applications des formules relatives aux pièces horizontales ou inclinées, à l'établissement des charpentes des combles, des ponts en bois, etc. 110

40. Des dimensions que doit avoir un tirant en fer pour pouvoir résister aux accroissements de tension provenant de l'abaissement de la température. 112

41. Autre application des formules des Nos 29 et suivants, au calcul de l'écarrissage d'une ferme de pont en bois 113

42 et 43. Pièce inclinée encastrée à une extrémité, et sollicitée par deux forces, agissant sur elle au moyen d'un bras de levier. 115

44. De la flexion des pièces courbes. 118

45. Applications des équations d'équilibre des pièces courbes, à un arc de cercle chargé de poids uniformément répartis sur sa longueur, encastré à une extrémité et sollicité par deux forces verticale et horizontale. 119

46. Recherche des déplacements maxima dans le sens horizontal, et calcul de l'écarrissage de l'arc. 121

47. Résultat du calcul appliqué à la recherche des circonstances de la flexion d'un arc chargé de poids uniformément répartis sur le contour de la circonférence, encastré horizontalement à une extrémité et sollicité à l'extrémité libre par deux forces. 123

48. Résultats du calcul quand les forces appliquées à l'arc se réduisent à deux forces. 124

49. Calcul de l'écarrissage des fermes droites simples, et des fermes droites composées. *id.*

50. Application des formules relatives à la résistance des arcs à la flexion 126

FIN DU VOLUME.

Fig. 1.

Ferme antique à la Palladio.

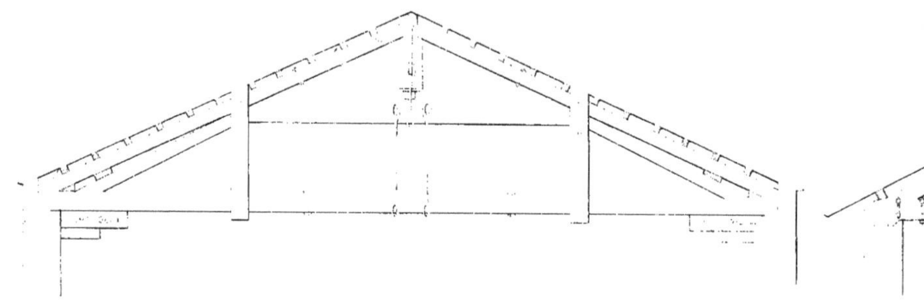

Fig. 4.

Ferme à la Philibert de l'Orme.

Fig. 5.

Ferme du Système

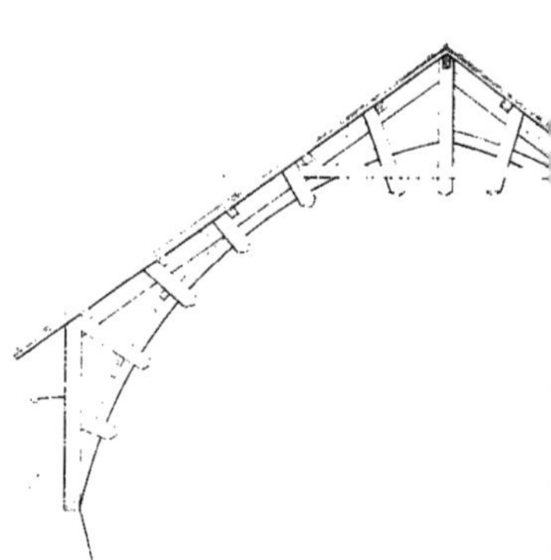

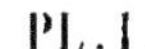

[C]arpentes à grande portée.

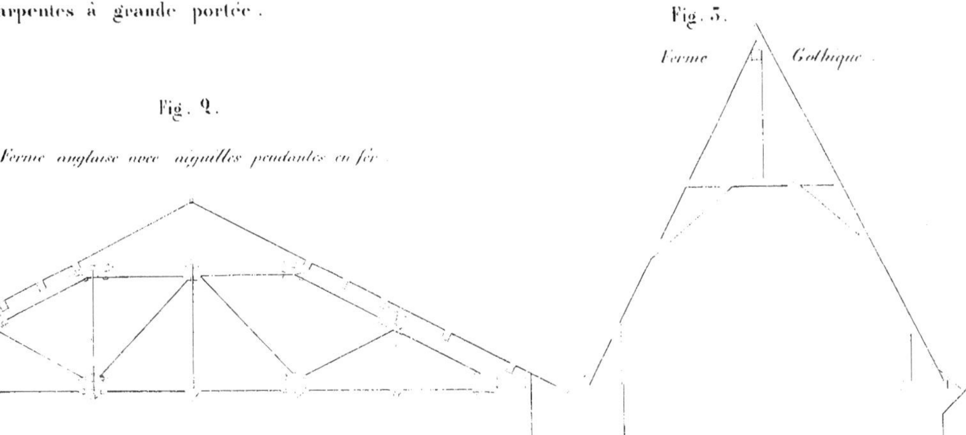

Fig. 6.

Ferme d'un hangar de la rue du Boulet
par M. Lasnier fils

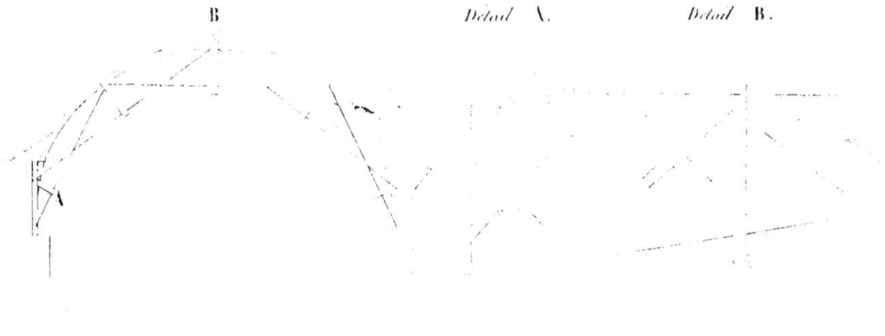

Fig. 1.

Ferme composée d'un arc en fonte et d'une Charpente droite en bois.

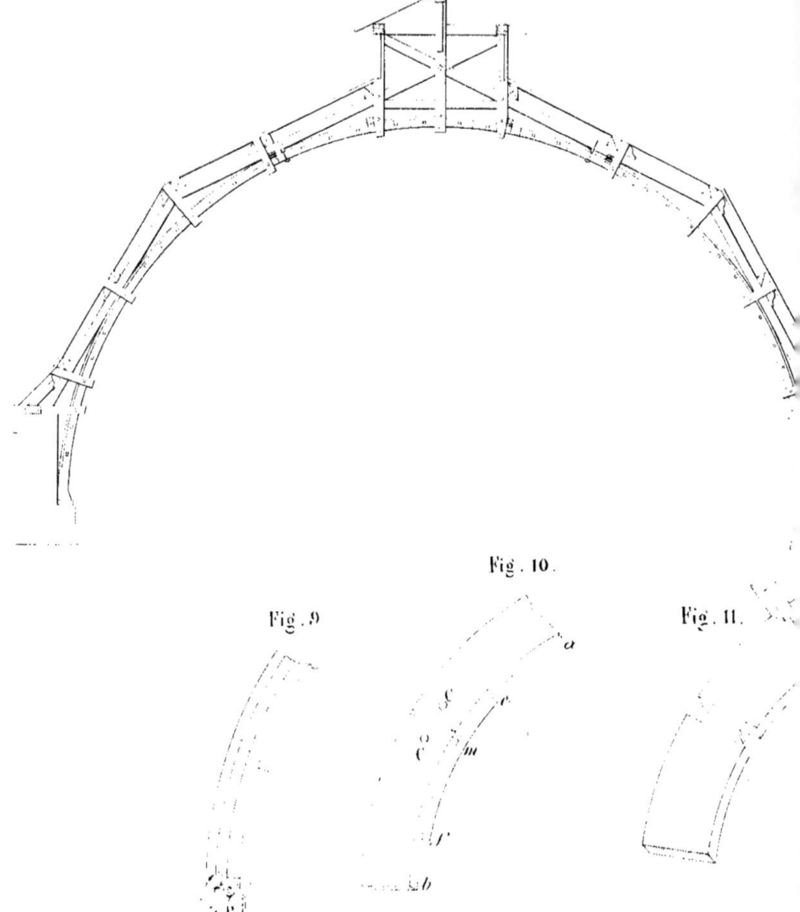

Echelle

PL. II.

Fig. 2.

Fig. 3.

Fig. 4.

Fig. 5.

Fig. 6.

Fig. 7.

Fig. 8.

1 mètre pr la Fig. 1re

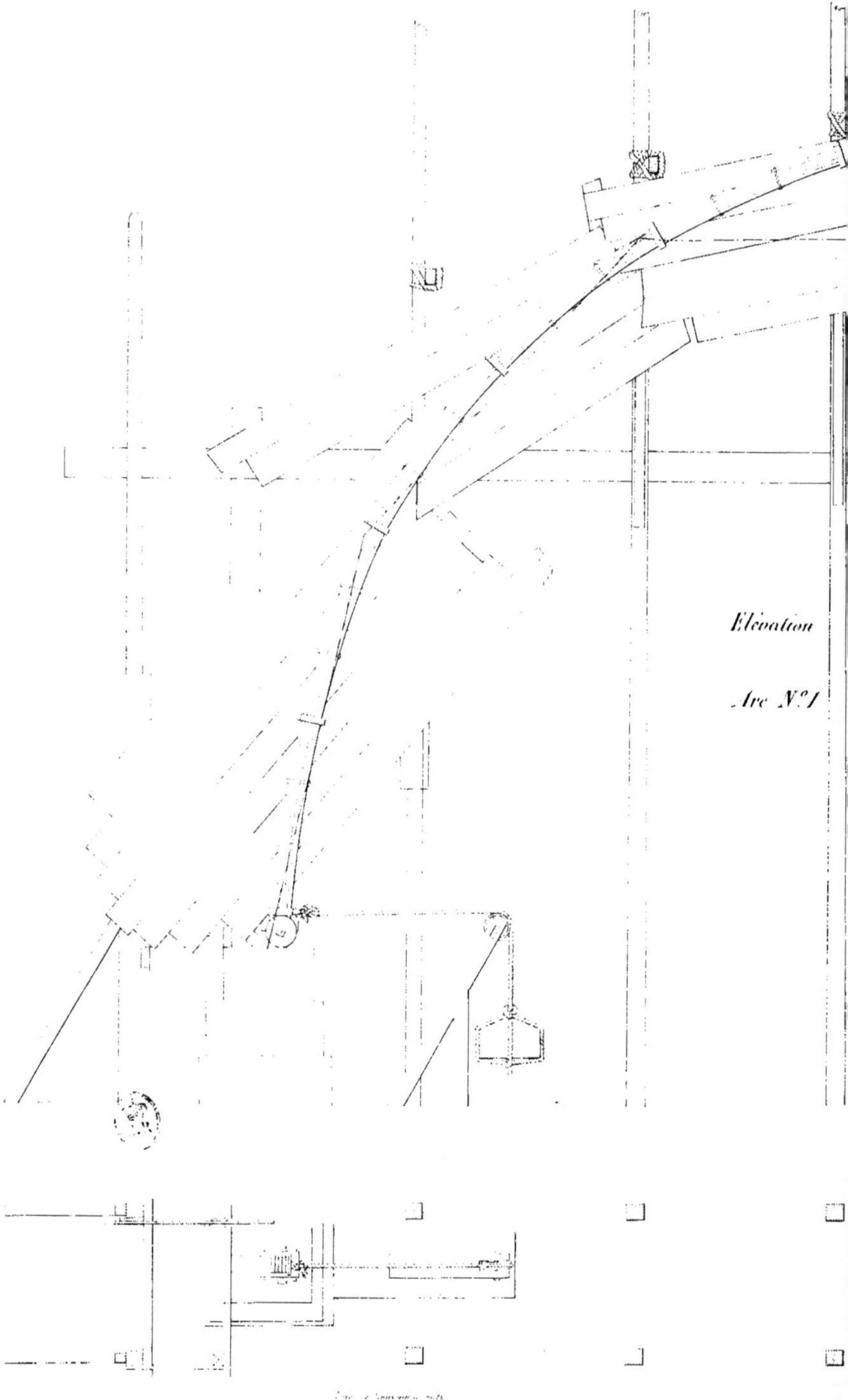
Elevation
Arc N.º 1

PL. III.

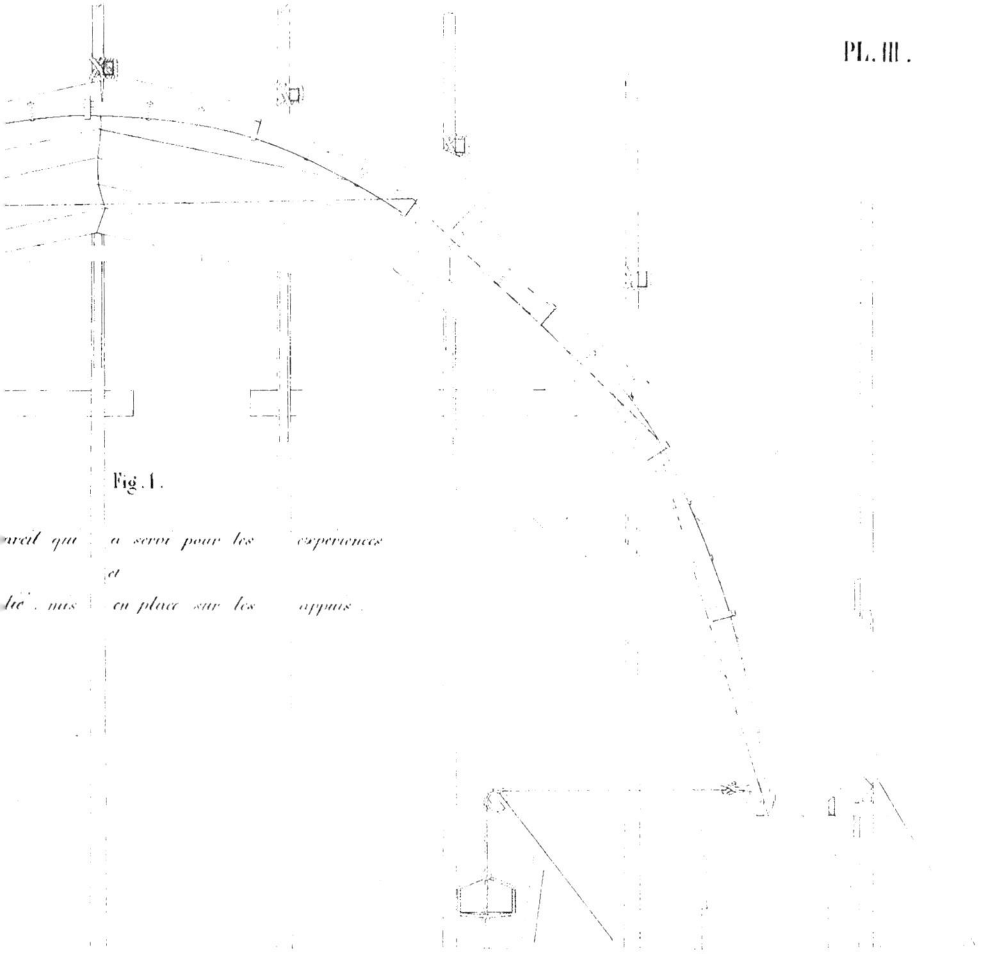

Fig. 1.

...areil qui a servi pour les expériences
et
...lié, mis en place sur les appuis.

Fig. 2.

...e l'appareil. Échelle de 0,025 pour 1 m

EXPÉRIENCES *sur l'arc N° 1*

(*Voir le 3e tableau du*

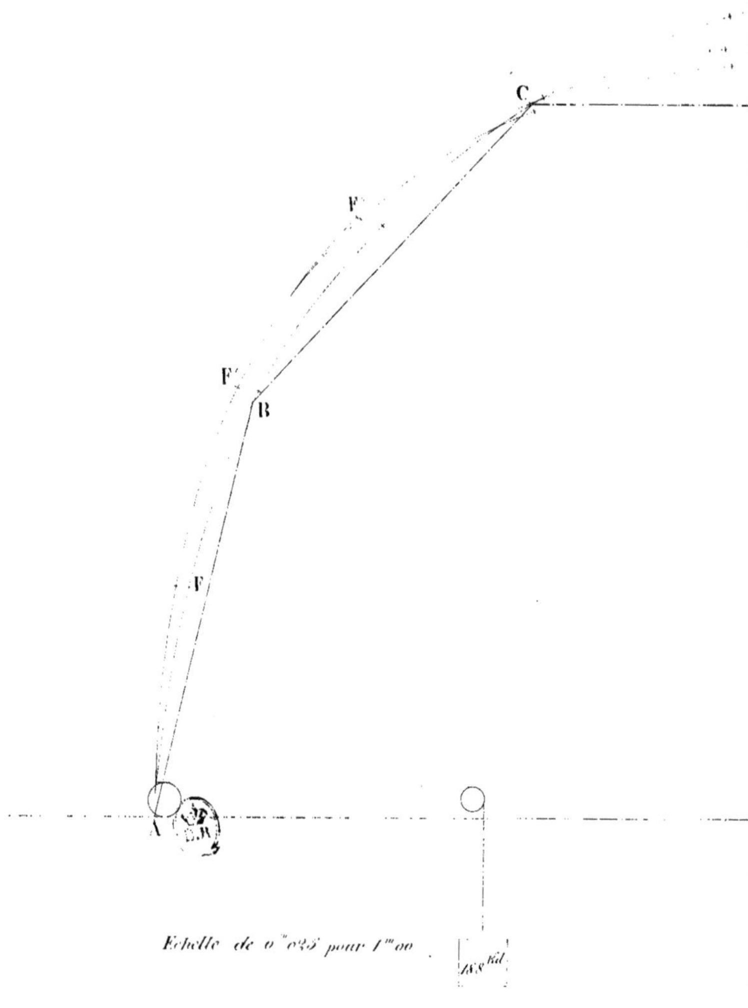

La courbe pleine FF *indique le contour de l'extrados du cintre au moment de sa m*
après le déchargement ABCDEG *est le polygone auquel on a rapporté le r*

…é d'un poids suspendu à son sommet.

PL.IV.

…p^e IV et le § II chap^e VII.)

F

F''

F'

D

F

E

F

609 ^{fil.}

F

G

G

… ^{fil.}

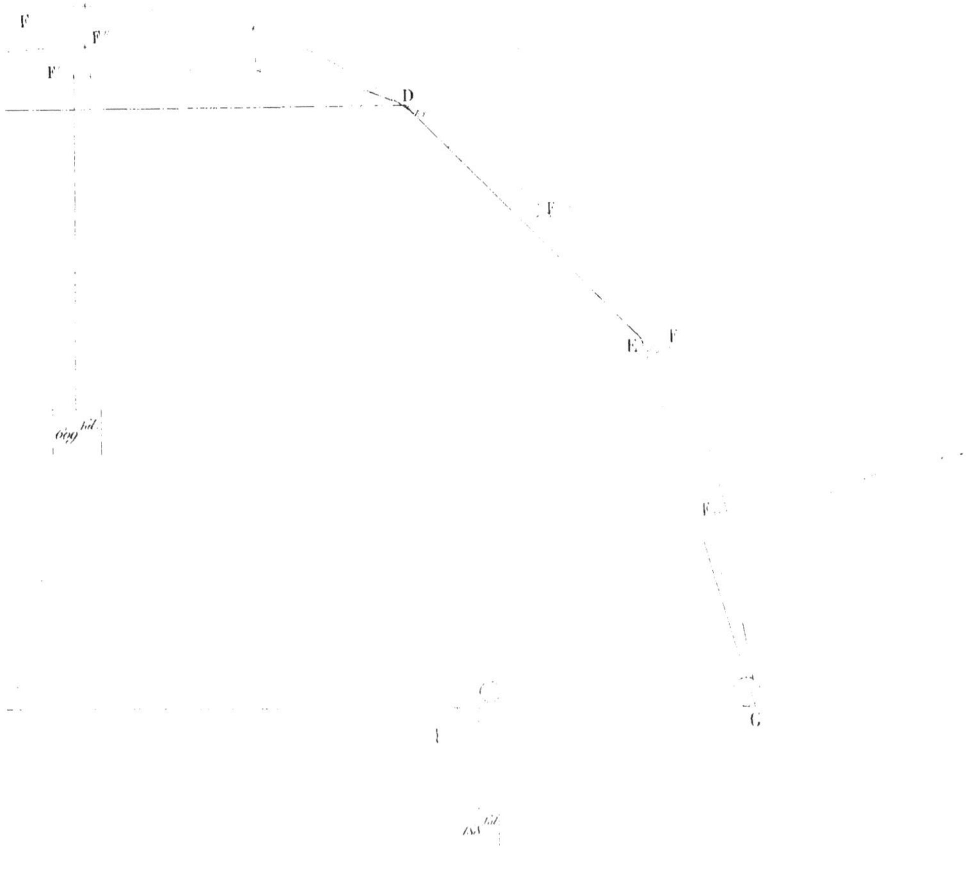

…ace : la courbe FF' … le même contour à la fin de l'expérience : la courbe FF … la figure que le cintre a conservée
… courbes.

EXPÉRIENCES *sur l'arc N.º 1, chargé d'un poids susp*

(Voir le 3.e tableau du **§ II** *du c*

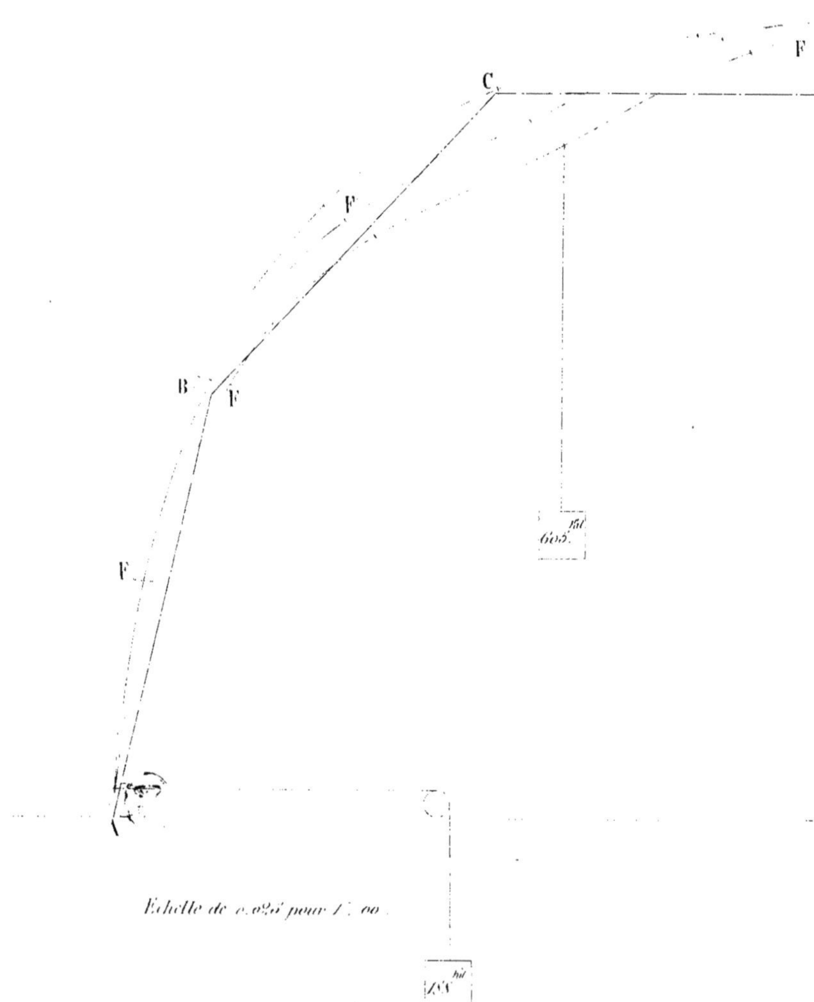

La courbe pleine **FF** *donne le contour de l'extrados du cintre avant le chargement ; la courbe* **F**
la forme que l'arc a conservée après l'enlèvement de la charge. **ABCDEG** *est le po*

ertiealement au dessus du milieu de son rayon.

et le § II du chap.^e VII.

PL. V.

..donne le même contour à la fin de l'expérience. l'arc restant chargé; la courbe FF .... indique
auquel on a rapporté le relevé des courbes.

EXPÉRIENCES *sur l'arc N.° 1 chargé de poi*

(Voy: le **§ I** *chap.* **II.** *le 4.e tablea*

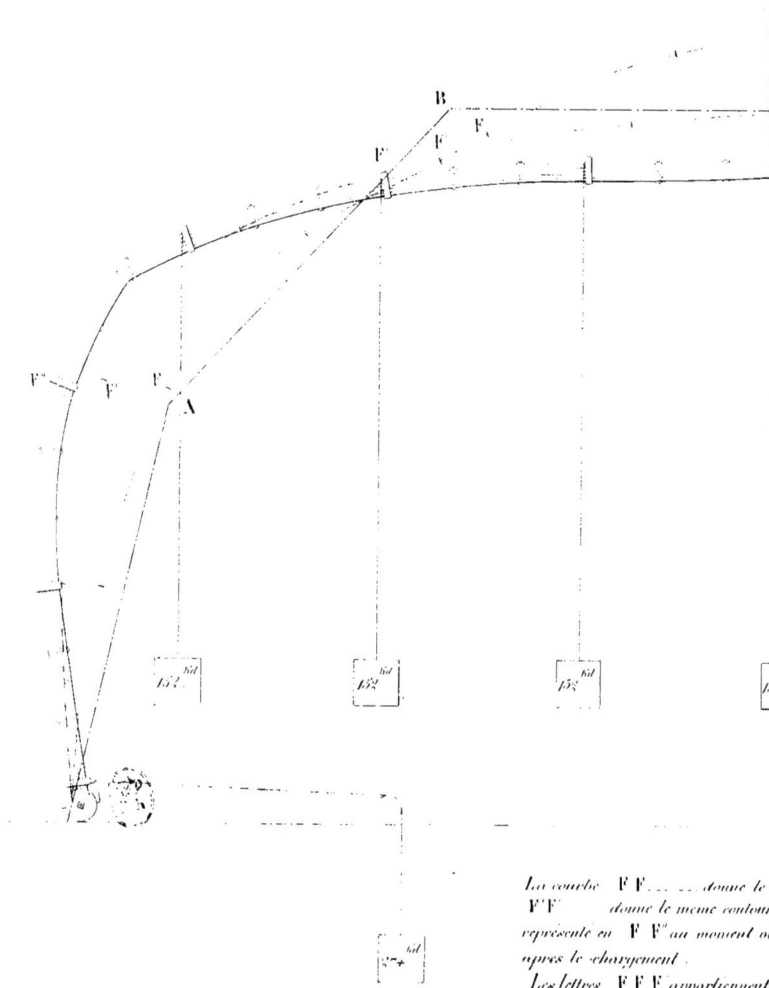

Echelle de 0 025 pour 1,00

…dis uniformément par rapport à son diamètre horizontal.

PL. VI.

…I chap. IV et les § II et X du chap. VII.)

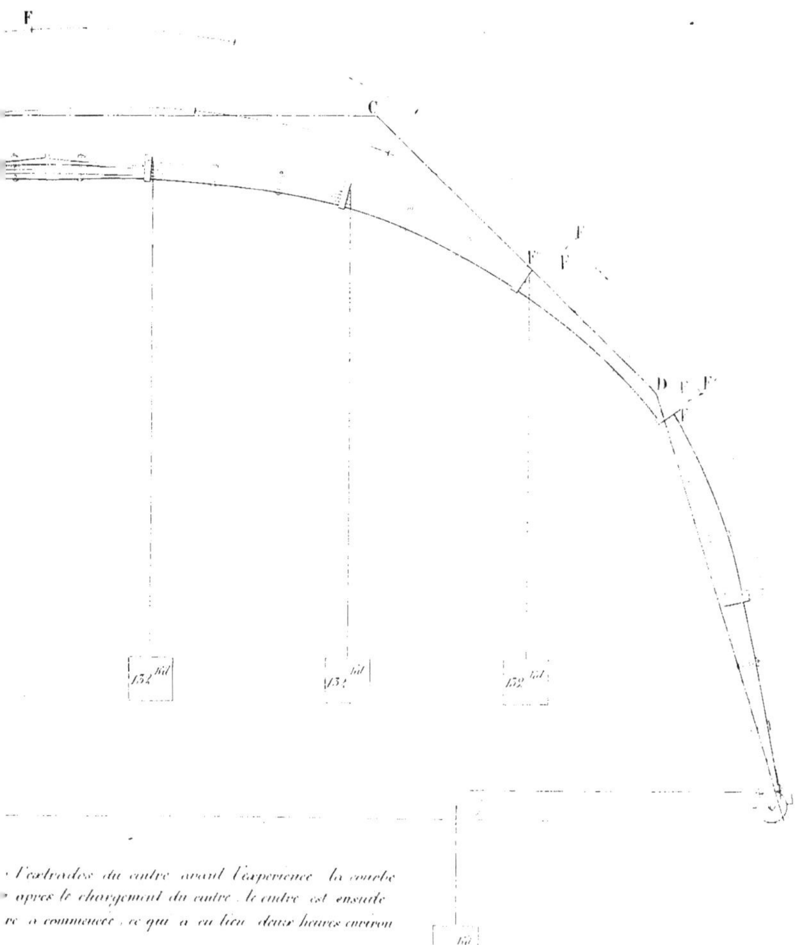

… l'extrados du centre avant l'expérience, la courbe
… après le chargement du centre. le centre est ensuite
…re a commencé, ce qui a eu lieu deux heures environ

…trois figures aux mêmes points du centre
…apporté les abcisses et ordonnées des courbures.

EXPÉRIENCES, *faites sur l'arc N°2, avec*

(Voir le **§ 1** *du Chap.* **II**, *et le* **§**

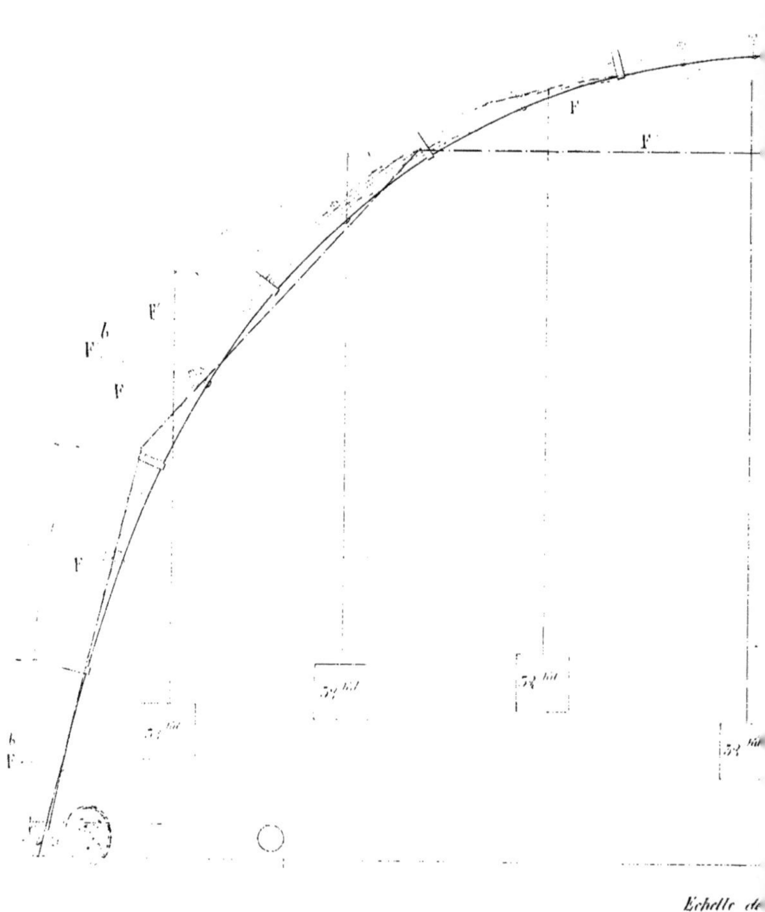

Echelle de

La courbe **F F** *est le contour de l'extrados du cintre chargé du poids de 104 kil. suspendu au sommet : la co*
pour un poids de 296 kil. au point marqué **C**. *La courbe* **F b F b** *donne la figure qu'a prise le cintre chargé de 288 kil.*
les poids ont été enlevés après la 2e expérience

odes de repartition de la charge.

PL. VII.

… tre VII.)

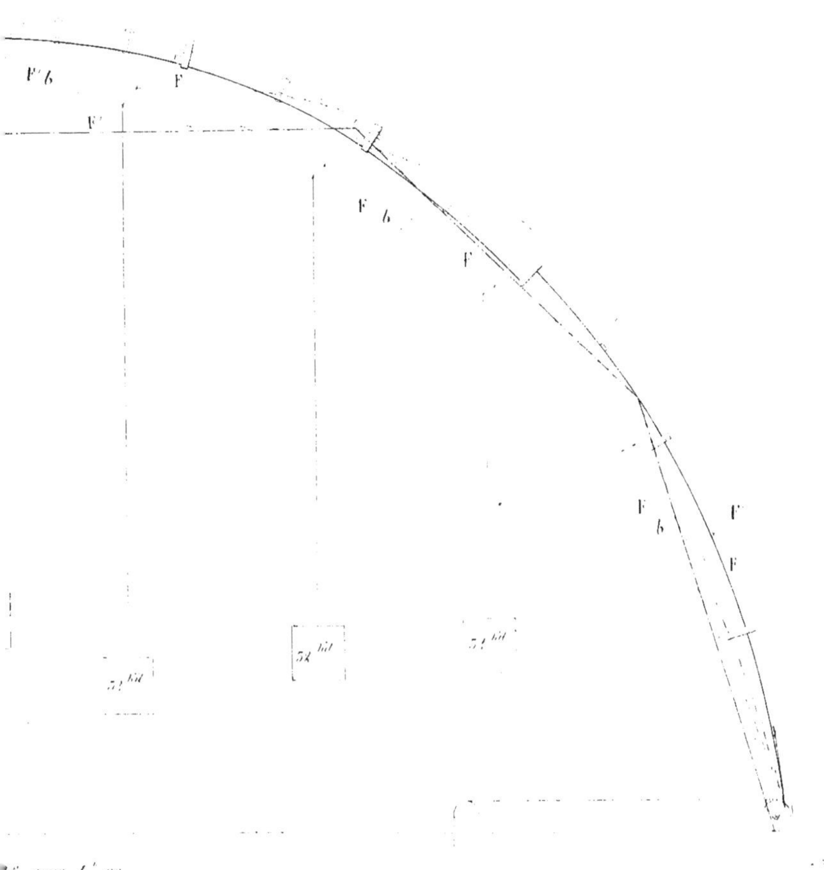

…5 pour 1m 00

le même contour lorsque la charge, également suspendue au sommet, a été portée a 224 kil. La rupture s'est faite
… uniformement par rapport a son diametre horizontal : la courbe F … la figure conservée par le cintre après que

EXPÉRIENCES *sur l'arc N.° 4 en planches de chan*

(Voir le **§ II** *Ch*

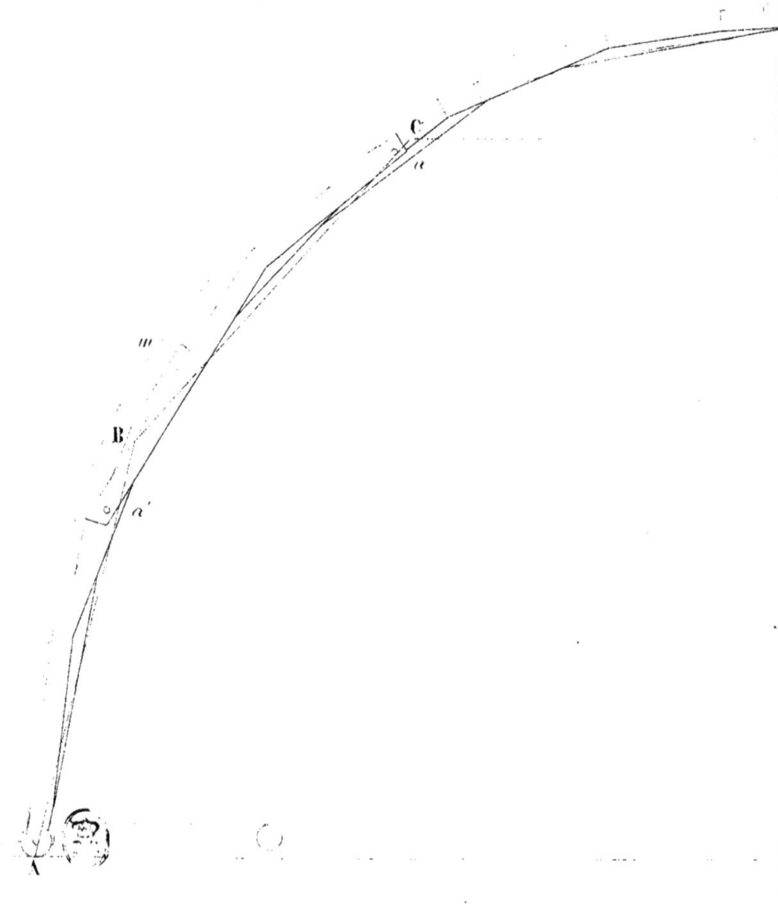

Echelle de 0.m 025 pour 1.m co

Le cintre est représenté au moment de sa mise en place l
après la flexion produite par un poids de 504 k. suspen
ABCD *&c. est le polygone auquel on a rapp*

…argé d'un poids suspendu au sommet.

§ VII Chapitre VII

PL. VIII.

D

b

m

E

b

F

m m est le relevé du contour de l'extrados

…mmet.

…relevé des courbes.

EXPÉRIENCES sur l'arc N°5 en planches de

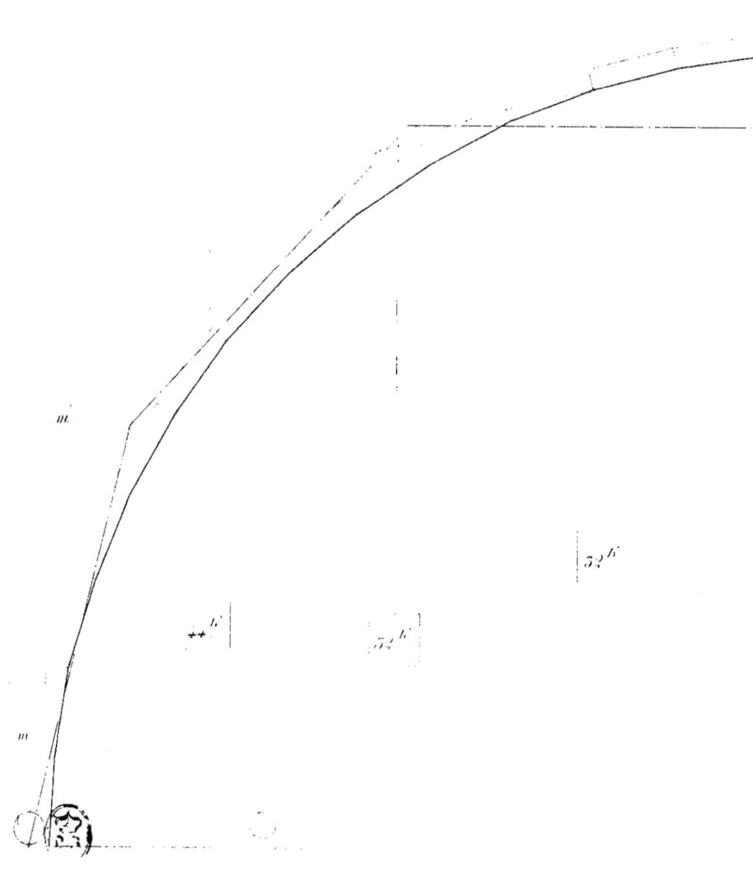

…harge d'un poids suspendu au sommet.

PL. IX.

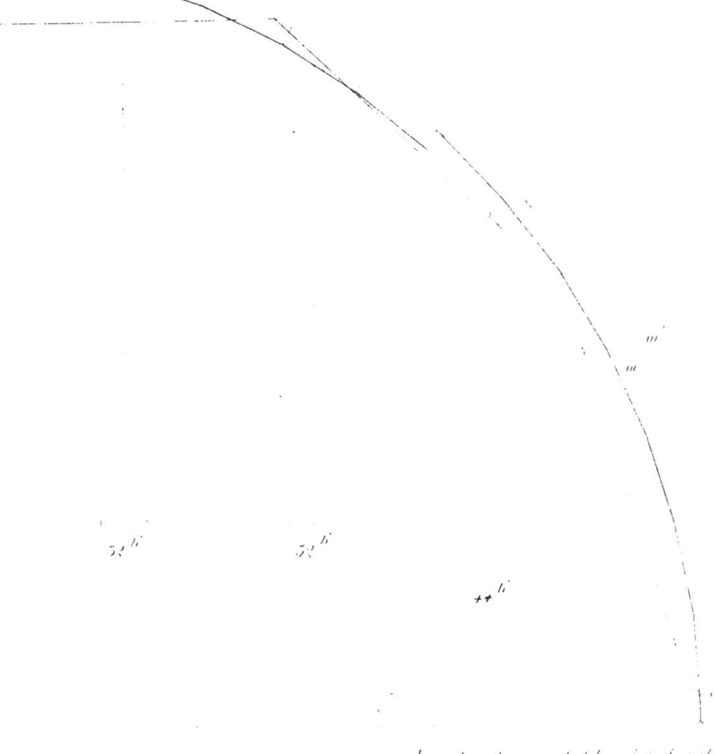

Le cintre est représenté tel qu'il était sur le chantier de construction. La courbe m m est la figure qu'a prise son extrados après qu'il a été mis en place. La courbe m m' est le contour de l'extrados de l'arc portant un poids de 31 lb réparti comme le dessin l'indique.

Nota. [illegible]

EXPÉRIENCES *sur l'arc N.° 6 en planches de champ clouc*

(Voir le **§ 1** *de*

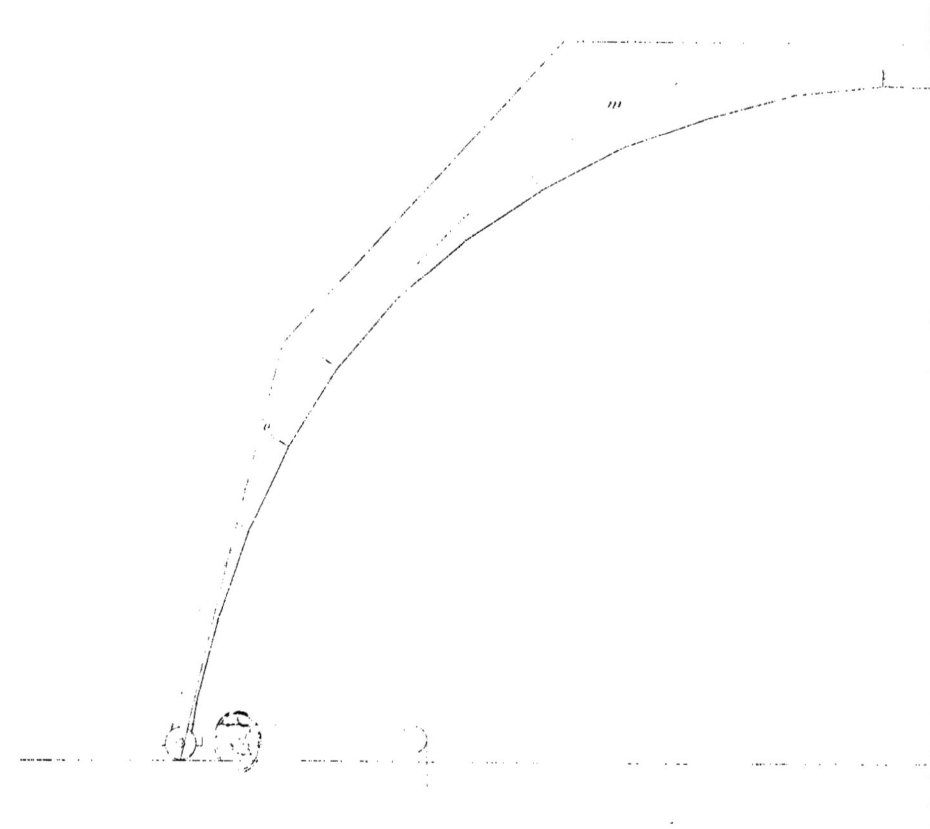

Échelle de

... Moreau ...

…ouillées portant un poids suspendu à son sommet.

(…les §V et VI, chap. VII.)

PL. X.

m

…mne 1^m 00.

La courbe pleine m m m est le contour de l'extrados de l'arc mis en place sans être chargé. Le cintre est représenté chargé de 104 kil. les joints des planches fortement ouverts en a a à l'extrados et b à l'intrados se sont refermés quand le poids a été enlevé, et l'arc a repris à peu près sa figure primitive.

Plan et élévation de l'appareil
du bois de sapin emp

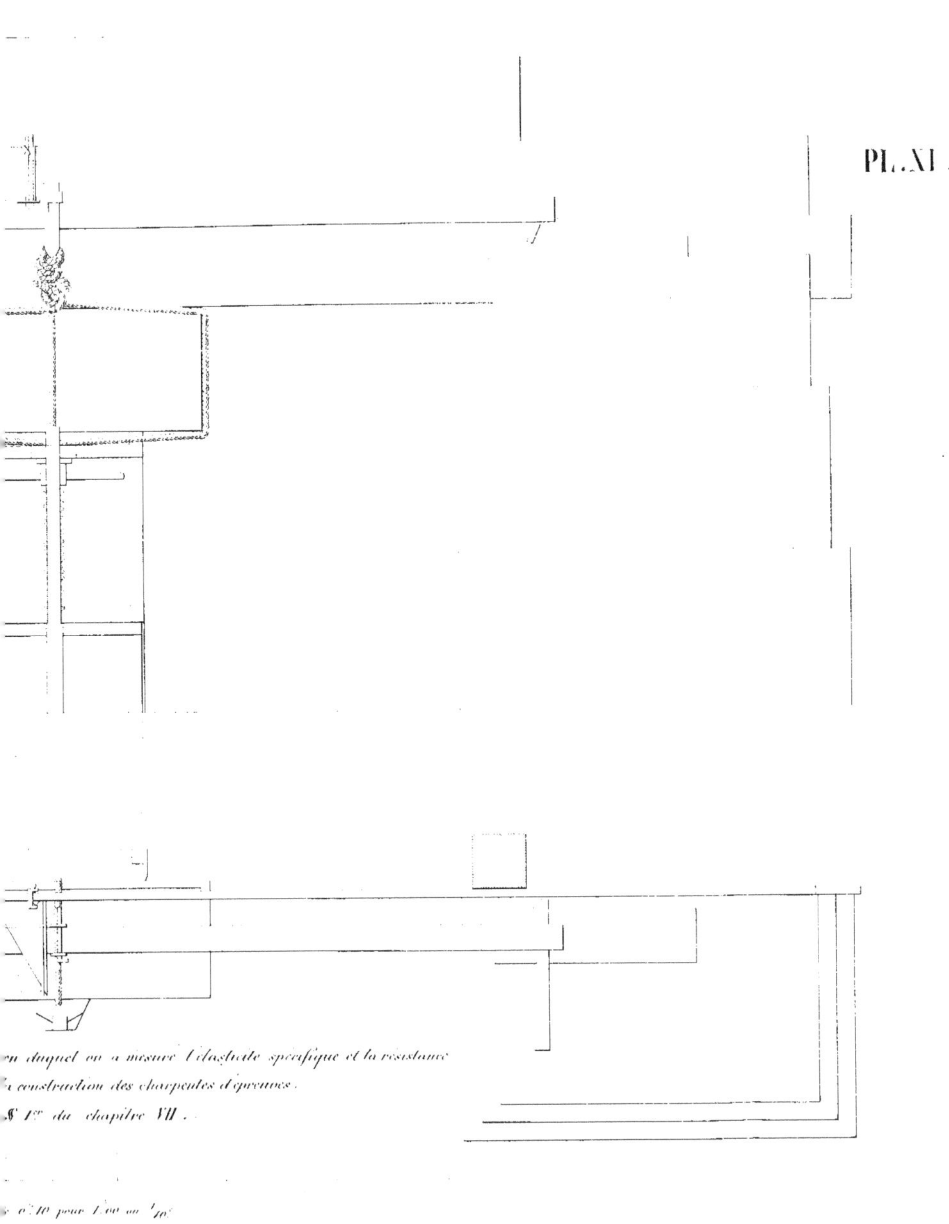
PL. XI.
en duquel on a mesuré l'élasticité spécifique et la résistance
a construction des charpentes d'épreuves.
§ 1er du chapitre VII.
s 0m10 pour 1m00 ou 1/10e

Relevé des courbes d'inflexion de la barre de sapin qui a servi à la déterminat

Les abscis

Arc N° 7 en b

(Voir le

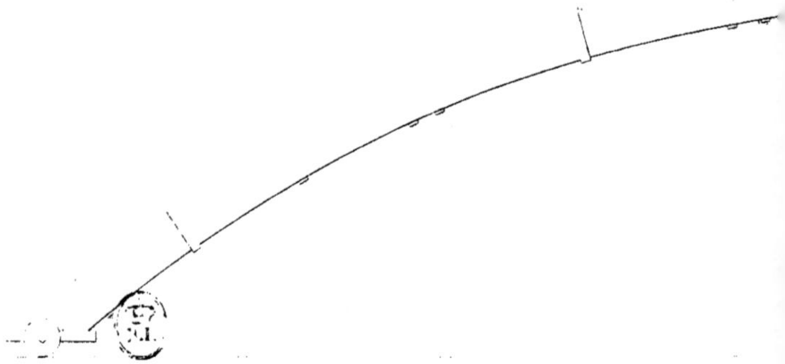

fficients d'élasticité et de rupture du bois de sapin. Fig. 1re Voir le § I du Chap. VII.

PL. XII.

...ettes à l'échelle de 1/5 et les ordonnées à l'échelle de ...

...uve N° 1.

2

3

4

5

6

7

8

9

10

11

11 bis

12

...mis en place pour les expériences.

...ap. IV et le § IV du Chap. VII

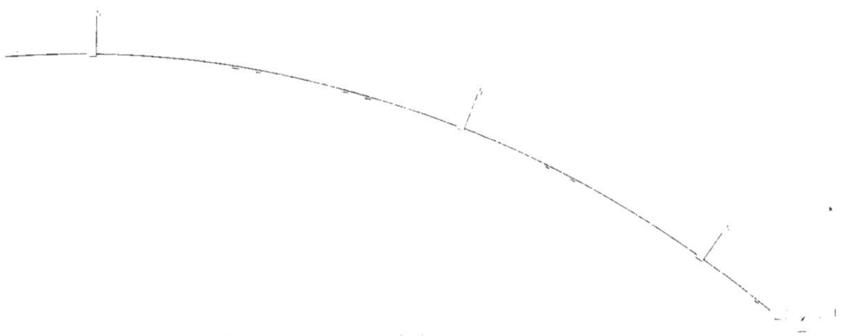

...de 0m 025 pour 1m 00

EXPÉRIENCES *sur l'arc N.° 7 en bois pli*

(Voir le **§ III** *du chap*

m' m

Les courbes m m ... donnent le contour de l'a

représentent l'extrados de l'arc fléchi par le poids

m m'

Echelle de 0.m 025 pour 1.m 00

ge d'un poids suspendu à son sommet.

§ IV du chapitre VII.

PL. XIII.

m

m

de lire avant l'expérience les courbes m m

à sommet.

m

m

EXPÉRIENCES *sur la charpente simple N.° 8, charg*

Voir les § I *et* II *du Chap.e* X, *et le* § II *du Chap.e* VIII.

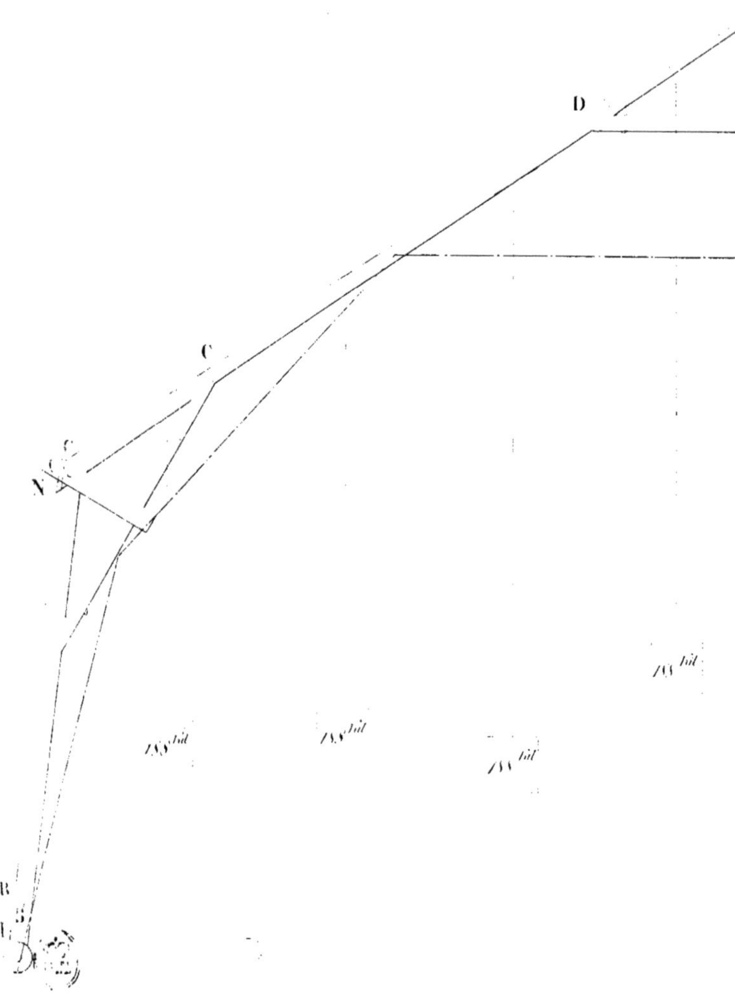

La ferme droite simple N.° 8 est représentée mise en place
représentent deux positions successives prises par la ferme. La 1re
de 1692 kil

ts répartis uniformément sur la longueur des arbalétriers

PL. XIV.

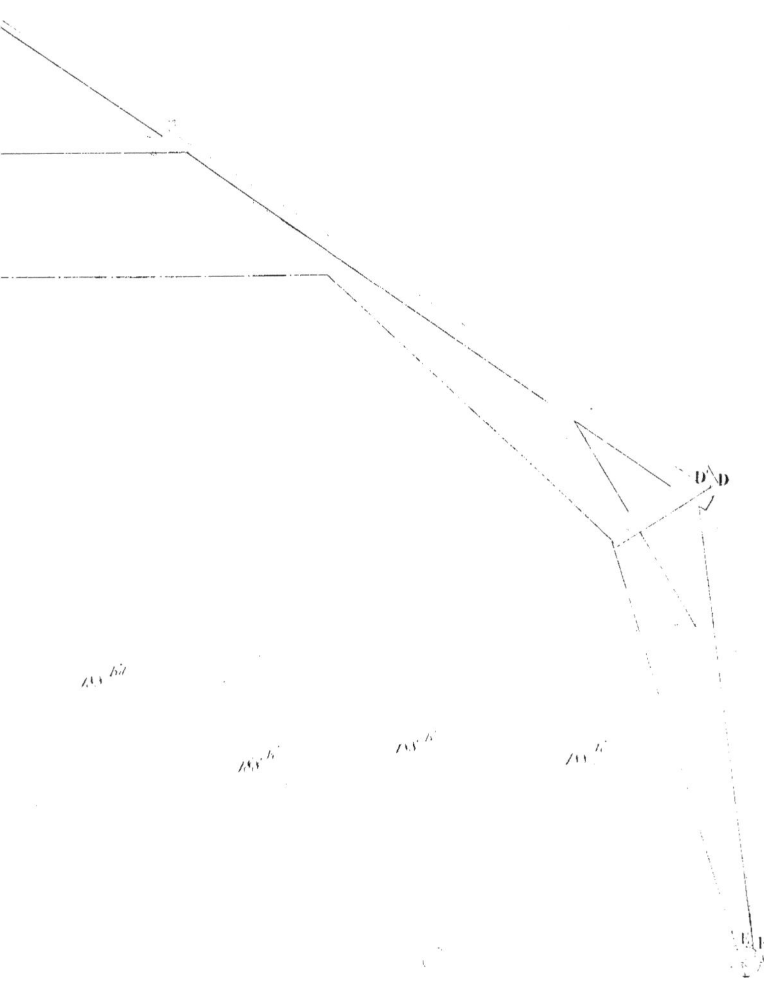

l'expérience les deux tracés **ABCDE** *et* **ABCDE**
ven d'une charge de 848 kil. la 2e sous celle d'un poids

Échelle de 0m 025 pour 1m 00

Charpente en arc N°9.

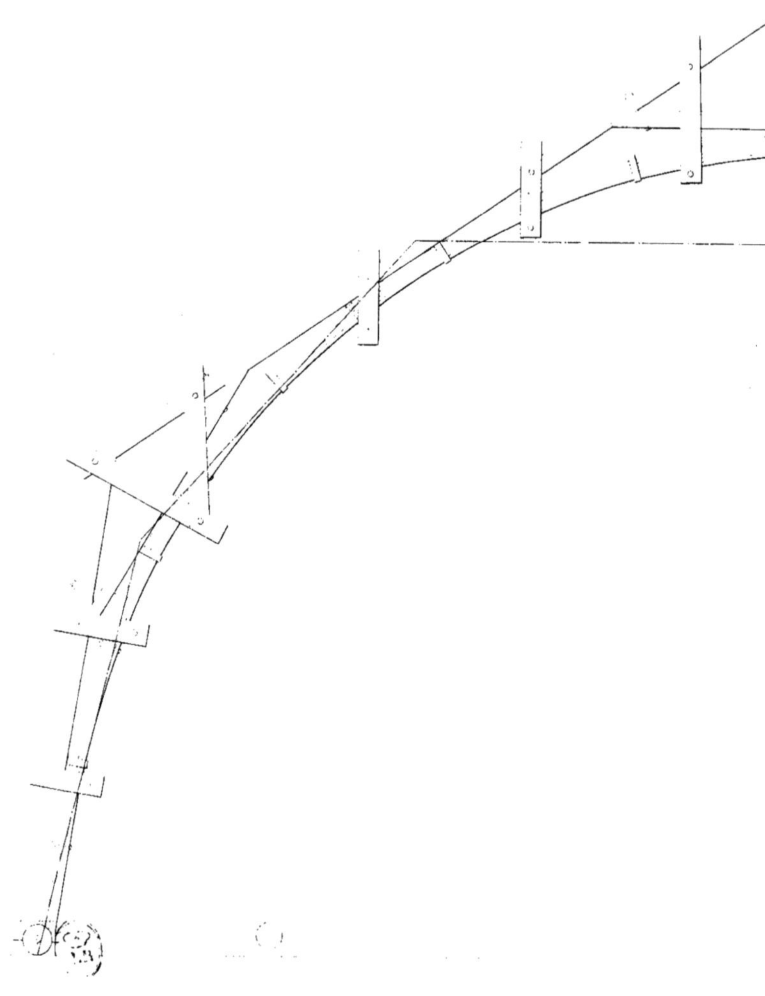

Echelle

…n place avant les expériences.

PL. XV.

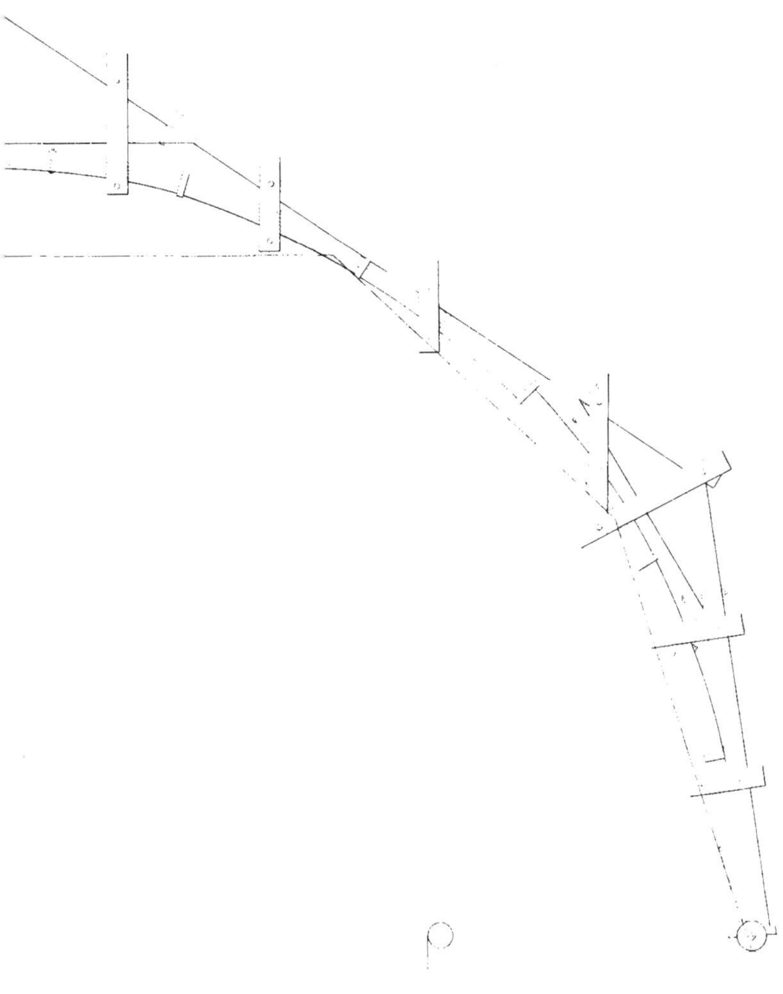

…pour 1m00.

EXPÉRIENCES *sur la Charpente en arc N.º 9 . c*

Voir les § I *et* II *du Chapitre* V . *et les*

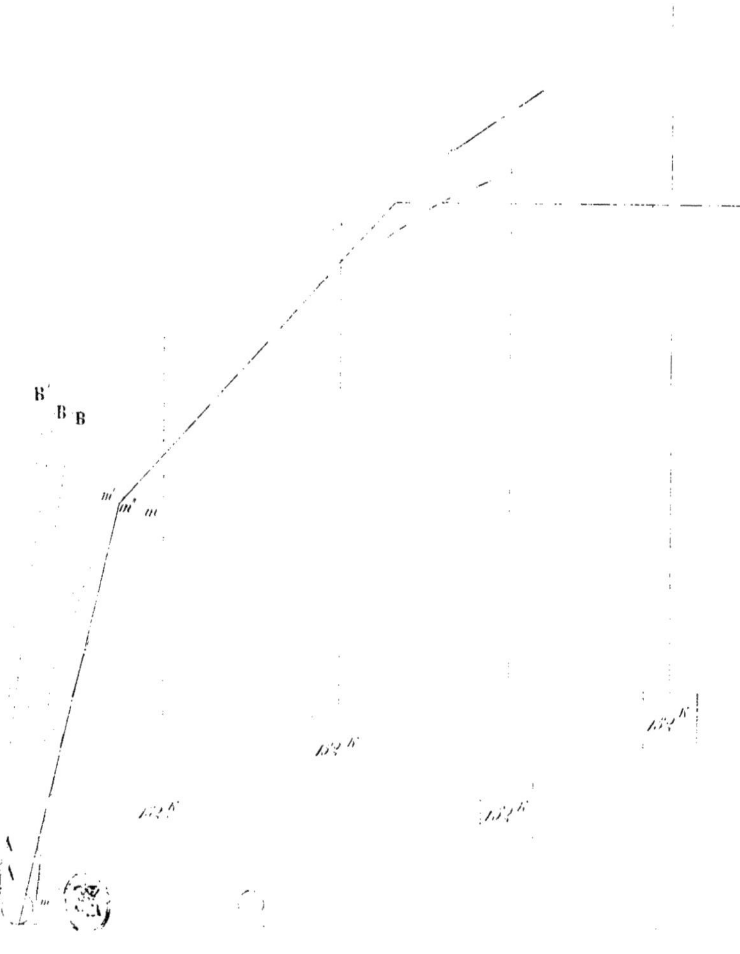

Echelle de o.

de poids répartis uniformément sur la longueur des arbalétriers.

§ III, VI, et VII du Chapitre VIII.

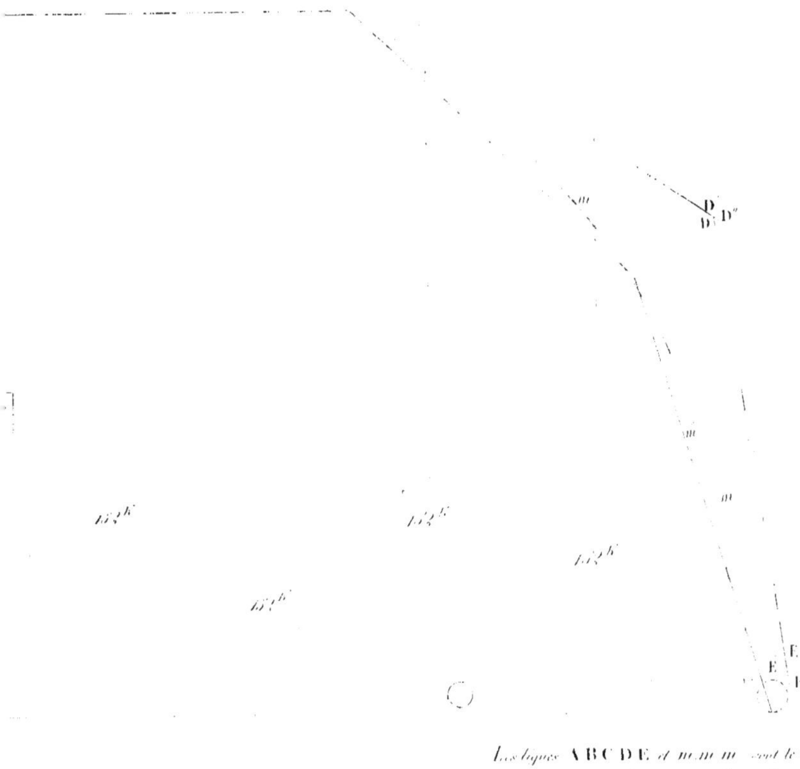

PL. XVI.

pour 1m ou

Les lignes A B C D E et m m m sont le tracé de l'extrados du cintre et des arbalétriers de la ferme N° 6 avant l'expérience les lignes A B C D E et m m m figurent le contour des mêmes pièces après l'affaissement produit dans la ferme par une charge de 1563 kil. les lignes A B C D E et m m m la figure de la ferme après que les poids ont été enlevés.

EXPÉRIENCES *sur la Charpente en arc N.° 10. chargée*

Voyez le § I *Chap.^e* II, *et les*

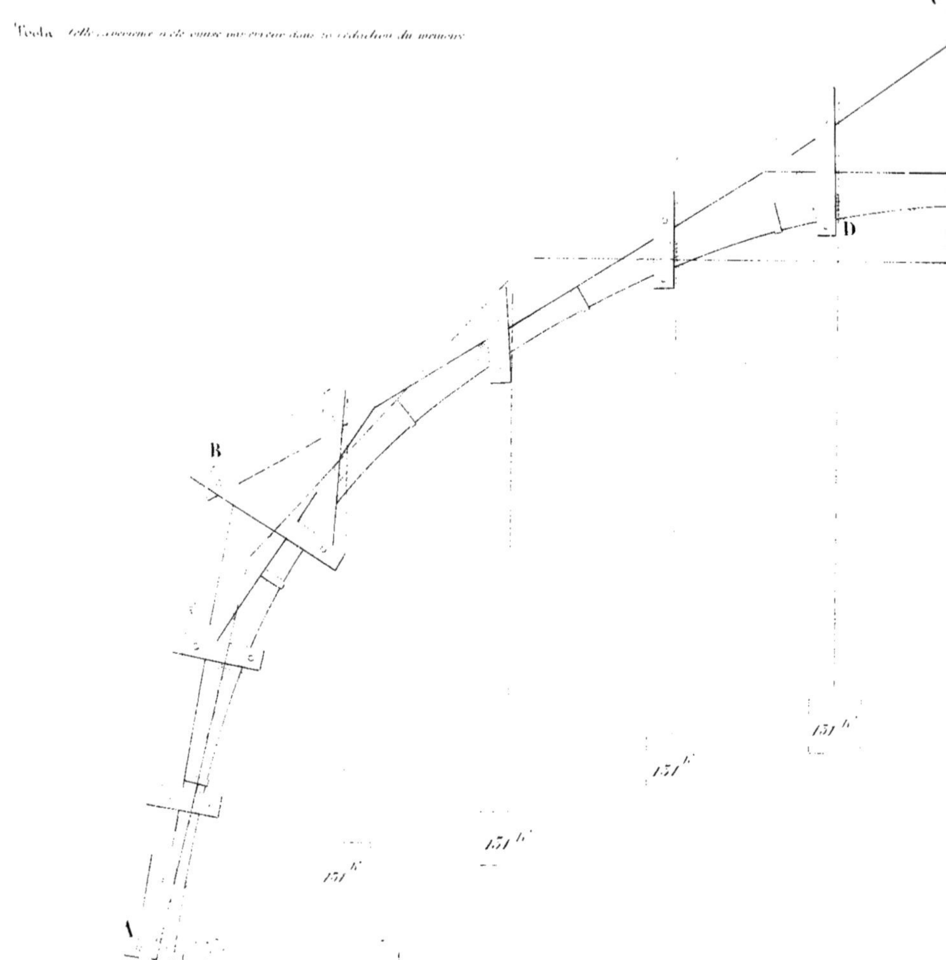

Echelle de

uniformément répartis sur la longueur des arbalétriers.

du Chapitre VIII.)

PL. XVII.

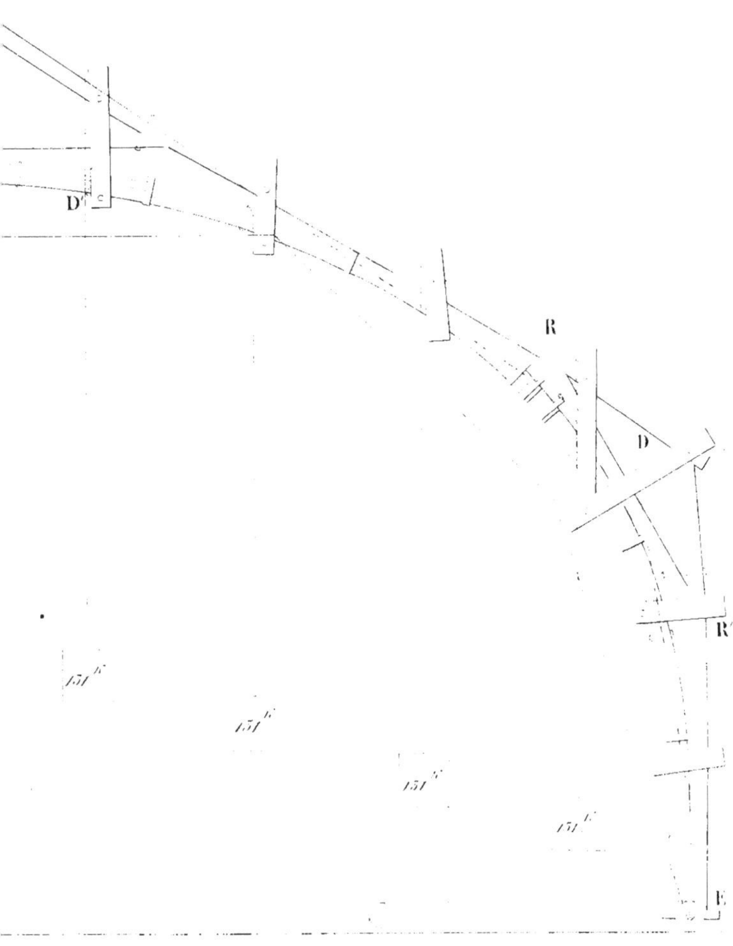

Le tracé ABCDE *indique la position de la charpente* N° 10 *avant le commencement de l'expérience. Elle est ensuite représentée au moment où elle se rompt sous une charge de 1539 kil. répartie uniformément. L'arbalétrier cassé en* R *et le poteau en* R'. *L'arc n'est pas rompu mais les joints longitudinaux entre les lames s'ouvrent dans les parties de l'arc voisines des points* D *et* D'. *L'abaissement du sommet est de 0,99 ce qui donne* $\frac{P}{f}$ = *1000.* A. *Voyez le* §III *du Chap.* VIII.

EXPÉRIENCES *sur la Charpente en arc N.° 11. dan*

(*Voyez les* **§ I** *et* **II** *du Chapitre* **V** *et les* **§**

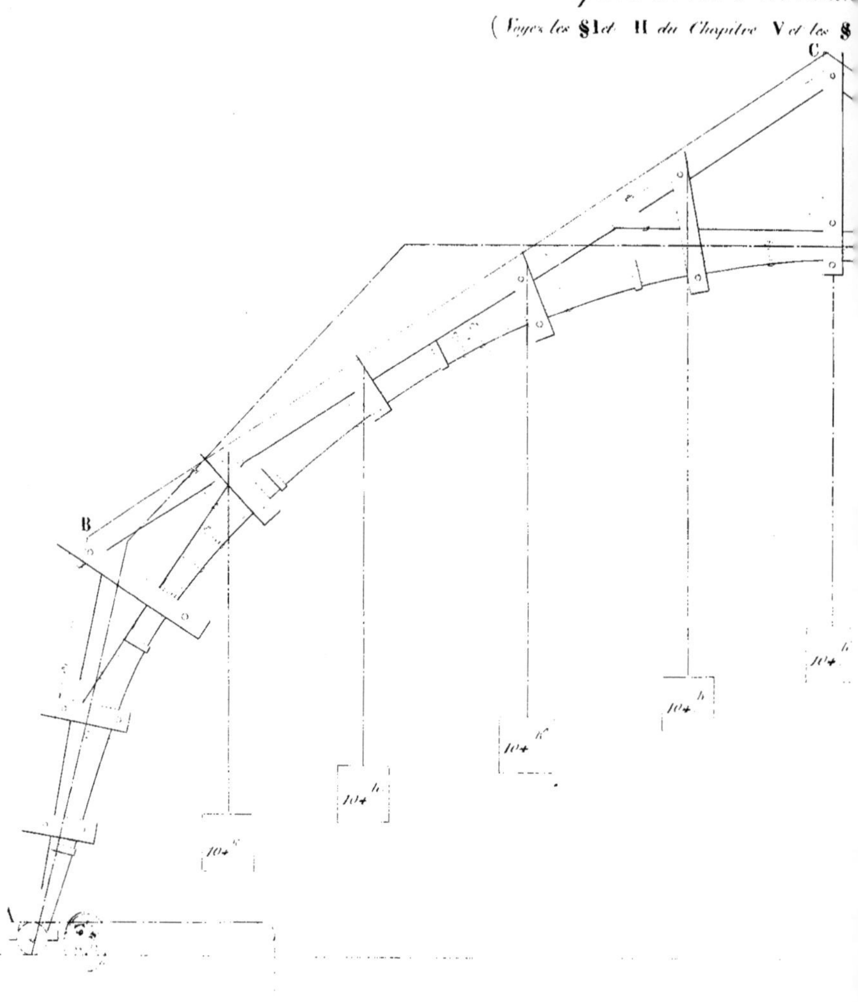

Echelle de 0.025 p

…lle les moises sont disposées normalement à l'arc.

…VII du Chapitre VIII

PL. XVIII.

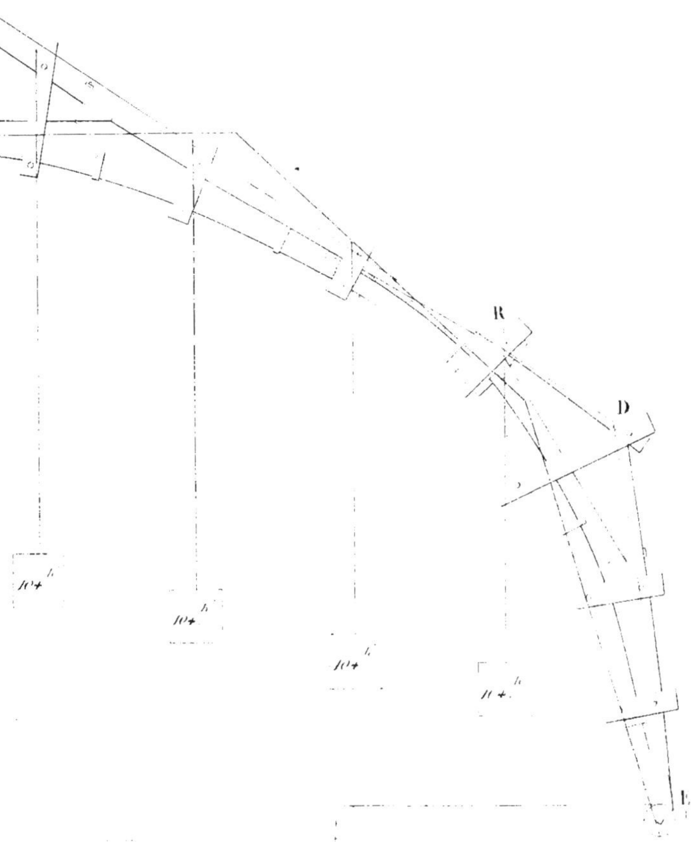

Le tracé **ABCDE** *est la projection verticale de la face supérieure des quatre pièces de la ferme droite. La charpente entière est ensuite représentée au moment où elle commence à s'affaisser sous un poids de 9561 kil réparti uniformément. La rupture a eu lieu en* **R** *dans une partie de l'arbalétrier affaiblie par une entaille. La figure de l'arbalétrier et celle du poteau méritent d'être remarquées à cause des indications qu'elles fournissent pour l'application des formules de la théorie de la résistance des bois à la rupture, au calcul de l'équarrissage de ces deux pièces de la ferme droite.*

EXPÉRIENCES *sur la charpente en arc N.° 12 ch*

(Voyez les **§ I** *et* **II** *du Chap.^e* **V** *et les* **§ III, VI**, *et* **VII** *du Chap.^e* **VIII**.)

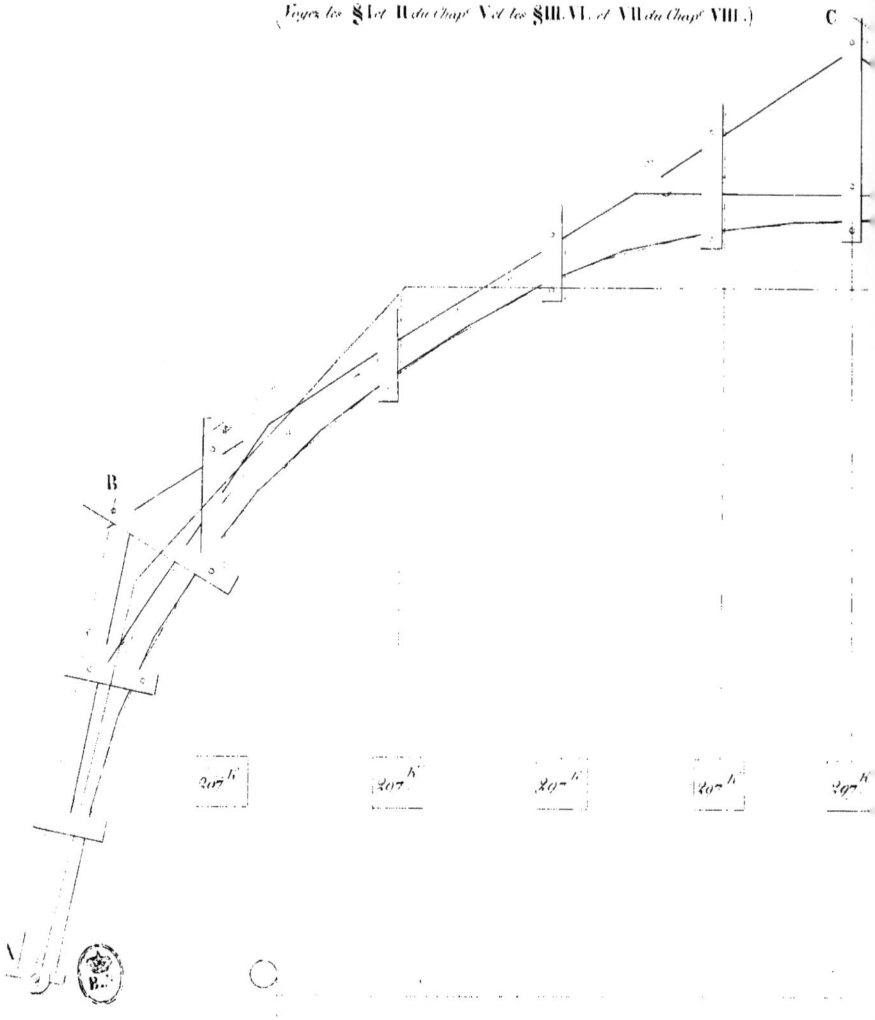

C

B

207^k

207^k

207^k

207^k

207^k

Echelle de 0^m 025 pour 1^m 00

Le tracé **ABCDE** *est la projection verticale du contour extérieur de la*
l'expérience. La charpente entière est représentée au moment de la ruptu
en **R'** *sous l'action d'une charge de 2064^k répartis uniformément. Le c*
point **D** *par la rupture de quelques planches dans le sens de leur lo*

poids répartis uniformément sur la longueur des arbalétriers.

PL. XIX.

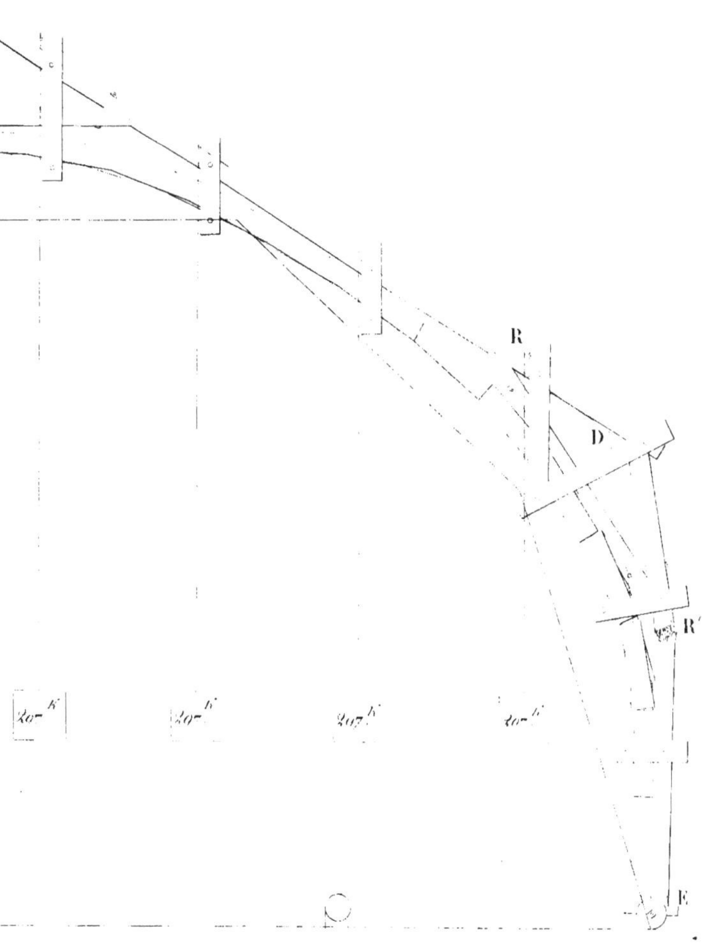

droite mise en place avant
rbalétrier en R et du poteau
désorganisé vis à vis du

EXPÉRIENCES *sur la charpente en arc N.º 13, a*

(Voyez les § I *et* II *du chapitre* V

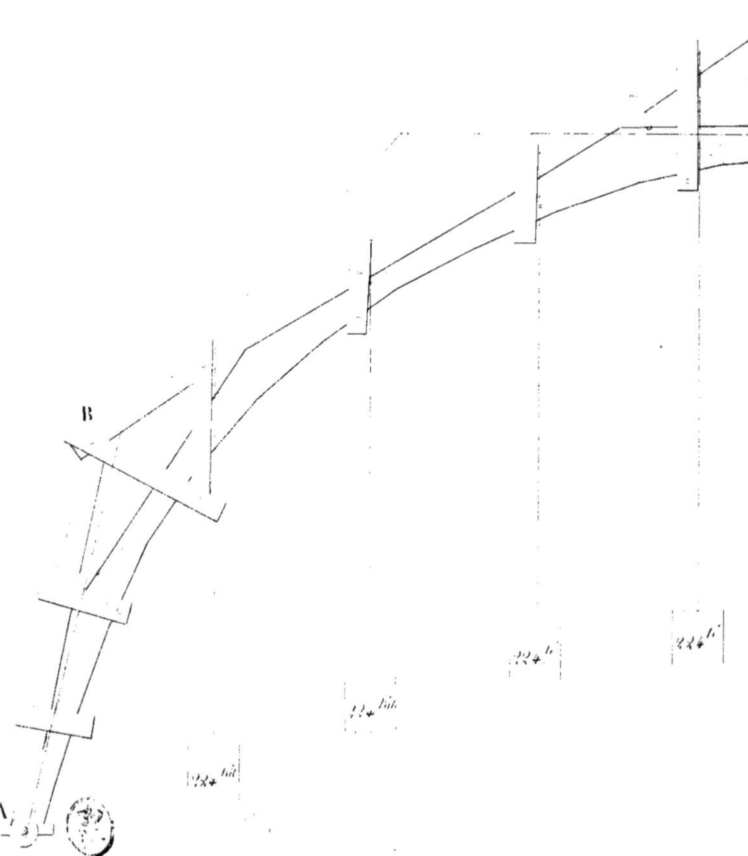

Le tracé A B C D E *est le contour exter*

entière est représentée chargée d'un poids

de poids uniformément répartis sur la longueur des arbalétriers.

II, VI, et VII du Chapitre VIII.)

PL. XX.

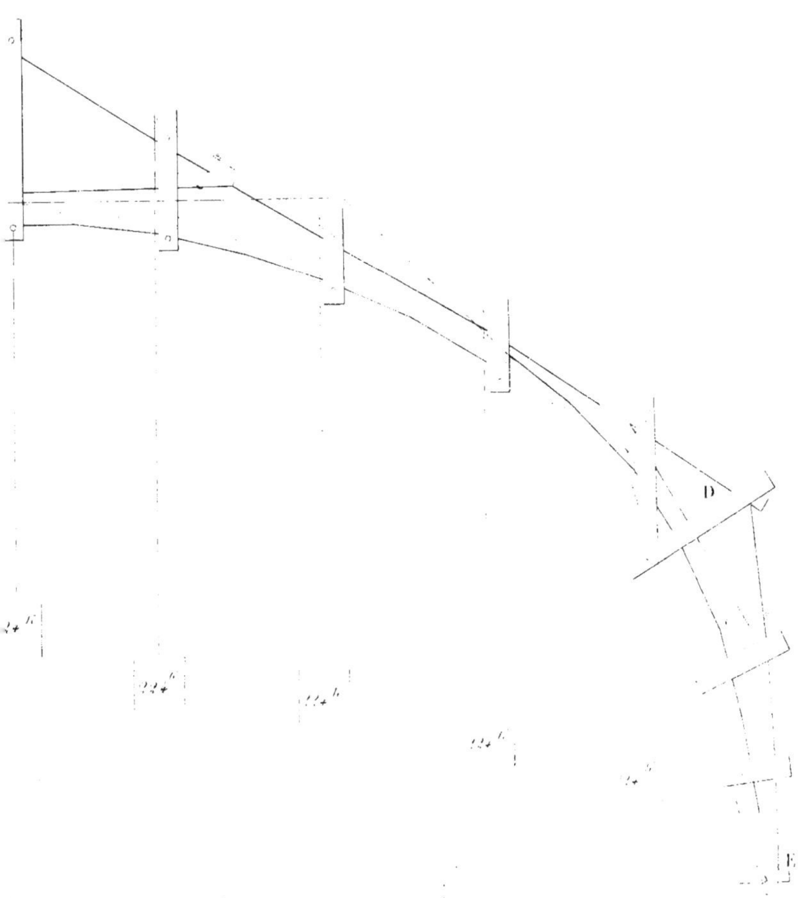

la ferme droite mise en place. La charpente
kilogrammes réparti uniformément

Échelle de

EXPÉRIENCES *sur la charpente droite composée* N.° 1 + (

Voyez les § I *et* II *du Chapitre* V *et*

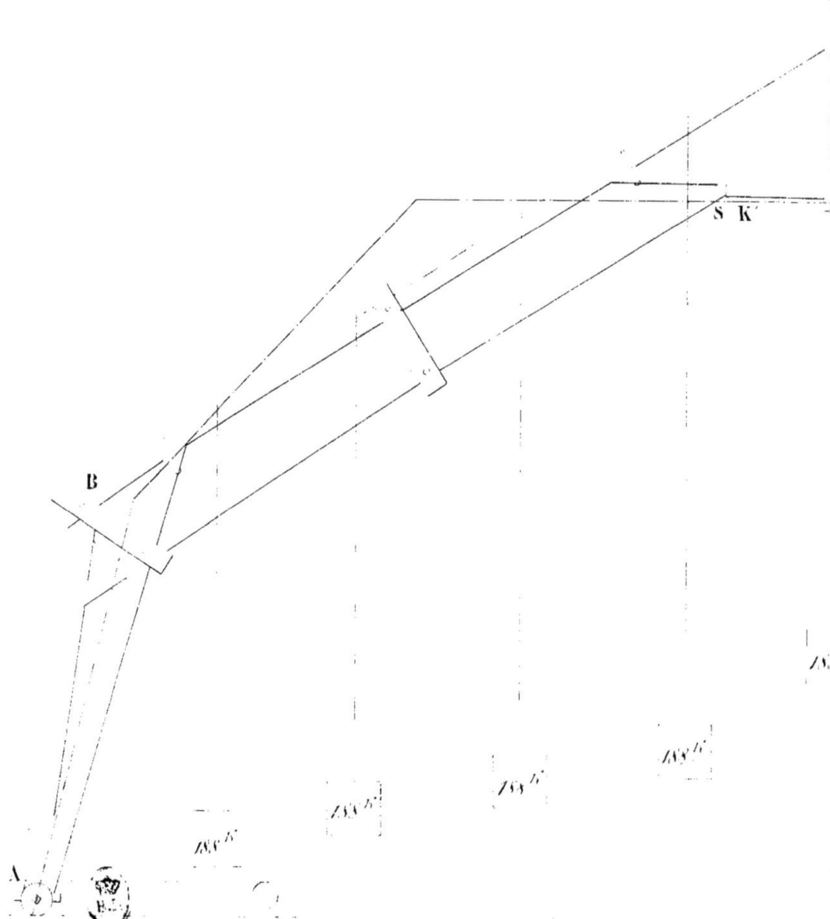

Le tracé A B C D E *est la projection verticale du contour extérieur de cette ferme est représenté chargé de* 1602^k *répartis uniformément que par suite de la flexion, les joints* K *et* K′ *s'ouvraient sensiblement n'ajoutaient probablement rien à la résistance de la ferme. On aura*

de poids uniformément repartis sur les arbalétriers.

et VII *du Chapitre* VIII. *)*

PL. XXI.

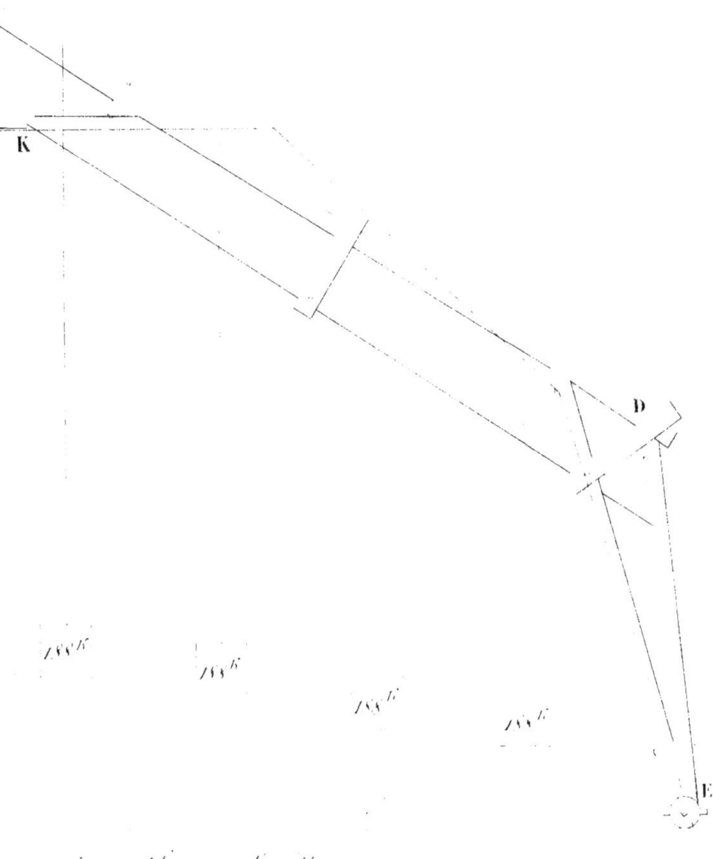

e mise en place avant l'expérience. L'ensemble
alétriers. On notera comme un fait remarquable
ue la pièce KK' *et la partie* SS' *dessous arbalétriers.*
e des boulons en S *et* K'

EXPÉRIENCES *sur la charpente droite composée N°*

Voir les § I *et* II *du chap.* V, *et*

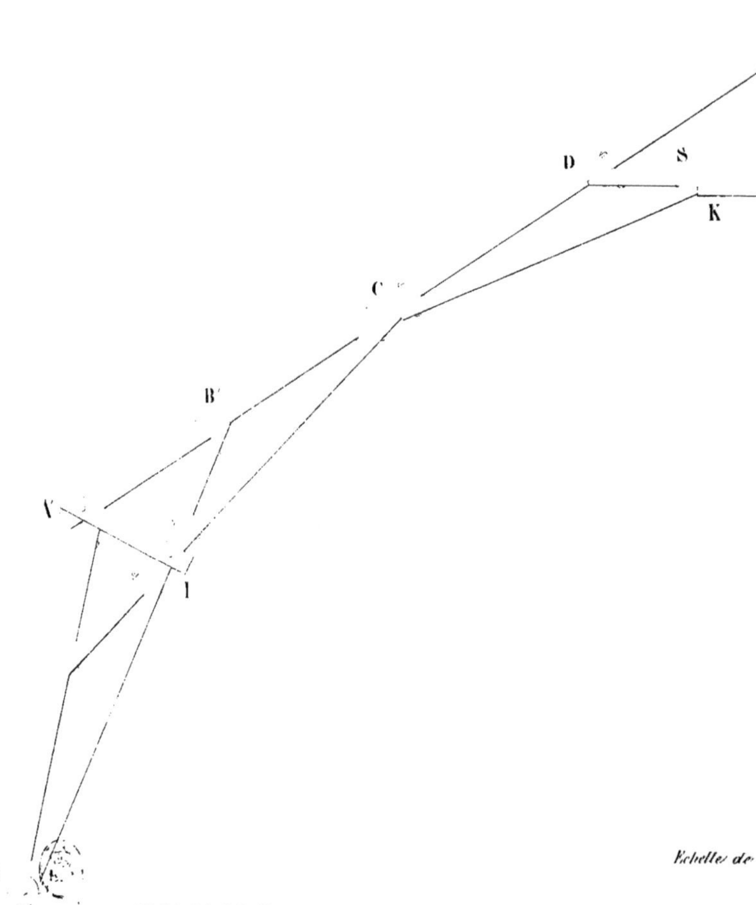

La charpente N.° 14 s'est rompue à la fois en A, B, C, D, E, F, G, H, I *et*
courbes relevées pendant les expériences: il a été impossible dès lors de
Elle ne contribuait donc pas à la solidité du système: il aurait fallu

…gée de poids uniformément repartis sur les arbaletriers.

PL. XXII.

…I et VII du chap.e VIII.)

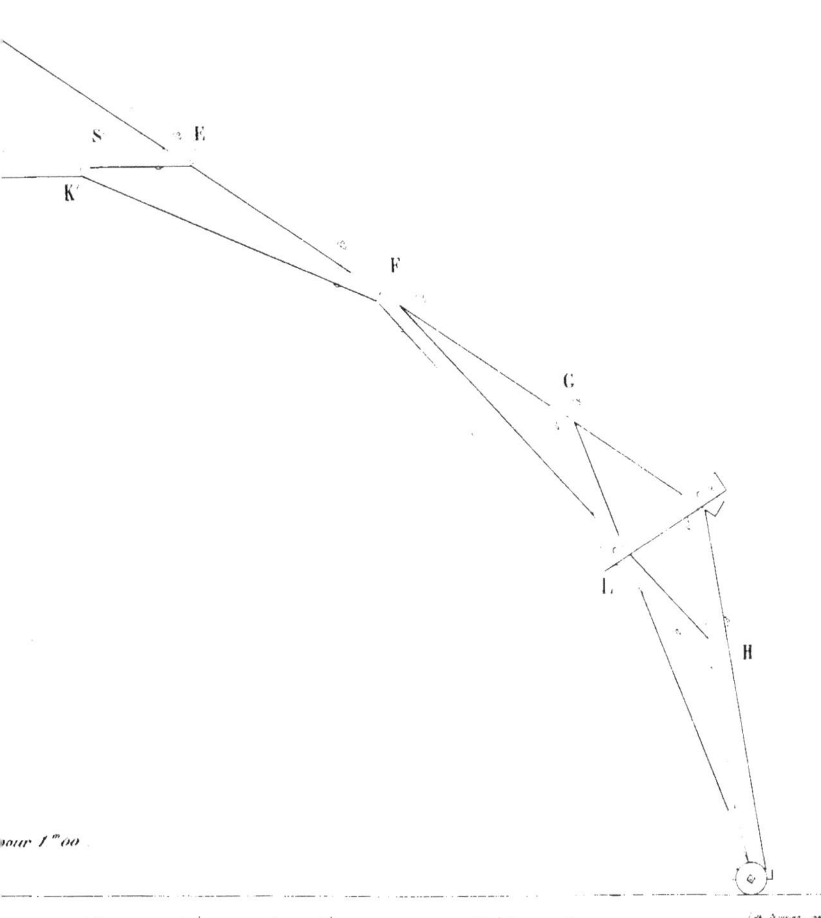

…pour 1m00

…a chute subite a entrainé une partie de l'appareil qui servait à tracer les
…ier. Les joints K et K' se sont ouverts au point que la pièce K K' est tombée
…dons en S et K, K' et S'.

EXPÉRIENCES *sur une lame de bois d'orme pliée en forme*

(Voyez le **§ 1**

La courbe N.° 1 est celle

id N.° 2 est celle

id N.° 3 ... id

id. N.° 4 ... id.

Ec

PL. XXIII.

…rhausse, puis chargée d'un poids suspendu à son sommet.

…itre VII.)

…ne avant l'expérience.

…ne fléchie par 1^{p},927

id. — par 3,909

id. — par 4,251

…moitié.

Ferme de charpente composée d'une ferme droite simple **ABC**

a un cercle, assemblées entre elles par simple

(Voir le §

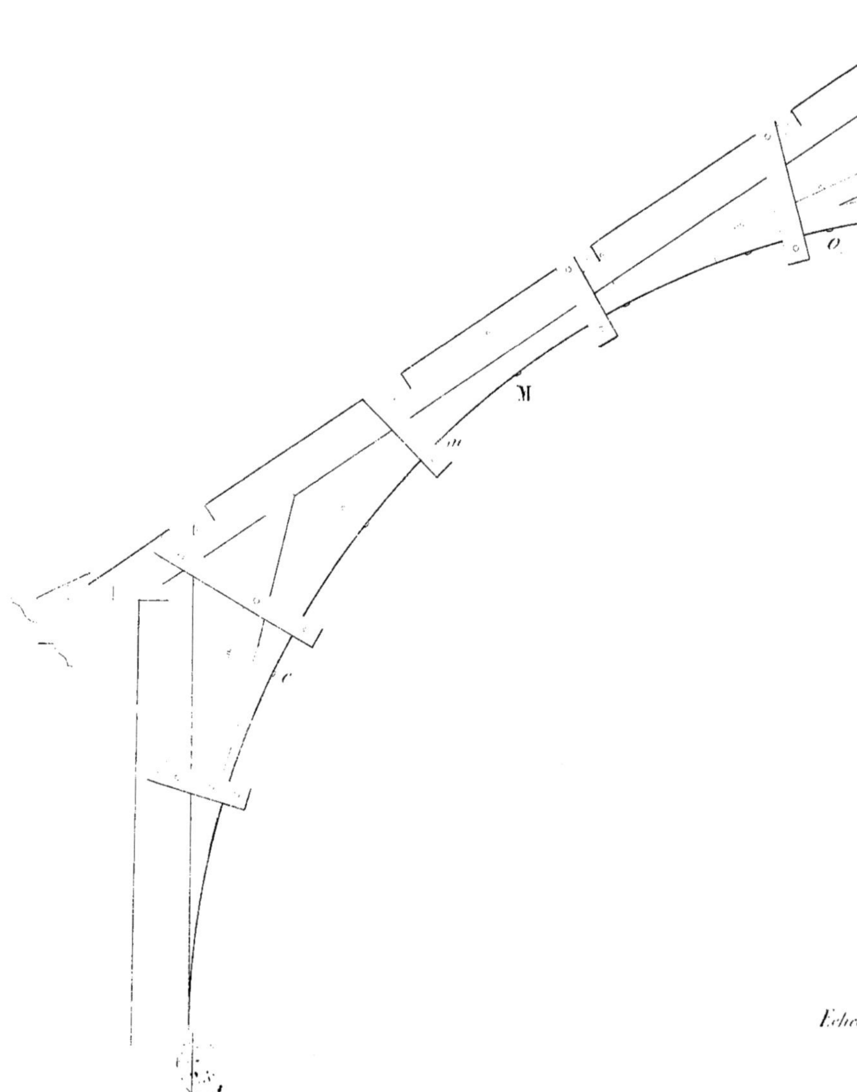

système inférieur de pièces droites a. b. c d. e f g h i K l. m. toutes tangentes

u par embrevement et boulonnées.

II et les § II et V du chapitre IX.)

Nota. La pièce o o' est la seule qui soit courbe mais comme elle ne sert que d'ornement et qu'elle n'est pas essentielle à la solidité de la ferme on peut la faire en planches découpées et assemblées de la manière la plus économique. On peut en dire autant des aisseliers ou fourrures rapportées en C M H A K pour compléter la courbe de l'intrados.

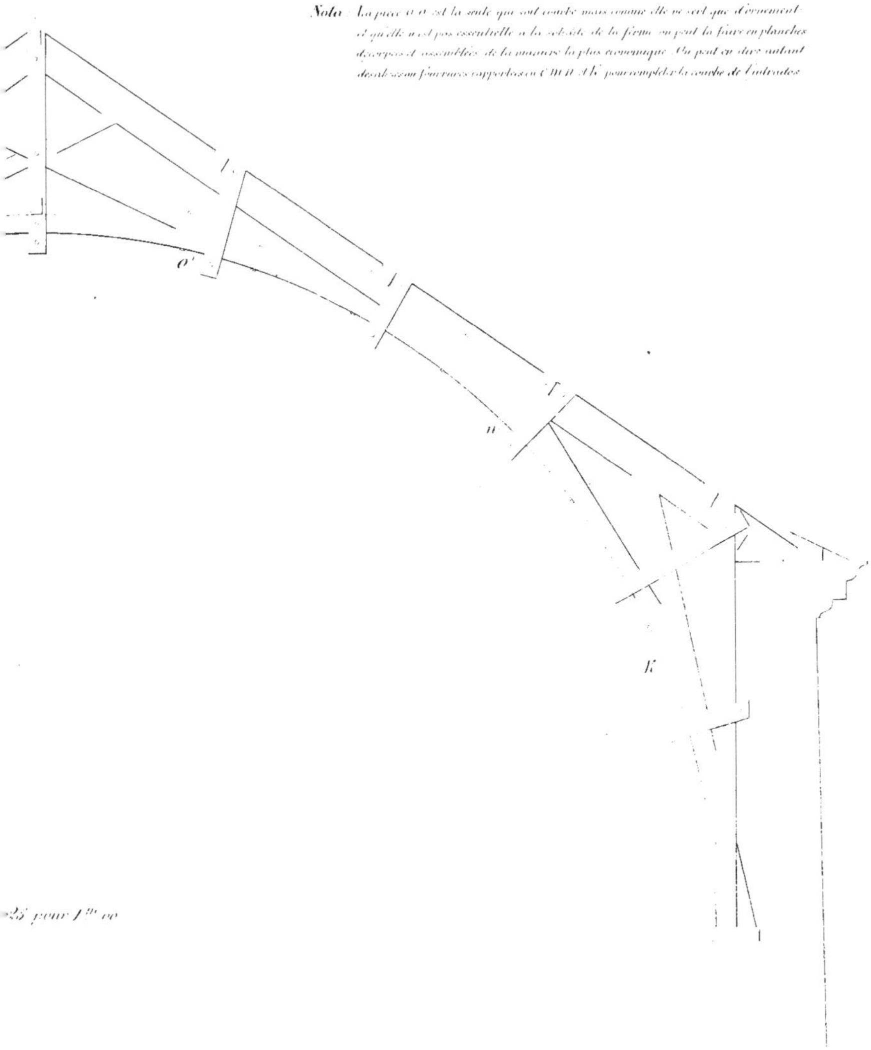

25 pour 1m 00

Ferme antique ou ré

(Voir

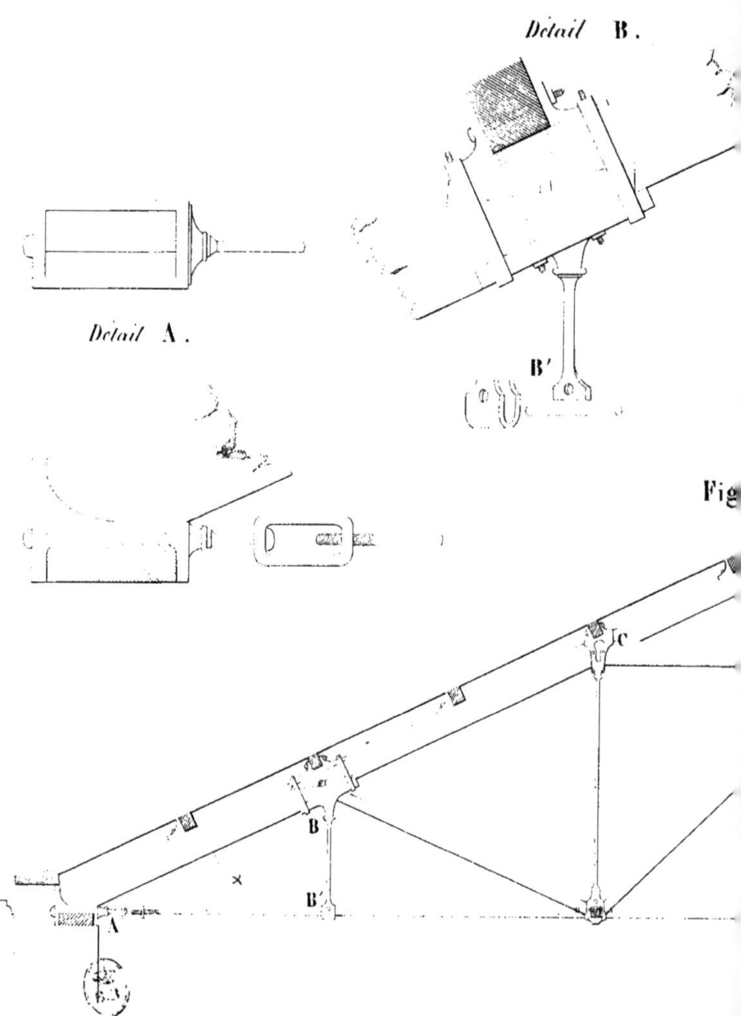

Echell

'ladio avec Tirant et aiguilles pendantes en fer.

ap. II, et les § II et III du Chap. IX.)

PL. XXV.

Détail C.

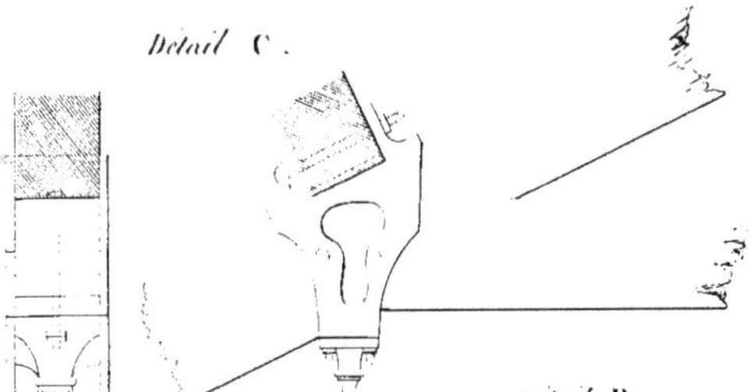

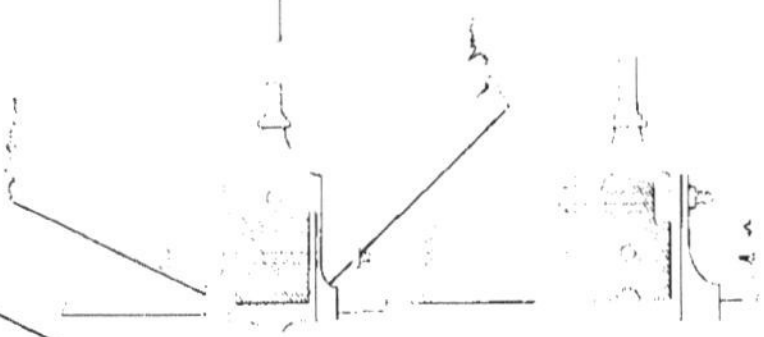

Fig. 2.

Coupe en long d'une travée de Charpente.

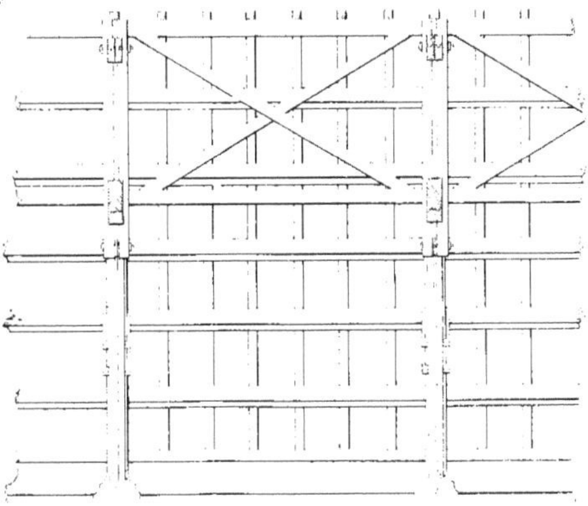

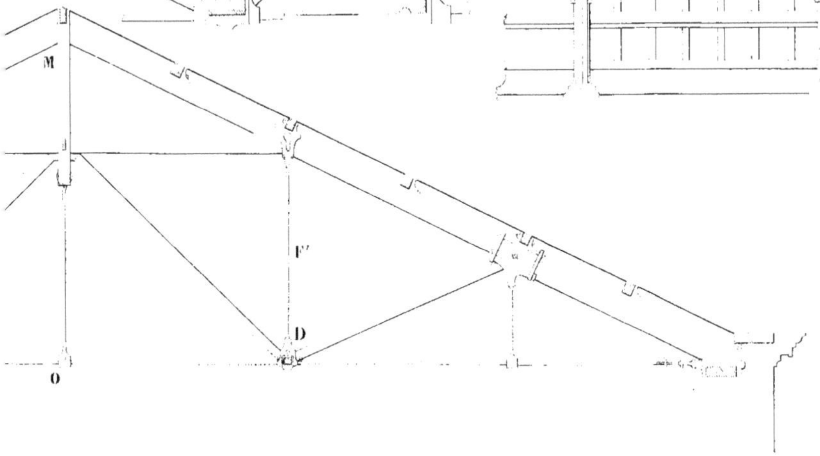

Détail D.

M

F'

D

O

m 015 pour 1m 00 pour les fig. 1 et 2.

Fig. I. Ferme du Manège de Saumur.

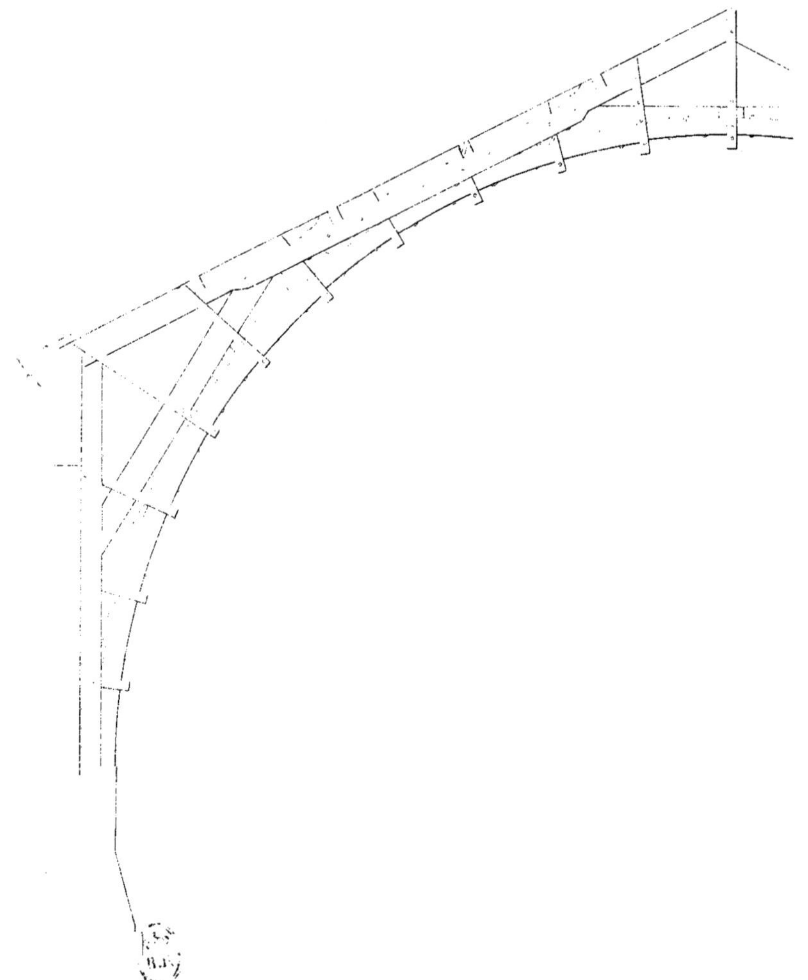

PL. XXVI.

Fig. 2. Ferme de la Salle des Manœuvres de l'École d'Application de l'Artillerie et du Génie de Metz.

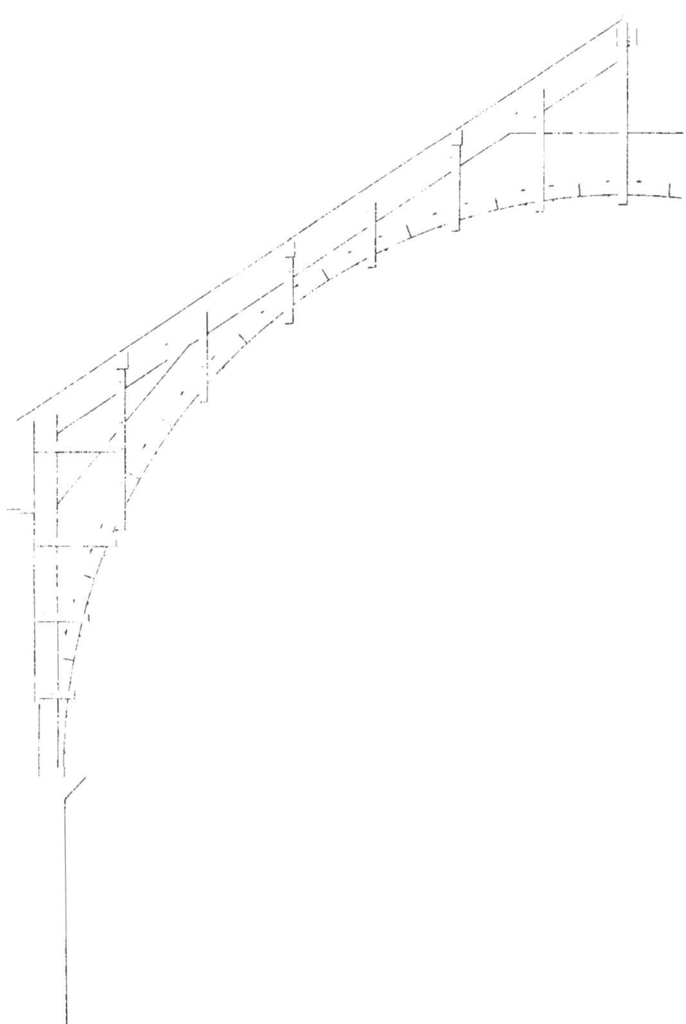

Fig. I. Ferme du bâtiment des Forges de la marine à Cherbourg.

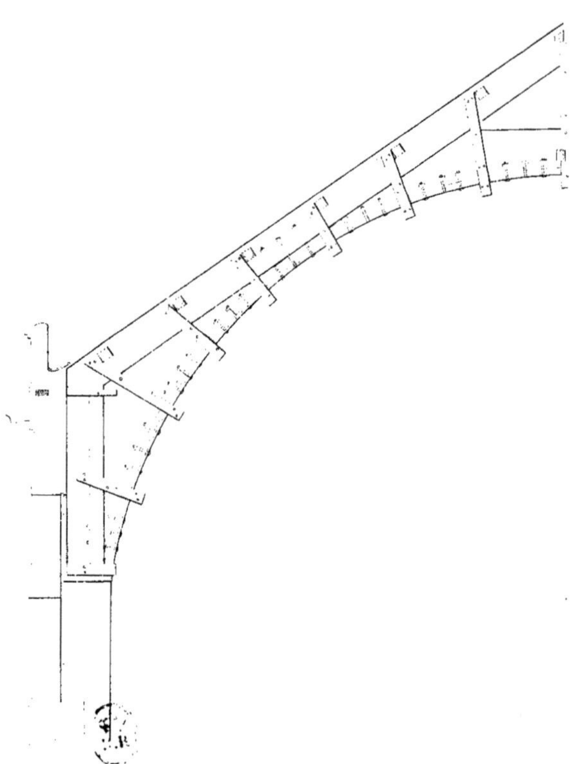

Echelle de 0m,025 pour 1m

PL. XXVII.

Fig. 2. Ferme du Manège d'Aire.

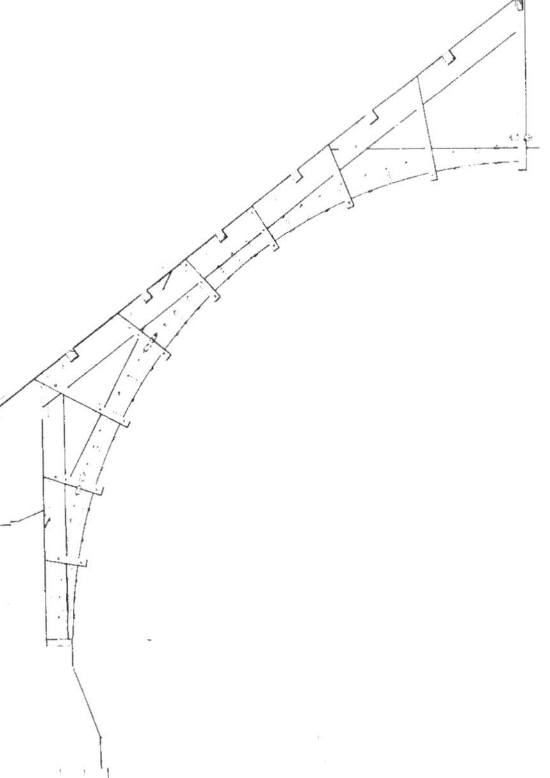

Fig. I. Ferme du Hangar de Marac.

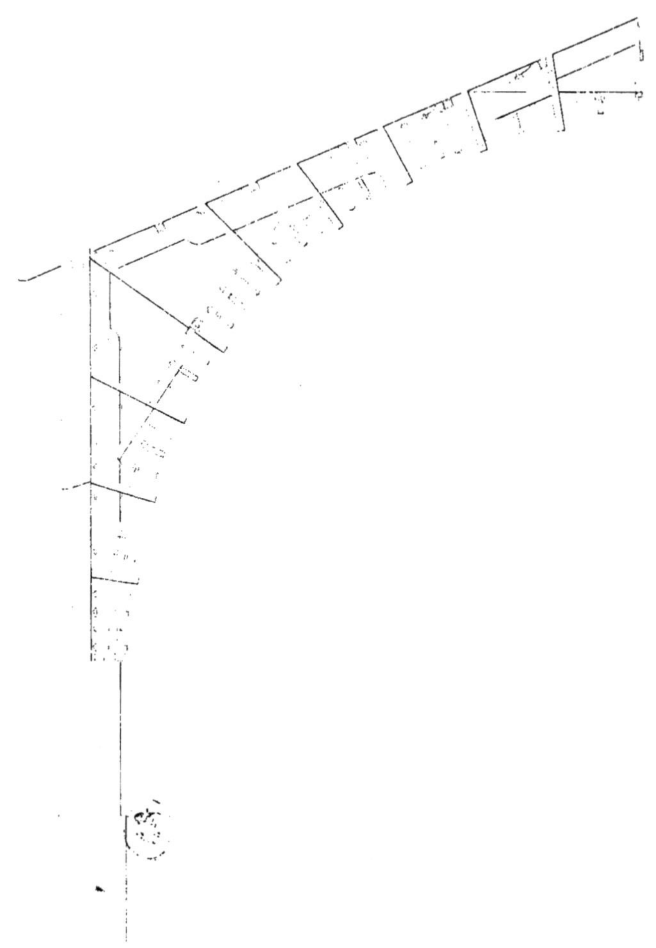

PL. XXVIII.

Fig. 2. Ferme du Manège de l'École d'Application de l'Artillerie et du Génie de Metz.

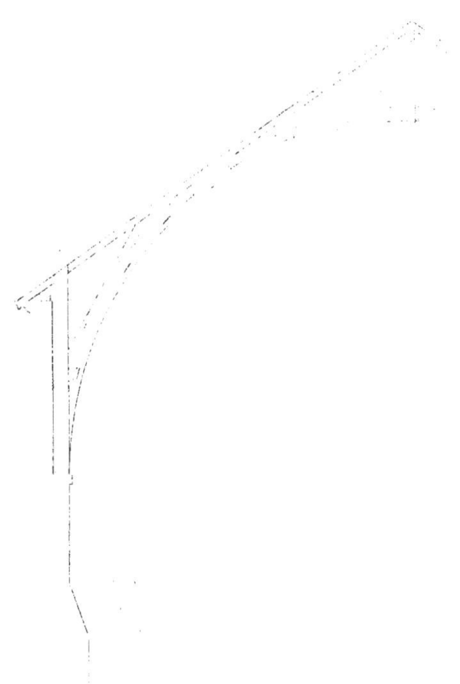

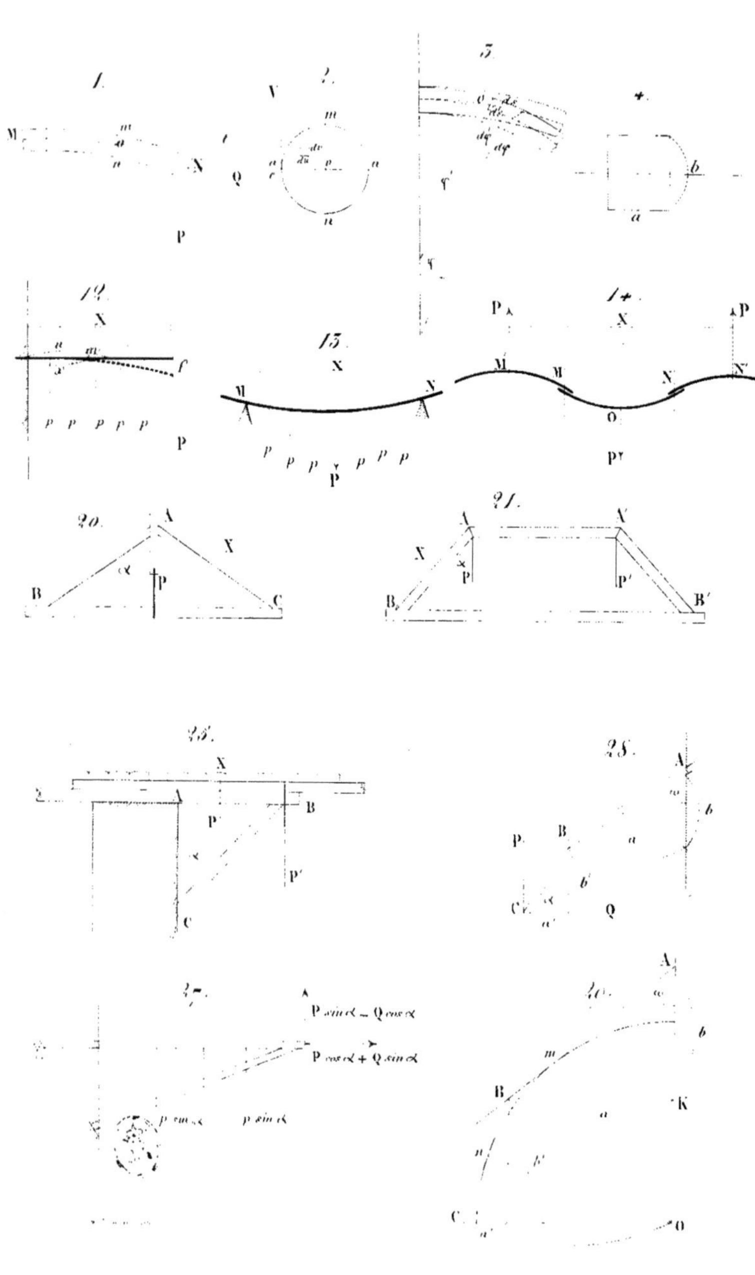

P sin α − Q cos α
P cos α + Q sin α
p cos α
p sin α

PL.XXIX.

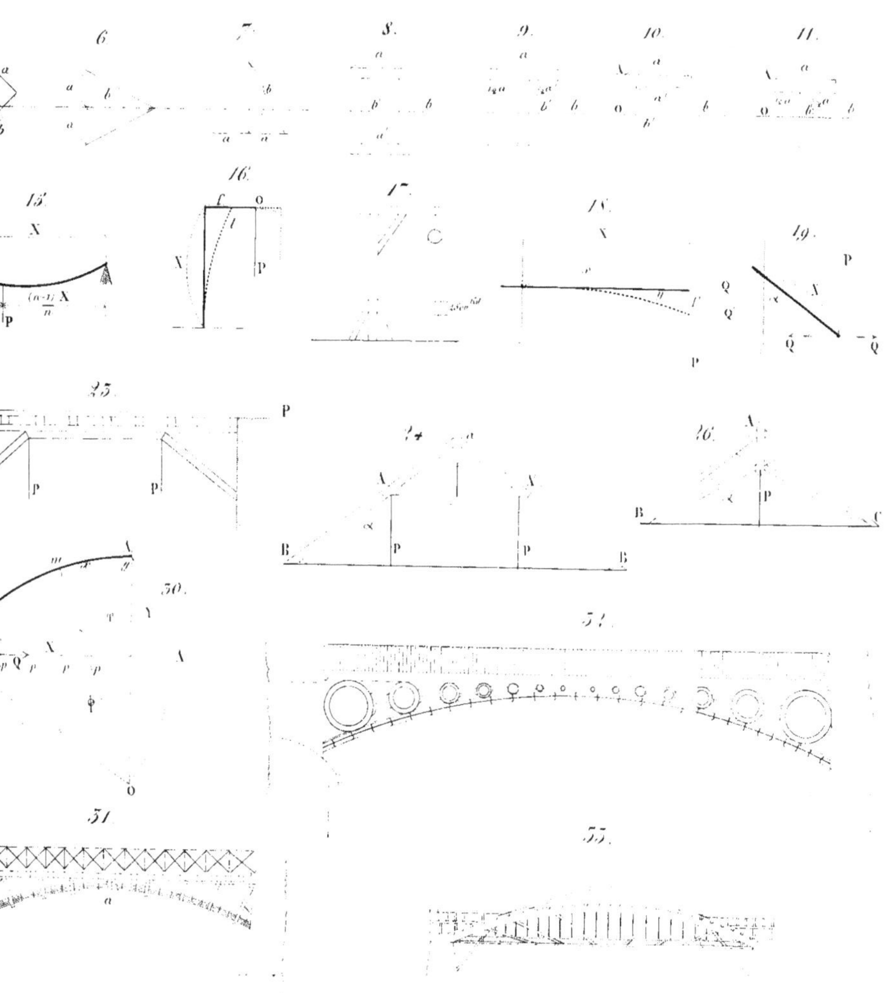

www.ingramcontent.com/pod-product-compliance
Ingram Content Group UK Ltd.
Pitfield, Milton Keynes, MK11 3LW, UK
UKHW020545180726
13838UKWH00001B/52